융 기본 저작집 5
꿈에 나타난 개성화 과정의 상징

Grundwerk C. G. Jung
Traumsymbole des Individuationsprozesses
by C. G. Jung

Korean Publication Copyright 2002, SOL Publishing Co.
Korean translation rights 2002, C. G. Jung Institute of Korea(Prof. Dr. Bou-Yong Rhi)
Korean publication and translation rights arranged with Walter Verlag
through Shin Won Literary Agency.

이 책의 한국어판 저작권은 신원 에이전시를 통해
Walter 사와 독점 계약한 솔출판사에 있으며,
번역권은 한국융연구원(대표: 이부영)에 있습니다.
저작권법에 의해 한국 내에서 보호를 받는
저작물이므로 무단 전재와 복제를 금합니다.

| 개정신판 |

Carl GUSTAV JUNG

꿈에 나타난 개성화 과정의 상징

융 기본 저작집 Grundwerk C.G. Jung 5
한국융연구원 C.G. 융 저작 번역위원회 옮김

일러두기

1. 이 책은 Grundwerk C. G. Jung — Band 5. *Traumsymbole des Individuations-prozesses*(Walter, 1985)를 완역한 것이다.
2. 이 책의 주석은 본문 뒤에 미주로 두었다.
3. 이 책의 대괄호[ ]는 원서의 표기를 따랐으며, 옮긴이가 보충한 내용은 옛대괄호〔 〕로 구분했다.
4. 인명·지명 등 외국어 고유명사는 2017년에 국립국어원에서 펴낸 외래어표기법을 따라 표기했다. 단, 관습적으로 쓰이는 단어는 그에 따랐다.

융 기본 저작집 제5권의 발간에 부쳐

'개성화' 또는 '자기실현'은 융 학설의 핵심이다. 무의식은 의식에서 억압된 것만으로 이루어진 것이 아니고 그 자체로 존재하며 자율적으로 정신 기능을 조정하여 전체가 되도록 한다는 학설이다. 인간 심성의 중심에 그러한 조절자가 있으며 인간은 누구나 의식의 표층에서 살지 않고 의식과 무의식을 포괄하는 전체 정신을 실현함으로써 전체 인격의 중심에 도달하고자 하는 성향을 가지고 있다. 그러한 성향은 후천적으로 만들어진 것이기보다 선험적으로 무의식에 내재하고 있다. 이러한 사실을 경험적으로 증명한 것 가운데 하나가 이 책이다.

이 책에는 한 남성의 일련의 꿈과 환상에 나타난 상징에 관한 연구가 들어 있다. 융은 여기서 놀랍게도 꿈의 주제가 끊임없이 인간 심성의 중심적인 것, 다름 아닌 전체 정신의 핵심을 향해 맴돌고 있으며 '자기' 또는 그 사람의 전체 인격을 실현하고자 하는 내적인 과정을 표현하고 있다는 사실을 발견했다. 융은 꿈과 환상에 나타난 그와 같은 상징을 종교적 상징, 특히 연금술의 상징에 비교하여 한 개인의 무의식에 나타난 것이 인류의 보편적인 상징의 역사와 뿌리를 같이하고 있음을 입증하였다. 연금술의 상징이 무의식의 이미지를 이해하는 데 도움이 되는 것은 그것이 신화, 민담과는 또 다르게 고대부터 중세와 근대에 이르기까지 최고의 물질을 만들고자 한 연금술사들의 상상력을 최대한으로 발휘하는 가운데서 그들의 무의식의 심층인 집단적 무의식의 원형상들을 표현하고 있기 때문이다. 연금술의 작업 과정은 물질의 변화가 아니라 정신의 변화를 나타내게 된 것이다.

이 책은 연금술의 종교 심리학적 문제와 꿈에 나타난 개성화 과정의 상징, 두 부분으로 이루어져 있는데 후자에서는 만다라의 상징성이 큰 자리를 차지하고 있다. 만다라는 불교에서 명상의 도구로 쓰이던 상징화다. 융은 만다라 상징이 서양 사람의 꿈에 나타나는 것에 주목하여 그것이 중심과 전체, 즉 '자기' 또는 '개성'의 상징이라고 보았다.

이 책의 독자들은 짤막한 꿈과 간단한 환상에 대해 융이 그토록 방대한 자료를 동원하여 설명하고 있는 것에 아마 놀랄 것이다. 그러나 몇 번이고 음미하면서 종교적 상징을 이해해 들어가다 보면 인간 무의식의 소박한 표현 속에 얼마나 깊고 풍부한 의미가 들어 있는지를 맛보게 될 것이다.

번역 작업을 성실히 수행하신 김현진 선생과 라틴어, 그리스어를 감수해주신 변규용 교수에게 특히 감사드리며 C. G. 융 저작 번역위원회의 모든 분과 함께 기본 저작집 세 번째 번역판이 세상에 나온 기쁨을 나누고 싶다. 그리고 솔출판사 임양묵 사장님을 비롯하여 좋은 책을 내기 위해 노고를 아끼지 않은 편집부 여러분에게 깊은 감사를 드린다.

2002년 11월
한국융연구원
C. G. 융 저작 번역위원회를 대표하여
李符永

머리말

『심리학 논총』 현재의 제5권에는 에라노스 회의의 강의에서 얻은 두 가지 큰 연구가 수록되어 있다. 처음에 이 강연들은 1935년, 1936년 『에라노스 연보』에 발표되었다. 이 판본은 충분한 부연 설명과 좀 더 철저한 증거 자료를 첨가해서 대략 절반 정도 분량이 더 늘어났다. 원문도 여러 부분에서 수정되었고 부분적으로 새롭게 정리되었다. 또한 새롭게 보충 설명하는 그림 자료들을 많이 삽입하였다. 원문에 수많은 그림들이 첨부된 것은 상징적인 그림들이 이른바 연금술적 정신상태의 본질에 속한다는 점에서 당연시될 것이다. 연금술사들은 문어체로는 불완전하게 표현할 수밖에 없거나 전혀 표현할 수 없는 것을 자신의 심상心像들에 넣어 표현하였다. 이러한 상像들은 기묘하기는 하지만 그의 철학적 개념이 별로 쓸모없는 데 비해서 더 이해하기 쉬운 언어로 말하고 있다. 이 상들과 정신적 치료를 받는 환자들이 자발적으로 그려낸 상들 사이에는 그 형식과 내용 면에서 전문가의 주목을 끄는 연관이 있다. 물론 나는 이 책에서 이러한 연관을 자세하게 다루지 않았다.

특별히 폰 프란츠M. L. von Franz 박사에게 고마움을 전한다. 그녀는,

일부는 파손되고 일부는 해석하기 어렵거나 논쟁의 여지가 있는 초시모스 원전을 번역하는 데 언어학적인 도움을 주었다. 또한 탈무드 문헌에 나오는 오그의 전설과 외뿔 짐승의 전설을 증거 자료로 제공해준 철학 학도 셰르프R. Schaerf 양과, 색인 작업을 도와준 프라이L. Frey 박사, 연금술과 관련된 그림들의 사진 복사 작업을 해준 프뢰베O. Fröbe-Kapteyn 여사 모두에게 감사의 마음을 전한다. 그림 자료를 선택, 편찬하고 그 인쇄 과정에 신경을 써준 야코비J. Jacobi 박사에게 특히 감사를 드린다.

1943년 1월, 퀴스나흐트
C.G. 융

---

* [이 책은 『전집』 제12권에 발표된 것의 첫 번째 부분이다. 『전집』 제12권(『심리학과 연금술』)은 『기본 저작집』 제5권과 제6권에 나누어 실었다. 그림에 매긴 번호는 그대로 두었다.]

차례

융 기본 저작집 제5권의 발간에 부쳐
005

머리말
007

◆

연금술의 종교 심리학적 문제 서론
011

꿈에 나타난 개성화 과정의 상징

I. 서론 059

II. 최초의 꿈 067

III. 만다라의 상징성 125

주석
283

◆

그림 출처
302

C. G. 융 연보
308

찾아보기(인명)
321

찾아보기(주제어)
322

융 기본 저작집 총 목차
335

번역위원 소개
339

그림 1. 셋과 넷으로 나누어진 우주(네 요소!)의 조종자인 창조자. 물과 불은 하늘에 대해 대자對者를 이룬다.(1652)

연금술의 종교 심리학적 문제 서론

상한 갈대는 꺾지 아니하고
꺼져가는 등불은 끄지 아니하리니.
「이사야」, 42장 3절

연금술의 종교 심리학적 문제는 콤플렉스 심리학('분석심리학'설 초기의 명칭)에 정통한 사람에게는 구태여 안내의 말이 필요하지 않을 것이다. 그러나 이 분야를 전공하지 않고 예비 지식도 없는 상태에서 이 책을 대하는 독자에게는 약간의 입문적 설명이 필요할 것 같다. 개성화 과정Individuationsprozeß 개념과 연금술 개념은 전혀 상관이 없는 것처럼 보이기 때문에 양자를 연결하는 다리를 상상하는 것은 언뜻 불가능해 보인다. 나는 그러한 독자에게 해명해야 할 책임이 있다. 특히 그것은 내 강의가 책으로 출판된 이래 비판자들을 얼마간 곤혹스럽게 만든 몇 가지 체험을 했기 때문이기도 하다.

인간 심혼Seele의 본질과 관련해 나는 무엇보다도 인간에 대한 관찰을 기반으로 말해왔다. 비판자들은 그러한 관찰이 우리가 모르거나 접근하기 어려운 체험을 다룬다고 해서 비난해왔다. 늘 되풀이하여 부딪히는 한 가지 이상한 일은 누구나, 별 지식이 없는 문외한들까지도 심리학에 대해 통달한 듯이 믿고 있다는 사실이다. 정신이라는 것이 마치 지극히 상식적인 지식만으로 다가갈 수 있는 영역이기라도 하듯이 말이다. 그러나 인간 심혼에 대한 진정한 전문가라면 누구나 그것이 우리의 체험과 만나는 것 중 가장 어둡고 비밀스러운 부분이라는 나의 말에 동의할 것이다. 그러한 영역을 배우는 데는 끝이 없다. 실제 치료를 해오는 동안 나는 거의 매일 새롭고 예기치 못한 일과 맞닥뜨려왔다. 내가 체험한 것은 분명 표면적인 일상사에서 나타나는 현상이 아니다. 그렇지만 이 특수한 영역의 연구에 종사하는 정신치료자라면 누구나 가까이에서 그러한 것을 볼 수 있다. 그렇기 때문에 내가 소개한 체험이 낯선 것이라는 이유로 나를 비난한다면 그것은 최소한 사리에 어긋나는 일이다. 심리학에 대한 문외한적 지식만으로는 그러한 체험을 이해할 수 없다는 사실에 대해 나는 책임감을 느끼지 않는다.

분석 과정, 다시 말해 의식과 무의식 간의 변증법적 대면에는 하나의 발전, 즉 하나의 목표나 종결을 향한 전진이 있다. 나는 오랜 세월 동안 목표나 종결의 해명하기 힘든 바로 그 성질을 연구하는 데 몰두해왔다. 정신적 치료는 가능한 모든 발전 단계를 거쳐 하나의 **종결**에 이르게 되는데, 그렇다고 언제나 하나의 **목표**에 도달했다는 느낌을 갖는 것은 아니다. 전형적인 잠정적 치료 종결은 환자가 1. 적절한 충고를 받아들인 뒤 2. 어느 정도 온전하고 만족스러운 고백을 한 뒤 3. 그 전까지 의식하지 못한, 근본적인 것을 의식화함으로써 생활과 활동의 새로운 자극을 얻게 된 뒤 4. 긴 시간의 작업을 통해 어린아이의 심리에서 벗어난 뒤 5. 힘들고 익숙하지 않았을 주변 환경에 새롭고도 합리적인 적응을 해낸 뒤 6. 고통스러운 증상이 사라진 뒤 7. 시험이나 약혼, 결혼, 이혼, 전직 등 바람직한 운명의 전환이 이루어진 뒤 8. 어떠한 종파에 대한 소속감을 다시 찾거나 개종한 뒤 9. 실용적 생활철학(고대 그리스적 의미에서의 '철학'!)을 구축하기 시작한 뒤에 이루어진다.

여기에는 여러 가지가 더 수정되고 추가되어야 하지만, 대체로 이것은 분석이나 정신요법 과정이 어떠한 잠정적인 종결, 혹은 경우에 따

그림 2. 무릎을 꿇은 두 명의 연금술사가 화로 곁에서 신의 축복을 빌고 있다.
(1702)

라서는 최종적인 종결에 도달하게 되는 가장 중요한 상황을 말하고 있다고 볼 수 있다. 그런데 체험이 말해주듯, 외부적으로 의사와의 작업이 종결되었다 해도 결코 분석 과정 자체가 종결된 것은 아닌 경우를 비교적 많은 환자에게서 볼 수 있다. 무의식과의 대면은 오히려 계속되며 그것도 의사와의 분석 작업을 포기하지 않은 경우와 비슷하게 진행된다. 때로는 여러 해가 지난 뒤 그러한 환자들을 다시 만나서 그 뒤의 마음의 변화에 대해 종종 주목할 만한 이야기를 듣게 되는 경우가 있다. 그러한 체험은 우선 심혼에는 외부의 조건과는 무관하게 목표를 추구하는 하나의 과정이 존재한다는 나의 가정을 강화시켜주었으며, 본래적이 아닌(그래서 아마도 부자연스러운) 정신 과정의 유일한 원인이 오직 나 자신에게 있을지 모른다는 우려에서 벗어나게 하였다. 그러나 그런 우려가 꼭 부적절한 것만도 아니었다. 어떤 환자들은 위에 언급한 아홉 가지 범주 중 어떤 논거에 의해서도—심지어 개종을 통해서도—분석 작업의 종결에 이르지 못하였는데, 신경증 증세가 아주 뚜렷이 제거된 경우에도 물론 마찬가지였다. 바로 이처럼 종결에 이르지 못한 사례에서 내게 분명해진 사실은, 신경증 치료를 하다보면 단순한 의술의 범위를 넘어서서 의학적인 지식만으로는 해결할 수 없는 문제가 생겨난다는 것이다.

지금으로부터 거의 반세기 전, 정신적 발전 과정에 대한 사이비 생물학적 이해와 폄하 속에서 분석이 시작되었던 시기를 돌이켜보면, 분석 작업을 계속하는 것은 주로 '삶의 도피', '해소되지 않은 전이', '자기애'로, 또 비호의적인 입장을 지닌 사람들에게는 그보다 더한 것으로 지칭되었다. 모든 일이 두 측면에서 관찰될 필요가 있다고 볼 때, 무엇인가에 '매달리는 것' 속에 정말 긍정적인 점이 전혀 없다고 입증된다면 그때서야 비로소 그것이 삶의 의미에서 부정적이라고 평가할 수 있을 것이다. 성과를 기대하는 의사의 조급함은 이해할 수 있지만 그 자체로는 아무것도 입증해주지 못한다. 오직 학자들의 이루 말할 수 없는 인내를 통해서만 심혼의 본질에 대한 심오한 인식을 새로운 학문으로 정립할 수 있어왔다. 또한 몇몇 예기치 않았던 임상적 결과는 의사의 그야말로 헌신적인 끈기에 힘입은 것이다. 그 외에 옳지 못한 부정적 견해들은 유치하고, 때로는 해로우며, 책임이나 무조건의 대결을 회피하는 것이 아니라면 무지를 감추려는 시도가 아닌가 하는 의구심을 자아낸다. 분석 작업이란 예전이나 지금이나 인간의 모든 겉치레를 넘어서서 필연적으로 나와 너, 그리고 너와 나 사이의 인간적 대결이 될 수밖에 없다. 그렇기 때문에 그 대결은 쉽지 않으며, 환자뿐 아니라 의사까지도 필연적으로 피부로, 아니 마음속 깊이 동요하기에 이른다. 어느 누구든 최소한 어느 정도 해를 입지 않고 불이나 독을 만질 수는 없다. 진정한 의사는 결코 그것의 바깥에 머무르지 않고 내면 곳곳으로 들어간다.

'매달리는 것'이 삶의 의미에서 꼭 부정적이지 않다 해도 양측에게 별로 바람직하지 않고 납득할 수 없는, 심지어 견딜 수 없는 일이 될 수 있다. 반대로 '매달리는 것'을 심지어 긍정적이라 평가할 수도 있는데, 그것은 한편으로는 언뜻 보기에 극복할 수 없는 난관을 의미하기도 하지만, 바로 그 때문에 다른 한편으로는 고도의 긴장을 요구하는, 그래서 온전한 인간을 불러내는 유례 없는 상황을 보여주기도 한다. 환자는 무의식적이든 확고한 상태로든 궁극적으로 해결할 수 없는 문제를 탐구하며, 다른 한편 의사는 기술이나 수법을 동원해 환자의 그러한 일을 돕는 데 최선을 다한다고 말할 수 있을 것이다. "기예技藝는 온전한 인간을 필요로 한다!"라고 고대의 어느 연금술사는 외쳤다. 우리가 추구하는 것은 바로 이 '온전한 인간homo totus'이다. 의사의 노력과 환자의 추구가 목표하는 바는 저 감추어진, 아직 드러나지 않은 보다 큰 미래적 존재인 '온전한' 인간이다. 그러나 전체성을 향한 올바른 길은—유감스럽게도—운명적인 우회로와 오류로 이루어져 있다. 그것은 일종의 '가장 긴 길longissima via'로서 곧은 길이 아니라 대극對極을 이어주는 구불구불한 길이다. 그것은 미로처럼 너무 혼란스럽게 얽혀 있어 경악하지 않을 수 없는 오솔길로서, 길을 안내해주는 카두케우스 caduceus(사자使者의 깃대, 머큐리신의 지팡이)를 생각나게 한다. 흔히 '다가가기 힘든' 것으로 이야기되곤 하는 체험이 그 길을 통해서 이루어진다. 다가가기 힘든 이유는 그것이 많은 대가를 필요로 하기 때문이다. 즉, 그것은 우리가 대개 두려워하는 것, 다시 말해 우리가 늘 입에 담고서 끊임없이 이론적 논의를 하고는 있지만 삶의 현실에서는 멀리 피해가는 전체성Ganzheit을 요구한다.[1] 사람들이 훨씬 더 선호하는 것은, 한쪽 서랍에서는 다른 쪽 서랍 속에 무엇이 있는지 모르는 '칸막이 심리학Kompartimentpsychologie'의 관습이다.

유감스럽게도 나는 일이 이렇게 된 책임을 개개인의 무의식성과 무기력뿐 아니라 유럽인의 일반적인 정신 교육 탓으로 돌리지 않을 수 없다. 그러한 교육은 지배적인 종교의 권능뿐 아니라 그 본질에 달려 있다. 왜냐하면 종교적 본질이야말로 모든 합리주의적 체계에 앞서 외적 인간과 내적 인간에 대해 동등하게 관련을 맺고 있기 때문이다. 우리는 자신의 부족함을 변명하려고 기독교의 진부함을 비난할 수 있다. 그러나 나는 일차적으로 인간의 미숙함에 책임이 있는 일을 종교의 탓으로 돌리는 오류를 범하지 않으려고 한다. 따라서 나는 기독교에 대한, 내면 깊은 곳으로부터 나오는 최선의 이해에 대해 말하지 않고, 모든 사람들의 눈에 보이는 피상성과 치명적인 오해에 대해 이야기할 것이다. 그리스도의 '모방' 즉 그의 본을 따르고 닮아가라는 요구는 고유한 내적 인간의 발전과 고양을 목적으로 해야 한다. 그러나 그것은 피상적이고 기계적인 상투성에 빠져드는 신자들에 의해 외적인 예배 대상이 되어버렸다. 바로 그런 식의 숭배 때문에 예배의 대상은, 심혼 깊은 곳을 파고들어 심혼을 본보기에 부응하는 전체성으로 거듭나게 하는 데 실패한다. 그로써 신적인 중재자는 외부의 상像으로 존재하고, 인간은 깊은 본성이 변화되지 않은 채 조각난 존재로 남아 있는 것이다. 정말이지 모방하는 자가 본보기 가까이 다가가 그 의미를 반드시 따르지는 않더라도 성흔인각聖痕印刻까지는 그리스도의 모방이 이루어질 수 있다. 그런데 인간을 변화시키지 못하는, 한낱 인공물에 지나지 않은 그러한 단순한 모방이 중요한 것이 아니다. 중요한 것은 개인이 삶의 영역에서 자기의 고유한 방법으로—신의 용인 아래Deo concedente—본보기를 실현시켜가는 일이다. 물론 간과해서는 안 되는 것은, 잘못 이해한 모방에서도 경우에 따라서는 엄청난 도덕적 노력이 행해진다는 사실이다. 그러한 노력은 비록 독자적인 목표에 이르지는 못하지만 어떠한 최고의 가치를 헌신적으로 추구한 공적을 지니며, 그러한 가치는 외면적으로 나타나기도 한다. 바로 그의 총체적인 노력 속에서, 또 그러한 수단을 바탕으로 해서, 한 사람이 자기의 전체성을 예감하게 되며 또한 그러한 체험만이 줄 수 있는 축복을 느끼리라는 것은 상상 못할 일이 아니다.

그리스도의 '모방'을 피상적으로 잘못 이해하는 것은, 서구적 태도와 동양적 태도를 구분하는 유럽 특유의 선입견과 일치한다. 서양인은 '만 가지 사물'에 매료되어 있고, 개별적인 것을 바라본다. 또한 자아에 집착하고 사물에 집착하여 모든 존재가 지닌 깊은 뿌리를 의식하지 못한다. 동양인은 그와 반대로 개별적인 것의 세계를 하나의 꿈처럼 체험하며 심지어 자신의 자아에 대해서조차 그렇다. 동양인은 본질적으로 자신을 강하게 끌어당기는 근원 속에 뿌리박고 있어서 세계와의 관련성은 서양인이 흔히 이해할 수 없을 정도로 상대화되어 있다. 객체를 강조하는 서구적 태도는 그리스도라는 '본보기'를 구상적具象的 측면에 둠으로써 인간 내면과의 비밀스러운 관계를 앗아가버리는 경향이 있다. 이러한 선입견으로 인해, 예컨대 프로테스탄트 해석자들은 신의 나라와 관련된 엔토스 휘몬ἐντὸς ὑμῶν을 '너희 안에서' 대신에 '너희 사이에서'로 해석한다. 그렇다고 그것이 서구적 태도의 타당성을 말해주는 것은 아니다. 우리는 바로 그 점을 충분히 확신하고 있다. 반면 동양인과 대면해보면—그것은 바로 심리학자가 해야 하는 일인데—일종의 회의감을 떨쳐버리기가 매우 어렵다. 양심이 허용한다면 강력한 영향력을 발휘해 아마도 자기도 알지 못하는 사이에 그는 '세상의 재판관arbiter mundi'으로 부상할 수 있을 것이다. 나 개인으로서는 회의할 수 있는 소중한 재능을 오히려 높이 평가한다. 회의란 유추할 수 없는 현상의 순결성을 있는 그대로 놓아두기 때문이다.

그리스도라는 본보기는 세상의 죄를 짊어졌다. 그런데 본보기가 완전히 외적인 것이라면 개인의 죄 역시 외적인 것이며, 그로써 개인은 이전보다도 더 불완전한 존재로 남는다. 왜냐하면 피상적인 오해로 인해 개인은 자신의 죄를 문자 그대로 '그에게 내던짐'으로써 심각한 책임을 면하는 안락한 길을 가게 되는데, 그러한 일은 기독교 정신과 상치되기 때문이다. 그러한 형식주의와 안이함은 종교 개혁의 한 원인이 되었을 뿐만 아니라, 프로테스탄티즘의 내부에까지도 존재하고 있다. 가장 위대한 가치(그리스도)와 가장 저열한 무가치(죄)가 외부에 있는 것이라면 심혼은 텅 비게 된다. 거기에는 가장 깊은 것과 가장 높은 것이 없다. 동양적 태도(특히 인도의)는 정반대다. 즉, 모든 가장 높은 것과 가장 깊은 것이 (초월적) 주체에 내재되어 있다. 그로써 '아트만 ātman', 즉 자기Selbst의 의미는 측량할 수 없을 정도로 고양된다. 그러나 서양인에게는 자기의 가치가 가장 낮은 수준으로 떨어진다. 그렇기 때문에 서양에서는 흔히 심혼을 과소평가한다. 심혼의 실재성에 대해 말하면 '심리만능주의'라고 비난받는다. 심리학에 대해서는 '다만'이라는 어조로 이야기한다. 신적 형상과 일치하는 정신적 요소들이 존재한다는 견해는 전자에 대한 폄하로 치부된다. 종교적 체험이 일종의 심리적 사건이라고 생각하는 것은 신성모독에 가까운 일이다. 왜냐하면 종교적 체험이란 사람들이 논증하는바 '심리학적인 것만은 아니기' 때문이다. 사람들의 생각대로 심리적인 것이란 성질Natur에 지나지 않는 것이기 때문에 거기에서 종교적인 것은 전혀 나올 수 없다. 그럼에도 불구하고 비판자들은 심혼의 성질로부터 온갖 종교를—자신의 종교를 제외하고는—유추해내는 데 한순간도 주저하지 않는다. 나의 저서 『심리학과 종교Psychologie und Religion』에 관해 두 가지 제기된 신학적 논의—하나는 가톨릭적이고 다른 하나는 프로테스탄트적인—가 종교적 현상의 심리적 발생에 관한 나의 증거를 의도적으로 무시한 것은 특이한 일이다.

그에 반해서 이제는 정말 이렇게 물어야 한다. 어떻게 심혼에 대해 그렇게 잘 알아서 '다만' 심혼뿐이라고 말할 수 있는가? 분명 '천박한' 심혼을 지닌 서양인이라면 그렇게 말하고 생각할 것이다. 그러나 풍요로운 심혼의 사람이라면 경외심에 가득 차 그것에 대해 말할 것이다. 그러나 서양인들은 그렇지 않기 때문에 심혼이란 역시 아무런 가치가 없는 것이라고 생각할 수밖에 없다. 그러나 반드시 그렇지는 않고, 어디서나 꼭 그런 것도 아니다. 다만 심혼의 내부에 아무것도 담지 않고 '모든 신을 외부에 두는' 곳에서만 그것은 가치를 지니지 못한다(때로는 마이스터 에크하르트Meister Eckhart(1260~1327, 독일 신비주의의 대표적 사상가) 같은 사람이 좀더 많으면 좋으련만!).

전적으로 종교적인 투사는 심혼에서 그 가치를 빼앗아버리기 때문에 심혼은 쇠약해져 더 이상 발전할 수 없으며 무의식적인 상태 속에 정체된다. 동시에 그것은 모든 불행의 근원이 외부에 놓여 있다는 망상에 빠지는데, 자신이 어떻게, 어디에서 일을 그렇게 만드는지 사람들은 이미 더 이상 묻지 않는다. 그들은 심혼을 선善은 커녕, 악惡을 지닐 능력도 없다고 생각할 정도로 하찮은 것으로 여긴다. 그런데 심혼이 더 이상 영향력을 지니지 않는다면 종교적 삶은 외적 형식과 공식 투성이의 지식 속에서 경직될 것이다. 우리가 신과 심혼의 관계를 어떻게 상상하든 한 가지는 확실하다. 즉, 심혼은 결코 하찮은 것이 아니며 신격神格과의 관계를 의식할 수밖에 없는 존재로서 위엄을 지닌다는 것이다. 비록 그것이 한 방울의 물과 바다의 관계에 지나지 않는 것이라도 말이다. 그런데 바다라 해도 수많은 물방울이 아니고서는 존재할 수 없을 것이다. 교의적教義的으로 확고한 심혼의 불멸성은 육체를 지닌 인간의 무상함을 초월하도록 심혼을 고양시켜 어떠한 초자연적 특성을 공유하는 존재로 만든다. 심혼을 하찮은 것으로 여기는 것이 애당초 기독교인에게 금기시되었을 정도로 심혼은 덧없는 의식인간意識人間, Bewußtseinsmenschen보다 몇 배나 더 중요하다.[2] 눈[眼]이 태양에 상응하듯이 심혼은 신에 상응한다. 우리의 의식은 심혼 전부를 에워싸지 못한다. 그렇기 때문에 우리가 생색을 내거나 혹은 폄하의 어조로 심혼의 문제를 거론하는 것은 우스꽝스러운 일이다. 독실한 기독교인이라 할지라도 신의 숨겨진 길을 알지 못한다. 그래서 신이 인간의 심혼을 통해 영향을 끼치고자 할 때 외부로부터 할 것인지, 내면부터 할 것인지 하는 문제는 신에게 내맡겨야 한다. 그러므로 신자는 '신이 보낸 꿈somnia a Deo missa'과 또 어떤 외부적 원인을 찾을 수 없는 심혼의 계시가 있다는 것을 부인해서는 안 된다. 신이 도처에 편재하지만 바로 인간의 심혼에는 있지 않다고 주장하는 것은 신성모독일 것이다. 사실상, 신과 심혼의 관계가 지니는 내밀함은 애당초부터 심혼을 하찮은 것으로 여기지 못하게 한다.[3] 신과 심혼의 어떤 친족 관계를 말하는 것은 좀 지나친 것 같다. 그러나 어떤 경우에서든지 심혼은 신과 맺어질 수 있는 가능성, 즉 신의 존재와 상응하는 점을 분명히 그 자체에 지닌다. 그렇지 않다면 양자 사이에 결코 어떠한 연관 관계도 생길 수 없을 것이다.[4] 그러한 상응점은 심리학적 용어로 말하자면 신상神像의 원형 Archetypus des Gottesbildes이다.

모든 원형은 무한히 발전할 수 있고 분화할 수 있다. 그러므로 많은 발전이 이루어질 수도 있고 그렇지 않을 수도 있다. 외적 형상만을 강조하는(즉, 정도야 어떻든 완벽한 투사가 중시되는) 피상적인 종교 형태에서는 원형이 외적 표상과 동일시될 뿐 정신적 요소로서는 의식되지 못한 채로 남아 있다. 어떠한 무의식적 내용이 그런 식으로 하나의 투사의 상像으로 대치되는 경우 그것은 내부에 머물 수 없으며 더 이상 의식에 어떠한 영향도 끼치지 못한다. 그와 함께 자연스러운 의식의 형성이 방해를 받기 때문에 무의식의 내용은 갈수록 그 생명력을 상실해간다. 그보다 더한 일은, 무의식 속에서는 아무것도 변하지 않기 때문에 무의식의 내용은 아무런 변화 없이 원래의 형태로 남아 있다는 것이다. 어떤 점에서 보면 그것은 오히려 더 심층적이고 고태古態적인 단계로 퇴행하려는 경향이 심해진다. 그러므로 기독교도가 거룩한 형상을 믿기는 하지만 심혼 깊숙한 곳에서는 발전도 없고 변화되지도 않은 채로 머물러 있는 경우가 생길 수 있다. 그 이유는 그가 신 전체를 '외부에' 지니고 있을 뿐, 심혼의 내부에서 체험하지 않기 때문이다. 그런 사람의 결정적 동기와 중요한 관심, 자극은 언제나처럼 무의식적이고 미성숙한 심혼에서 나오며 극히 이교도적이고 고태적인 것이지 결코 기독교의 정신 영역에서 나오는 것이 아니다. 이러한 주장이 진실하다는 것은 개개인의 삶이 입증하고 있을 뿐 아니라 대중 속의 개인의 삶을 종합해봐도 알 수 있다. 우리의 세계에서 인간이 계획하고 만든 중요한 사건들은 기독교 정신이 아닌, 적나라한 이교도적 정신을 들이마시고 있다. 그러한 일들은 지척에서 기독교 정신과 접하긴 했지만 아직 고태적 상태로 남아 있는 심적 상태에서 나온 것이다. '일단 믿으면 semel credidisse' 어떤 흔적을 남긴다는 교회의 추정은 부당하지만은 않다. 그러나 그러한 흔적들은 광대한 사건의 진전 속에서 발견되지 않는다. 기독교 문화는 경악할 정도로 공허함을 드러낸다. 그것은 겉보기에 번지르르하다. 그러나 내면적 인간에게 감동을 주지 못하기 때문에 변화되지 않은 상태에 머문다. 심혼의 상태는 표면적으로 믿는 것과는 일치하지 않는다. 기독교인의 심혼은 표면적 발전에 보조를 맞출 수 없었다. 정말이지, 겉으로는 모든 것이 상像과 말, 교회와 성서 속에 있다. 그러나 그것은 외부에 머무를 뿐 내면에 존재하지 않는다. 언제나처럼 내면은 태곳적 신들이 지배하고 있다. 다시 말하자면, 심적 문화의 결핍으로 인해 외적 신상神像에 부응하는 내면은 발전하지 못했고 그 결과 이교도적 세계에 정체된 상태로 있다. 기독교 교육은 인간이 할 수 있는 일을 다했지만 그것으로는 충분하지 않았다. 신적 형상이 자기 자신의 심혼이 지닌 가장 내밀한 소유물이라는 사실을 체험한 사람은 극소수다. 사람들은 단지 표면적으로 그리스도를 만났을 뿐 결코 자신의 심혼에서 다가간 것이 아니다. 따라서 그러한 곳에서는 아직도 음울한 이교도적 정신이 군림하고 있는데, 때로는 더 이상 부인할 수 없을 정도로 뚜렷하게, 때로는 진부하게 위장된 채 이른바 기독교의 문화 세계에 흘러넘치고 있다.

지금까지 사용한 수단으로는, 기독교 윤리의 가장 기본적인 요구만으로 기독교적인 유럽인의 가장 중요한 관심사에 어떠한 결정적 영향을 끼칠 정도로 심혼을 기독교화하지 못했다. 기독교 선교는 가난하고 헐벗은 이교도들에게 복음을 전한다. 그렇지만 유럽에 거주하는 내적인 이교도들은 기독교에 대해 아직 아무것도 들은 바가 없다. 기독교가 그 지고한 교육의 사명을 다하려면 부득이 처음부터 다시 시작해야 한다. 종교가 신조와 외적 형식에 그치고 종교의 기능이 자신의 심혼에 대한 체험이 되지 못하는 한, 근본적인 일은 결코 일어날 수 없다. '위대한 신비'란 그 자체로서 존재하는 데 그치지 않고 우선적으로 인간의 심혼 속에 그 바탕을 두고 있다는 사실을 먼저 이해해야 한다. 체험으로 그것을 알지 못한다면 해박한 신학자가 될 수는 있겠지만 종교에 대해서는 아무것도 모르며 인간 교육에 대해서는 한층 더 무지한 자가 될 것이다.

그런데 내가 만약 심혼에는 당연히 종교적 기능이 있다는 사실[5]을 입증하고, 또 신상의 원형 내지는 영향력과 작용을 의식 속으로 옮겨 놓는 것이 모든 성인成人 교육의 가장 고귀한 임무라고 요구한다면, 신학은 당장에 나를 가로막고 '심리주의'를 들어 정죄할 것이다. 경험으로 보아 심혼 속에 최고의 가치(마찬가지로 이미 존재하고 있는 안티미몬 프네우마άντίμιμον πνεύμα[정신의 적수敵手]와는 상관없이)가 존재할 수 없다면, 심리학은 조금도 나의 흥미를 끌지 못할 것이다. 그럴 경우 심혼은 빈약한 연무煙霧에 지나지 않기 때문이다. 그러나 나는 수백 가지의 체험에 의해, 심혼이란 그런 것이 아니며 오히려 도그마가 내세워온 모든 사항에 상응할뿐더러 얼마간은 그것을 넘어선다는 것을 알고 있다. 바로 그렇기 때문에 심혼은 빛을 관조하도록 되어 있는 눈이 될 수 있는 것이다. 그러기 위해서는 무한한 범위와 측량할 수 없을 정도의 깊이가 필요했다. 사람들은 "심혼을 신격화시킨다"고 나를 비난했다. 심혼을 신격화시킨 것은 내가 아니라 신 자신이다! 심혼에 어떠한 종교적 기능을 덮어씌워 그것을 날조한 것은 내가 아니다. 나는 심혼이 '본성적으로 종교적'이라는 것, 즉 어떠한 종교적 기능을 지니고 있음을 증명해주는 사실을 제시하였을 뿐이다. 그러한 기능은 내가 끼워넣거나 해석을 갖다 붙인 것이 아니다. 그것은 그 어떤 의견이나 암시에도 연유하지 않고 심혼 자체에서 저절로 생겨난 것이다. 나를 비난한 신학자들은, 불행하게도 눈이 먼 채, 빛의 존재를 증명하는 것이 문제가 아니고, 자신의 눈으로 무엇인가를 볼 수 있다는 사실을 알지 못하는 장님들이 있다는 것이 문제임을 꿰뚫어보지 못한다. 우리는 언젠가 아무도 빛을 볼 수가 없다면 빛을 칭송하고 그에 대해 떠들어대도 아무 소용 없다는 것을 깨닫게 될 것이다. 차라리 볼 수 있는 기술을 그 사람에게 가르쳐줄 필요가 있다. 신성한 형상과 자신의 심혼 간의 연관성을 찾아내지 못하는 사람이 너무나 많다는 것은 공공연한 사실이다. 다시 말해 그들은 그 연관성을 보지 못하며, 또 자신의 무의식 속에 이에 상응하는 상이 얼마나 많이 잠들어 있는지를 통찰하지 못한다. 그러한 내적 관조를 할 수 있으려면 관조 능력을 얻는 길이 열려야 한다. 심리학을 통하지 않고서, 다시 말해 심혼과의 접촉 없이 어떻게 그러한 길에 도달한다는 것인지, 솔직히 말해 나는 알 수 없다.[6]

마찬가지로 중대한 또 다른 오해는, 심리학이 어떤—어쩌면 이단적인—새로운 교리를 의도하고 있다고 잘못 해석하는 것이다. 지금까지 눈이 열리지 않았던 자에게 보는 법을 차근히 가르칠 경우, 그가 즉각 형안炯眼으로 새로운 진리를 발견하리라고 기대해서는 안 된다. 그가 무엇인가를 보게 되고 자신이 본 것을 어느 정도 이해할 수 있다는 것에 만족해야 하는 것이다. 심리학은 보는 행위와 관계가 있을 뿐, 기존의 교리로써는 아직 통찰하지도 이해하지도 못하는 새로운 종교적 진리를 만드는 일과는 무관하다. 알다시피 우리는 종교적인 것들에서 우리가 내적으로 체험하지 못한 것은 아무것도 이해하지 못한다. 내적 체험으로서만이 비로소 외면에 나타나거나 설교된 바와 심혼의 관계가 마치 '신랑'과 '신부'의 관계와 비슷하거나 상응하게 드러나는 것이다. 그렇기 때문에 심리학자로서 내가 신은 하나의 원형이라고 말할 때에는, 알다시피 튀포스τύπος = 종류, 각인刻印에서 유래한 심혼 속의 유형을 말하는 것이다. 이미 원형이란 단어 자체가 각인된 어떤 것을 전제하고 있다. 심혼에 관한 학문인 심리학은 그 대상에 국한되어야 하며, 어떤 형이상학적인 주장이나 그 밖의 신앙고백 같은 것으로 그 한계를 넘어서는 일이 없도록 조심해야 한다. 심리학이 신을 그저 가설적인 근거로 삼기만 해도, 신을 입증할 수 있는 가능성에 넌지시 도전하게 될 것이다. 그로써 심리학은 절대 용납 못할 정도로 자신의 권한을 넘어설 것이다. 학문은 단지 학문으로 남아 있어야 한다. '학문적인' 신앙고백이라든가 그 비슷한 '모순의 강화' 같은 것은 존재하지 않는다. 심혼의 근원을 알지 못하듯이 우리는 원형이 궁극적으로 어디에서 유래하는지 전혀 알지 못한다. 경험과학인 심리학의 능력은 다만 비교 연구에 근거해, 심혼 속에서 발견된 유형이 예컨대 하나의 '신상神像'으로서 정당하게 지칭될 수 있는가 그렇지 못한가를 확정하는 데까지 이를 뿐이다. 그렇지만 그로써 신의 존재 가능성에 대해서 긍정적으로나 부정적으로 의견을 표명하는 것은 아니다. 그것은 마치 '영웅'의 원형이 꼭 영웅의 존재를 가정하지 않는 것과도 같다.

이제 나의 심리학 연구를 통해 어떠한 심리적 유형의 존재와 알려진 종교적 표상의 유사성이 입증된다면, 그로써 **경험 가능한** 내용에 확실하고 명백하게 접근할 수 있게 될 것이다. 그것은 분명 경험으로 파악할 수 있는 종교적 체험의 토대를 이루고 있다. 신앙인이라면 그러한 상의 근원에 대한 어떤 형이상학적 해명이라도 받아들일 수 있을 것이다. 그러나 학문적 해명의 원칙을 엄격히 고수하며 지식의 가능성을 넘어서는 것은 모두 꺼릴 수밖에 없는 지식인의 경우에는 사정이 다르다. 어느 누구도 신, 푸루샤Purusha(인도 상키야철학에서 말하는 영원불멸의 본체, 근원적 원리), 아트만, 혹은 도道를 최초의 근거로서 받아들이고, 그로써 인간의 궁극적인 불만족을 전적으로 지양하려는 신앙을 막을 수는 없다. 학문은 부지런히 작업을 해나가지만 결코 투쟁 선동자는 아니다. 그러나 학문이 그처럼 극단적 방향으로 내몰린다면 그것은 이미 자체의 생존 근거마저 박탈당한 것이다.

그러한 내면적 상이 존재한다는 사실을 이성적으로나 감정적으로 인식하고 체험하면 이제 종교적 교리가 인간에게 제시하고 있는 또 다른 상에 접근할 수 있는 길도 열린다. 그러므로 사람들이 비난하고 있는 것과는 상반된 일을 심리학이 하는 것이다. 즉 심리학은 기존의 것을 더욱 잘 이해할 수 있게 해주며 도그마의 충만한 의미에 대해 눈뜨게 한다. 그것은 그야말로 무엇인가를 파괴하는 것이 아니고 텅 빈 집 안에 새로운 거주자를 들여 넣어주는 것이다. 나는 다양한 체험을 통해 그러한 사실을 입증할 수 있다. 예컨대 완전히 다른 신조를 지닌 배교자나 냉담자들이 그들의 옛 진리에 새롭게 다가갈 수 있는 길을 찾았는데, 그 가운데에는 가톨릭 교도가 적지 않다. 심지어는 파르시Parsi 교도조차도 조로아스터교(배화교拜火敎라고도 하는, 이슬람교 이전의 고대 이란 종교. 신전의 불을 돌보는 것이 예배의 가장 뚜렷한 특징이다)의 불의 신전 Feuertempel으로 가는 길을 다시 찾았다. 그러한 사실에서 나의 입장이 객관성을 지닌다는 것을 알 수 있을 것이다.

그러나 바로 그러한 객관성 때문에 사람들은 나의 심리학을 심하게 비난한다. 말하자면 이것이든 저것이든 어떤 특정한 종교적 교리를 택하지 않는다는 것이다. 나의 주관적 확신을 어떻게든 미리 말하기에 앞서 나는 묻고 싶다. 사람이 '세계의 심판자'로 자처하지 않고 모든 주관성을 단호하게 포기한 채, 예컨대 신은 수많은 언어와 다양한 현현방식으로 나타났다는 것과 이 모든 발언이 진실wahr이라는 믿음을 신봉한다면 그것 역시 하나의 결정일 수 있다고 생각할 수는 없는가? 무엇보다도 기독교 쪽에서 제기한, 극단적으로 상치되는 발언은 진실일 수 없다는 반론에 대해 다음과 같이 정중하게 질문해야 한다. 하나는 셋과 같은가, 셋이 어떻게 하나가 될 수 있는가, 어머니가 동정녀일 수 있는가 등을 말이다. 모든 종교적 발언이 논리적인 모순을 지니고 원리상 불가능한 주장을 펼치고 있으며 오히려 그 점이 바로 종교적 주장의 본질을 이룬다는 사실을 아직 깨닫지 못했단 말인가? 우리는 그에 대해 테르툴리아누스Tertullian(155~220년경, 초기 기독교의 신학자, 논쟁가, 도덕주의자. 최초의 라틴 교부敎父로서 서구 기독교의 어휘 및 사상 형성의 기초를 이룩했다)의 고백을 들을 수 있다. "그리고 신의 아들은 죽었다. 그것을 믿을 수 있는 이유는 바로 그것이 불합리한 일이기 때문이다. 죽어서 묻혔다가 그는 부활하였다. 그것은 분명한 사실이다. 왜냐하면 그것은 불가능한 일이기 때문이다."[7] 기독교가 그러한 모순을 믿도록 권유한다면, 그 밖의 몇몇 역설성을 더 인정한다고 해서 그 사람을 비난할 수는 없다고 생각한다. 역설성은 기묘하게도 최고의 정신적 선善에 속한다. 그러나 명확성은 취약함의 징후다. 그렇기 때문에 종교가 지닌 역설성이 상실되거나 감소될 경우 종교는 내적으로 빈곤해진다. 반면 역설성이 풍부해질 때 종교는 풍요로워지는 것이다. 왜냐하면 역설을 통해서만 우리는 삶의 충만함을 대략 파악할 수 있기 때문이다. 반면 아무런 모순 없이 명확한 것은 편협할 뿐이기 때문에 불가해한 것을 표현하기에 적합하지 않다.

누구나 다 테르툴리아누스와 같은 정신적 능력을 지닌 것은 아니다. 그는 역설성을 분명히 극복할 수 있었을 뿐 아니라 그것은 그에게 최고의 종교적 확신이 되기까지 했다. 정신적으로 취약한 수많은 사람들이 역설성을 위험하게 만든다. 역설성이 논란의 대상이 되지 않고 당연한 것으로 여겨져 삶의 관습적인 국면이 되는 한, 그것은 안전한 것으로 남게 될 것이다. 그러나 어떤 미성숙한 이성理性(알다시피 그러한 이성은 대부분 항상 자신감을 지닌다)이 어떠한 신앙적 발언의 역설성을 자신의 진지하고도 무능한 사변의 대상으로 취한다면, 머지않아 그는 우상 파괴적인 조소를 불러일으키고 모두에게 누설된 신비의 '쓸모없음'(어리석음, 바보 짓이라는 뜻도 있다)을 드러내게 될 것이다. 프랑스 계몽주의 이후로 역설성은 급속히 쇠퇴해갔다. 역설성을 견디지 못하는 그러한 왜소한 이성이 일단 깨어나면, 어떠한 설교도 그것을 더 이상 통제할 수 없기 때문이다. 그럴 경우 새로운 임무가 생겨나는데, 즉 그러한 미성숙한 이성을 점차 더 높은 수준으로 끌어올리고 최소한 역설적 진리의 광활함을 알아볼 수 있는 사람들이 늘어나도록 해야 하는 것이다. 그러한 임무를 이행할 수 없을 경우 기독교에 정신적으로 다가가는 길은 막혀버린 것이나 마찬가지라고 할 수 있다. 도대체 무엇을 두고 도그마의 역설성이라 할 수 있을지 사람들은 더 이상 깨닫지 못한다. 그에 대한 이해가 피상적일수록 사람들은 그것의 비합리적인 모습과 맞닥뜨리게 된다. 그리고 결국 그것은 기이한 과거의 잔존물이 되어 완전히 진부한 것이 되어버린다. 그와 같은 사태의 진전이 얼마나 헤아리기 힘든 정신적 손실을 의미하는지 당사자는 모른다. 왜냐하면 그는 신성한 상들을 결코 자기 안에 있는 것으로 체험한 적이 없으며 그러한 상이 자기 고유의 심적 구조와 긴밀한 관계에 있다는 것을 알지 못하기 때문이다. 그러나 무의식의 심리학은 바로 이러한 결코 없어서는 안 될 인식을 중재할 수 있다. 이 경우 무의식의 심리학이 지닌 학문적 객관성이 바로 최대의 가치를 지닌다. 만일 심리학이 종파와 결부된 것이라면, 그것은 원형을 생산하는 데 필수적 전제 조건인 자유로운 작동을 개인의 무의식에 허용할 수 없고 해서도 안 될 것이다. 사람들에게 확신을 주는 것은 바로 원형의 내용이 지닌 자발성이기 때문이다. 이에 반해서 선결적 개입은 선입견 없는 체험을 가로막는다. 신학자가 한편으로는 신의 전능을, 다른 한편으로는 도그마의 타당성을 정말로 믿는다면, 심혼 역시 신을 표현하고 있다는 사실을 왜 확신하지 못하는가? 심리학에 대한 두려움은 무엇 때문인가? 심혼이란 (완전히 비교조非敎條적으로) 바로 악마들의 말소리만 들리는 지옥이라 여겨야 하는가? 정말 그렇다면 그러한 사실은 상당한 설득력을 지닐 것이다. 왜냐하면 우리가 알다시피, 경악 속에서 감지한 악의 실재를 통해 최소한 선을 체험한 경우만큼이나 많은 사람들이 개종을 했기 때문이다.

무의식의 원형이 종교적 도그마와 일치한다는 것은 경험으로 입증할 수 있다. 교부들의 해석학적 언어 속에 교회는 심리학에 나타나는 개별적이고 자발적인 산물에 비길 만한 풍부한 보배를 지니고 있다. 무의식이 표현하는 것은 어떠한 자의성이나 의견이 아니라, 어떤 한 자연적 존재처럼 하나의 사건, 혹은 그렇게 있는 것Sosein이다. 자명한 사실은, 무의식이 표현하는 바는 자연 전체를 확충Amplifikation 영역으로 끌어가는 교부신학의 비유법같이 자연스러운 것이지 도그마적으로 공식화되는 것은 아니라는 것이다. 여기에 놀랄 만한 그리스도의 '비유'가 존재한다면, 우리는 무의식의 심리학에서도 비슷한 것을 발견할 수 있다. 그러나 차이점은 교부신학의 비유는 '그리스도에 연관되는' 반면, 심리적 원형은 바로 그것 자체이기 때문에 그때그때의 시간, 공간, 환경에 따라 해석될 수 있다는 점이다. 서양에서는 그것이 도그마적인 그리스도 상을 통해서, 동양에서는 푸루샤, 아트만, 히라냐가르바Hiranyagarbha(황금의 모태母胎(태장胎藏)), 붓다 등을 통해서 충만하게 나타난다. 종교적 입장이 이미 각인된 인장과 같은 것에 역점을 두는 것은 이해할 만하다. 반면 과학으로서의 심리학은 오직 심리학만으로 파악할 수 있는 유형τύπος, 즉 각인 과정에 역점을 둔다. 종교적 입장은 유형을 이미 각인된 인장의 효력과 같은 것으로 파악하며, 그와 반대로 과학적 입장은 유형을 아직 알 수 없고 파악할 수 없는 내용에 대한 상징으로서 이해한다. 그런데 유형이란 그때그때의 어떤 종교적 전제보다도 더 다양하고 더 불확정적이므로 심리학은 부득이 그 경험적 재료를 통해, 시간이나 공간, 혹은 환경에 얽매이지 않은 하나의 용어로 유형을 표현하지 않으면 안 된다. 즉, 유형이 예컨대 세세한 부분에 이르기까지 도그마에 따른 그리스도 상과 일치할 뿐, 그것을 넘어서는 그 어떠한 목적도 지니고 있지 않다면, 우리는 유형을 적어도 도그마적 형상에 대한 충실한 모상模像으로 보고 그에 걸맞게 명명해야 할 것이다. 그럴 경우 유형은 그리스도와 일치하게 될 것이다. 그런데 경험에 비추어볼 때 그러한 경우는 없다. 말하자면 무의식은 교부들의 비유법과도 같이, 도그마의 공식에 명시적으로 포함되지 않은 수많은 다른 규정들을 만들어내는데, 위에 언급한 바와 같이 비기독교적인 상을 유형 속에 포함시키고 있는 것 등이 그 예다. 그러나 그러한 형상 역시 원형의 불확정성을 채워주지 못한다. 원형의 **불확정성**Unbestimmtheit을 표현하는 그 어떠한 확실한 형상이 존재할 수 있으리라고는 도저히 생각할 수 없다. 따라서 나는 그에 상응하는 원형에 자기Selbst라는 심리학적 명칭을 부여해야 할 필요성을 느꼈다. 이 개념은 한편으로 인간 전체성의 총 개념을 전달하기에 충분히 확실한 것이며, 다른 한편으로는 전체성의 기술記述 불가능성과 확정 불가능성을 표현하기에 충분히 불확실한 것이다. 전체성이 한편으로는 의식적 인간으로, 다른 한편으로는 무의식적 인간으로 구성된다는 사실은 자기의 개념이 지닌 그러한 역설적 특성에 들어맞는다. 그러나 우리는 무의식적 인간에 대해 규정할 수도, 그것의 한계를 지적할 수도 없다. 따라서 과학적으로 그 용어를 사용한다면 '자기'는 그리스도나 붓다를 가리키는 것이 아니고 그에 상응하는 형상들의 총체를 가리키는 말이다. 그러한 형상들 하나하나가 자기의 상징이다. 이와 같은 표현 방식은 과학적 심리학의 필연적 사고에 따른 것일 뿐이며 어떤 초월적 선결先決을 의미하는 것은 결코 아니다. 그와는 반대로, 위에서 언급한 바와 같이, 이러한 객관적 입장은 어떤 사람에게는 그리스도의 규정을 선택하게 하고 다른 사람에게는 붓다를 선택하게 할 수 있다. 그러한 객관성으로 인해 화를 내는 사람이 있다면 객관성 없이도 과학이 가능한지 생각해보기 바란다. 심리학에 객관성의 권리가 주어지는 것에 반박한다면, 그것은 하나의 과학이 지닌 생명의 빛을 꺼버리는 시대착오적인 시도다. 그러한 어리석은 시도가 설사 성공한다 할지라도 그것은 한편으로는 세속적 이성과, 다른 한편으로는 교회나 종교 간의 이미 파국적 상태에 이른 소원한 관계를 더욱 악화시키기만 할 것이다.

    과학이 어느 정도의 배타성을 갖고 그 대상에 집중하는 것은 당연한 일일 뿐 아니라 과학의 절대적인 존재 이유이기도 하다. 자기의 개념은 심리학의 핵심적 관심사이기 때문에 심리학이 신학과는 상반된 방향으로 사고하는 것은 당연하다. 즉, 심리학에서는 자기가 종교적 형상을 가리키는데, 그와 반대로 신학에서는 신학 고유의 핵심적 표상表象을 가리킨다. 다시 말해 심리학적인 자기는 신학 쪽에서는 당연히 그리스도의 '비유'로 이해될 수 있을 것이다. 그러한 대립은 분명 사람들을 당황스럽게 한다. 하지만 심리학의 생존권 자체를 완전히 빼앗아버리지 않는 한 유감스럽게도 그러한 일은 피할 수 없다. 그러므로 관용을 가져줄 것을 부탁한다. 과학으로서의 심리학은 어떠한 강압적 권리를 요구하지 않기 때문에 심리학에서 그것은 어려운 일이 아니다.

    '그리스도 상징'은, 붓다의 이미지를 별도로 한다면, 아마도 가장 발전되고 분화된 자기의 상징인 만큼 심리학에서 매우 중요하다. 그리스도에 관한 기존 발언의 내용과 범위를 볼 때 그와 같은 사실을 유추할 수 있다. 그러한 발언은 비록 자기 원형의 모든 측면을 내포하고 있지는 않지만 자기의 심리학적 현상학과 보기 드물 정도로 정확히 일치한다. 자기의 무한정한 광대함은 어떠한 종교적 형상이 지닌 확정성에 불리한 점으로 평가될 수도 있다. 가치판단을 내리는 일은 그러나 결코 과학의 임무가 아니다. 자기는 불확실한 것일 뿐 아니라 역설적이게도 또한 확정성의 특징, 바로 일회성을 지니고 있기도 하다. 그러한 사실이 아마도, 역사적 인물들을 창시자로 지니는 기독교와 불교, 이슬람교 같은 종교가 바로 세계 종교로 된 이유 중의 하나일 것이다. 일회적 인격을 종교에 편입시킨 것은 (특히 뚜렷이 확정할 수 없는 신의 본성과의 융합으로) 일회적인 것을 영원한 것과 결합시키고 개별적인 것을 보편적인 것과 결합시키는 자기의 절대적 개별성에 들어맞는다. 자기는 대극의 합일 κατ᾽ ἐξοχήν이다. 그것이 이 상징을 기독교적 상징과 본질적인 면에서 완전히 구분시켜주는 점이다. 그리스도의 양성兩性적인 면은 대극 문제에서 기독교 교회가 취한 극단적인 양보다. 그리스도가 전적으로 선을 대표하고 그리스도의 적인 악마가 악을 대표하는 가운데, 밝음과 선, 또한 어둠과 악이라는 양자의 대극은 공공연한 갈등으로 남게 되었다. 그러한 대극은 아직 해결되지 못한 진정한 세계 문제다. 그런데 자기는 모든 관계에서 명제와 반명제, 그리고 동시에 종합명제를 나타내기 때문에 절대적인 역설성으로 남는다(이러한 주장에 대한 심리학적 증거는 무궁무진하다. 그렇지만 여기에서는 그러한 예들을 상세히 끌어댈 수 없다. 자료를 이해할 수 있는 사람이라면 만다라 상징을 참조하도록 권한다. 『기본 저작집』 제5권 참조).

무의식이 탐구됨으로써 의식에 근접하게 된 원형으로 인해 개체는 인간 본성의 심연에 있는 대극성과 직면하게 된다. 그로써 개체는 빛과 어둠, 그리스도와 악마를 아주 직접적으로 경험할 수 있는 것이다. 알아두어야 할 것은, 최상의 경우든 최악의 경우든 그러한 경험이 가능하다는 것이지 반드시 이루어지는 것은 아니라는 사실이다. 왜냐하면 그러한 종류의 경험은 우리가 인간적인 수단을 통해 무조건 할 수 있는 것이 아니기 때문이다. 그 점에서 우리는 통제할 수 없는 요소들을 고려해야 한다. 대극의 체험은 지적 통찰이나 어떤 감득感得의 능력과는 하등 관계가 없다. 오히려 그것을 하나의 숙명이라 부를 수 있을 것이다. 그러한 체험은 누군가에게는 그리스도의 진리를, 또 다른 사람에게는 붓다의 진리를, 그것도 극히 자명하게 입증해줄 수 있다.

대극성을 체험하지 않고서는 전체성을 경험할 수 없다. 또한 신성한 형상에 내면적으로 다가갈 수도 없다. 그러한 이유로 해서 기독교는 타당하게도 모든 개인 속에 있는 세계 대극성의 깊은 심연을 최소한 외부에서부터라도 파헤치려는 명백한 의도로 죄악성과 원죄를 주장한다. 어느 정도 이성이 깨어난 사람에게는 물론 이 방법이 효과가 없다. 그는 그러한 교리를 단순히 믿지도 않을뿐더러 불합리한 것으로 여기기 때문이다. 그런데 이성이야말로 편협한 것으로서 '신비의 쓸모없음'을 고집한다. 그것은 테르툴리아누스의 이율배반적 논리와는 현격하게 동떨어져 있을 뿐만 아니라 그러한 대극성을 아예 겪으려 들지도 않는다. 가톨릭 쪽에서 행해지는 엄격한 피정과 어떠한 선교를 위한 설교, 또는 죄를 염탐하는 듯한 모종의 개신교식 교육이 결국 정신적 장애를 일으켜, 신의 나라가 아니라 의사의 진료실로 이끈다는 사실은 새삼스러운 일이 아니다. 기본적으로 대극성에 대한 통찰은 불가피한 것이지만 실제로 그것을 견뎌내는 사람은 별로 없다. 그렇기 때문에 어쩔 수 없이 고해를 하는 것이다. 죄로 인한 압박감을 덜어준다는 일시적인 완화법으로 '도덕적 개연론'[8]이 형성됐는데 이것은 아주 다른 여러 측면에서 빈번히 비난받아왔다. 그러한 현상이 어떻게 생각되든 한 가지 사실은 확실하다. 다른 점은 제쳐두고, 거기에는 모순적 논리 때문에 견디기 힘든 고통을 보상해주는 깊은 인간성과 인간적 연약함에 대한 이해가 담겨 있다는 사실이다. 한편으로는 원죄를, 다른 한편으로는 개연론의 용인을 주장하는 엄청난 역설은 심리학자에게는 위에서 약술한 기독교적 대극 문제의 필연적 결과로서 바로 이해될 수 있다. 자기Selbst 안에서 선과 악은 그야말로 일란성 쌍생아보다도 더 밀착된 관계로 공존하고 있는 것이다! 악의 실재성, 그리고 선과 융화할 수 없는 특성은 대극을 더욱 분리시키며 살아 있는 모든 것을 가차 없이 십자가에 매달아 그 생명을 정지시킨다. '아니마는 그 본성으로 보아 기독교적(심혼은 본성적으로 기독교적)'이기 때문에 예수의 생애에서 볼 수 있듯이 그러한 결과는 필연적으로 나타날 수밖에 없을 것이다. 말하자면 우리 모두는 '그리스도와 함께 십자가에 매달려' 있어야 한다. 다시 말해 진정으로 십자가에 매달리는 것 같은 어떠한 도덕적 고통 속에 매달려 있어야 하는 것이다. 그러한 일은 실제로 처음에는 어느 정도까지는 가능하다. 그러나 나중에 가서는 견디기 힘들어지기 때문에 삶에 대한 적대감을 불러일으킨다. 그렇기 때문에 평범한 인간이 그런 상태에 빠져들 수 있는 것은 단지 일시적이고 극히 드문 경우뿐이다. 그도 그럴 것이 고통을 마주하고서 어떻게 평범한 상태로 있겠는가! 그러므로 악의 문제에 대한 다소간의 개연론적인 입장은 불가피하다. 따라서 죄는 극히 심각하고 무겁긴 하지만 '개연적' 논거를 통해서 벗어버릴 수 없을 만큼 무겁지는 않다는 역설 속에서 자기의 진실, 즉 불가해한 선-악의 합일이 구체적으로 생겨난다. 여기서 개연론적 논거란 결코 어떠한 태만이나 경박성을 말하는 것이 아니다. 그것은 삶에서 실질적으로 불가피한 것이다. 참회는 화해할 수 없는 대립으로 파멸해가는 것에 성공적으로 저항하는 삶 자체처럼 실행된다. 그에 대해—기억해두어야 할 일로—갈등은 뚜렷이 남아 존속한다. 그리고 그러한 사실은 그 자체가 갈등이며 합일인 자기自己의 이율배반성에 다시금 들어맞는다.

기독교는 선과 악의 이율배반성을 하나의 세계 문제로 만들었으며 도그마에 의해 대립을 공식화함으로써 하나의 절대적 원리로 고양시켰다. 아직은 해결되지 않은 그러한 갈등 속에서 기독교인은 선의 주역이며 세계 드라마의 공연자로서 일역을 맡게 되었다. 그러한 그리스도의 계승은 심오한 의미로 이해하자면 대부분의 사람들이 그야말로 감당할 수 없는 어떠한 고통을 의미한다. 따라서 그리스도의 계승은 현실적으로 제한된 범위에서만 이행되거나 아예 이행되지 않는다. 그렇기 때문에 교회 사제의 직무는 아예 '그리스도의 멍에를 가볍게 하는 것'이 되어야 한다고 생각한다. 그런데 그것은 갈등의 강도와 예리함을 본질적으로 완전히 약화시켜 선과 악의 실질적 상대화를 유도한다. 선은 그리스도의 절대적 계승과 같은 의미이며, 그것을 가로막는 것은 악이다. 인간의 도덕적 연약함과 태만은 대부분 계승을 가로막는다. 바로 그러한 점 때문에 개연론은 기독교적 인내와 온유, 이웃 사랑과 일치할 수 있는, 경우에 따라서는 개연론 속에서 안일함만을 보는 자들의 심성보다 더 많은 것을 담을 수 있는 실제적 안목을 지니게 되었다. 개연론적인 노력에 일련의 기독교적인 주요 미덕이 있음을 인정할 수밖에 없지만, 한편 그것이 그리스도의 계승에서 오는 고통을 가로막고 악에 대한 선의 투쟁의 예리함을 앗아가 그 투쟁을 견딜 만한 것으로 약화시켜버린다는 사실을 간과해서는 안 된다. 그것은 또한 자기의 심리적 원형에 다가서게 한다. 그러한 원형 속에서는 대극도 합일되어 나타난다. 더욱이 이미 언급한 바와 같이 그것은 갈등을 그대로 열어놓는 기독교의 상징성과는 다른 것이다. 기독교의 상징에서 '균열'은 세상을 가른다. 즉, 빛은 밤과 투쟁하며 위의 것은 아래의 것과 투쟁한다. 이 둘은 심리적 원형에서와 같이 하나가 아니다. 비록 도그마는 둘이 하나라는 사고를 기피하지만 우리가 보았다시피, 종교적 실행은 자연스러운 심리학적 상징, 즉 바로 자체 속에서 합일되는 자기에 근접할 수 있게 한다. 그와는 달리 도그마는 셋이 하나임을 주장하는 반면, 넷이 하나라는 것은 부인한다. 예로부터 홀수는 서양에서뿐 아니라 중국에서도 남성적인 것으로, 한편 짝수는 여성적인 것으로 알려져왔다. 그렇게 볼 때 삼위는 분명 남성적인 신성이다. 따라서 남녀 양성인 그리스도나, 성모의 특수한 지위와 승격은 그에 대한 완전한 등가물이 되지 못한다.

이러한 확언이 독자에게는 아마 낯설게 여겨지겠지만 이로써 우리는 연금술의 한 핵심적 원리인, 마리아 프로페티사Maria Prophetissa의 다음과 같은 정리定理에 이르게 된다. 즉, "하나는 둘이 되고 둘은 셋이 되며, 또한 셋에서는 넷인 하나가 생겨난다." 독자가 책의 제목 『심리학과 연금술Psychologie und Alchemie』(『전집』 제12권)을 보고 이미 알았겠지만, 이 책은 연금술의 심리학적 의미, 즉 극히 드문 예외를 제외하고는 지금까지의 학문적 연구에서 벗어난 문제를 다루고 있다. 과학은 최근까지 연금술의 화학사적인 측면에는 몰두해왔으며 철학적이고 종교사적인 측면에는 거의 관심을 기울이지 않았다. 화학의 발전사에서 연금술의 의미는 분명하다. 반면 그것의 정신사적 의미는 아직 알려지지 않은 상태이기 때문에 몇 마디로 그 의미의 근거를 들기란 불가능할 것 같다. 그러므로 나는 연금술적 테마를 접합시킬 수 있는 종교사적이고 심리학적인 문제를 이 서론에서 설명하고자 하였다. 연금술은, 말하자면 표면을 지배하는 기독교의 저변부를 흐르는 저류底流 같은 것을 이루고 있다. 연금술과 기독교의 관계는 꿈과 의식의 관계와 같다. 꿈이 의식의 갈등을 보상하듯이 연금술은 기독교의 대극 긴장으로 열린 틈을 메우고자 노력한다. 그러한 사실은 마치 하나의 주도하는 사상과도 같이 천칠백 년에 걸쳐 이어져온 연금술의 생존 기간 전반을 관류하는 원리, 즉 바로 위에서 인용한 마리아 프로페티사의 정리에서 가장 함축적으로 표현된다. 여기에서는 여성적인 것, 대지, 지하 세계, 바로 악 자체를 의미하는 짝수가 기독교 도그마에서의 홀수 사이를 밀치고 들어간다. 그것이 체현體現된 것은 '메르쿠리우스의 용', 즉 스스로를 생산하고 파멸시키는 용, '프리마 마테리아prima-materia(기본 재료)'를 묘사하고 있다. 연금술의 이러한 기본 사고는 용의 속성을 지닌 티아마트Tiâmat(바빌로니아의 암용으로서 신들의 어머니. 혼돈이 세계를 위협하자 신들의 대표로 지명된 마르두크가 그녀를 죽인다)인 테홈Tehom[9]에서 나온 것이다. 따라서 그것은 마르두크 신화(마르두크Marduk는 바빌로니아의 신으로서 주술과 주문의 신. 머리가 둘인 이 태양신은 특히 염수鹽水의 암용인 티아마트와의 우주적 투쟁 과정에서 바빌로니아 신들의 지도자가 되었다. 그는 티아마트를 죽이고 자기 가슴에 운명의 문자판을 건 다음에 인간을 포함한 새로운 세계에 질서를 창조했다)의 테오마키Theomachie 신들의 전쟁 속에서 남성적인 부권 세계에 의해 정복당한 태초의 모권 세계에서 기인한다. '남성적' 측면에 따라 이루어진 의식의 세계사적 변화는 무의식의 지하계적이고 여성적인 것을 통해 일단 보상된다. 기독교 이전에 생겨난 몇몇 종교에서는 이미 남성적인 것을 아버지-아들의 특수화된 형상으로 세분화시키기 시작하는데, 그러한 변화는 후에 기독교 내에서 최고의 의미를 얻게 된다. 무의식이 단순히 보완적인 것에 지나지 않는다면, 그것은 데메테르Demeter-페르세포네Persephone 신화(데메테르는 그리스의 곡신穀神이며 지모신地母神, 그녀의 딸 페르세포네는 하데스에 의해 지하계로 납치되며 지하계의 왕비로서 일정 시간 간격을 두고 데메테르와 재회한다)에 그 필요한 재료가 갖추어져 있었던, 어머니와 딸에 대한 강조로서 그러한 의식의 변화에 동조했을 것이다. 그렇지만 연금술이 보여주듯이, 무의식은 '기본 재료'와 '대우주의 아들'의 형상으로 나타난 키벨레Kybele-아티스Attis(아티스는 모신母神 키벨레의 아들로서 스스로 남근을 절단하고 죽은 뒤 부활하는 신)의 유형을 선호하였던바, 보완적인komplementär 것이 아니라 보상적인kompensierend 것임이 드러났다. 그렇기 때문에 무의식은 단순히 의식과 대립된 입장에 있는 것이 아니고 다소간 변형된 적수이거나 협력자임을 알 수 있다. 아들 유형은 '지하계적인' 무의식으로부터 딸이 아니라 여전히 아들을 '보충상補充像'으로서 불러낸다. 이 주목할 만한 사실은 추측건대 현세적 인간의 본성에 내재된 순수하게 정신적인 신의 현현顯現과 관계가 있는 듯하다. 그러한 일은 동정녀의 자궁을 잉태시킨 성령에 의해 가능하다는 것이다. 따라서 위의 것, 정신적인 것, 남성적인 것은 아래의 것, 지상적인 것, 여성적인 것으로 기울어지며, 그와 마찬가지로 아버지의 세계보다 선재先在했던 어머니는 남성적인 것에 응하여 인간 정신('철학')의 도구를 통해 한 아들을 생산한다. 그는 그리스도와 대립되는 자가 아니라 그의 지하계적 부분이며, 신인神人이 아니라 근원적 어머니Urmutter에 부합하는 상상적 존재다. 그리고 상부의 아들에게 인류(소우주) 구원의 임무가 주어지듯, 하부의 아들은 '대우주의 구원자salvator macrocosmi'의 역할을 맡는다.

이것은 대략 윤곽 잡아 연금술의 불분명함 속에서 일어나는 극적인 사건이다. 특별히 재능을 부여받은 극소수의 연금술사들의 정신과 내적 체험의 경우를 제외하고는, 그 두 아들은 결코 합일되지 않는다는 것을 추가로 말해두어야 하겠다. 그렇지만 그러한 극적 사건이 '목적' 삼는 바는 그다지 어렵지 않게 꿰뚫어볼 수 있다. 즉, 신의 체현은 아버지 세계의 남성적 원리가 어머니 세계의 여성적 원리에 다가가는 듯한 인상을 주었고, 그 결과 어머니 세계는 다시금 아버지 세계에 동화되어 가는 듯이 느껴졌던 것이다. 그러한 사실은 분명 해결되지 않은 갈등을 보상하기 위해 다리를 놓으려는 시도만큼이나 많은 것을 의미했다.

나의 설명이 어떤 그노시스 신화처럼 들리는 데 대해 독자가 거부감을 갖지 않았으면 한다. 우리는 여기서 바로 그노시스의 근본이 되는 심리학의 영역으로 나아가고 있는 것이다. 기독교적 상징에 대한 진술은 바로 그노시스이며, 무의식에 의한 보상이야말로 그보다 더 그노시스적이라고 할 수 있다. 신화소神話素, Mythologem는 그러한 심리적 과정에 대한 가장 근원적인 언어다. 어떠한 지적 표현도 신화적 상이 지닌 풍요로움과 표현력에 엇비슷하게라도 도달할 수 없다. 중요한 것은 근원적 상이며 따라서 그것은 비유적 언어를 통해 역시 가장 훌륭하고 뛰어나게 재현된다.

여기에 기술된 과정은 심리학적 보상이 지닌 특성을 모두 보여준다. 알다시피 무의식의 탈은 경직되어 있지 않고 우리가 무의식을 향해 내보이는 바로 그 얼굴을 반영한다. 적대감은 위협적인 모습을 가져다주며 호의적인 마음은 표정을 부드럽게 해준다. 여기서 중요한 것은 단순한 시각적 반영이 아니라, 대응하는 자의 고유한 존재를 인식하게 해주는 독자적인 대응이다. 그러므로 '현자의 아들filius philosophorum'은 결코 신의 아들이 부적절한 재료 속에 단순히 반사된 상이 아니다. 그것은 티아마트의 아들이 근원적인 어머니 상의 특성을 반영하고 있는 모습이다. 그는 분명 남녀 양성적이지만 남성의 이름을 지니고 있다. 그로써 정신Geist에 의해 배척당하고 단순히 악과 동일시되어버린 지하계인 명부冥府의 타협적 성향을 보여주고 있다. 다시 말해 대지의 무거움과 동물적인 근원적 존재의 환상성을 그 자체에 지니고 있음에도 불구하고 그는 분명 정신적인 것과 남성적인 것에 대한 일종의 용인이다.

어머니 세계의 이러한 응답은, 그 세계를 아버지 세계와 갈라놓는 틈이 극복 불가능한 것이 아님을 말해준다. 왜냐하면 무의식은 양자를 합일할 수 있는 싹을 그 안에 간직하고 있기 때문이다. 의식의 본질은 구별이다. 의식을 하기 때문에 대극은 서로 분리될 수밖에 없다. 더욱이 자연에 거슬러 그렇게 되는 것이다. 본래 대극은 서로를 추구한다.—'양극은 서로 통한다.' 무의식 속에서도, 특히 단일성Einheit의 원형인 자기 안에서도 마찬가지다. 신성의 내부에서 그러하듯 자기 속에서는 대극이 지양된다. 그러나 무의식이 표명되기 시작하자마자 마치 창조가 이루어질 때처럼 그것의 분열은 시작된다. 모든 의식화 행위는 일종의 창조 행위이기 때문이다. 다양한 우주 진화론적 상징은 바로 그러한 심리학적 체험에서 나온 것이다.

연금술에서 무엇보다도 중요한 것은 단일성의 배아胚芽인데, 그것은 티아마트의 혼돈 속에 숨겨져 있으며 신격神格의 단일성에 상응한다. 신격의 단일성과 마찬가지로 그것은 기독교의 영향을 받은 연금술에서는 삼위三位의 특성을, 이교異敎적 연금술에서는 삼분법적인 특성을 지닌다. 또 다른 증거 문서에 따르면 그것은 네 요소의 합일과 같으며 그로써 사위四位, Quaternität를 이룬다. 현대의 심리학적 연구 결과를 보면 월등히 우세한 다수가 후자를 뒷받침한다. 내가 관찰한 적은 수의 사례에서는 셋의 수를 만들어낸 극소수의 경우 하나의 체계적인 의식의 소실이라는, 즉 '열등한 기능'을 의식하지 못한다는 특징을 지닌다. 셋은 결코 자연스러운 전체성의 표현이 아니며, 이에 비해 넷은 전체성의 판단을 규정하는 최소한의 수를 나타낸다. 강조되어야 할 점은, (무의식의 경우와 마찬가지로) 사위로 기울어지려는 연금술의 뚜렷한 성향 이외에 셋과 넷 사이의 불확실성이 누차 반복적으로 강조되었다는 사실이다. 마리아 프로페티사의 원리 속에서 이미 사위는 장황한 표현으로 애매모호하게 나타난다. 연금술에는 네 가지와 세 가지의 '레기미나regimina(절차)', 또 네 가지 색과 세 가지 색이 있다. 항상 네 요소가 있지만, 세 요소는 자주 한 그룹으로 묶여진다. 네 번째는 특수한 위치에 놓이는데 그것은 때로는 흙이 되기도 하고 때로는 불이 된다. '메르쿠리우스Mercurius'[10]는 '넷quadratus'이지만 또한 머리가 셋인 뱀이기도 하고 혹은 단순히 셋으로 된 하나이기도 하다. 불확실성이란 이것이기도 하고 저것이기도 한 것을 말한다. 다시 말해 중심 표상이란 넷의 성분이기도 하고 셋의 성분이기도 하다. 심리학자는 무의식의 심리학 역시 그와 유사한 혼란을 겪는다는 사실을 지적하지 않을 수 없다. 즉, 가장 미분화된 '열등' 기능은 집단적 무의식에 매우 오염되어서 그것이 의식화될 때 다른 요소들 외에도 마리아가 "토 헨 테타르톤τὸ ἕν τέταρτον"('네 번째로'라는 뜻)이라고 말하는 자기의 원형을 동반한다. 넷은 여성적인 것, 모성적인 것, 육체적인 것을 의미하며, 셋은 남성적인 것, 부성적인 것, 정신적인 것을 의미한다. 넷과 셋 사이의 불확실성은 따라서 정신적인 것과 육체적인 것 사이의 편차만큼이나 많은 것을 의미한다. 그에 대해 적절한 예를 들자면, 인간의 모든 진리는 결국 최종적인 것이 아니라는 사실이다.

나는 이 글을 정신 치료 과정에서 정신적 발전이 최종적으로 이르게 되는 목표인 인간의 전체성에서부터 출발하였다. 이 문제는 세계관적 전제 내지는 종교적 전제와 불가분의 관계에 있다. 대부분의 경우가 그렇듯이, 환자가 스스로 그 점에서 어떤 편견도 없다고 믿는다 해도 그의 사고나 삶의 방식, 도덕과 언어는 세부적인 사항에 이르기까지 역사적으로 제약받고 있다. 물론 그러한 사실은 때로는 교양의 결핍으로 인해, 때로는 자기 비판의 결여로 인해서 의식되지 않을 뿐이다. 그러므로 그런 상황을 분석해보면 조만간 개인적인 결정인자를 넘어서서 보편적이고 정신적인 전제에 이르게 된다. 그로써 내가 앞에서 간단히 설명하고자 애썼던 문제가 제기된다. 단일성의 상징인 여러 '만다라'의 생성은 그 단계에서 일어나는 것이다. 그것은 꿈이나 각성 상태에서 구체적인 시각적 인상의 형태로 나타나며, 흔히는 의식상황의 대극성과 갈등 관계에 대한 가장 뚜렷한 보상으로 나타난다. 기독교적 세계 질서 속에서는 '균열'[11]이 해결되지 않은 채 있기 때문에 위와 같은 일이 일어나는 것이라고 말한다면 옳지 않을 것이다. 기독교의 상징성이 어떻게 그러한 상처를 제대로 치유하는가, 혹은 치유하려고 애쓰는가는 쉽게 입증되기 때문이다. 갈등이 해결되지 않은 채 있는 것을 서양인의 심리적 상황의 한 징후로 보고 기독교 상징을 포괄적으로 받아들이지 못하는 무능력을 한탄하는 것이 아마도 더 옳을 것이다. 의사로서 나는 그 점에서 환자에게 어떠한 요구도 할 수 없으며 또한 교회의 은총 수단도 갖고 있지 않다. 그렇기 때문에 내가 택할 수 있는 유일한 길을 제시해야 할 임무에 직면해 있다. 다시 말해 어떤 의미에서는 도그마 표상과 일치하는 원형적 상을 의식화시켜야 하는 것이다. 이때 만약 그런 일이 심각한 갈등 없이 가능하다면 나는 내 환자가 그의 전제조건, 즉 그의 정신적 성숙도와 교육 정도, 출신 가계와 기질에 맞게 스스로 결정하도록 해야 한다. 삶의 능력을 지니도록 환자를 돕는 것은 의사인 나의 임무다. 그러므로 나는 그의 최종적 결정에 대해 감히 어떤 판단을 내릴 수 없다. 왜냐하면 은근한 암시든 설득이든, 혹은 그 밖의 어떤 변화 수단이든 강압이든 결국은 최고의 결정적인 체험, 다시 말해 홀로 자기自己와 홀로 있음—또는 심혼의 객체성을 두고 무슨 이름을 붙이든 간에—을 방해하는 작용밖에 하지 않는다는 것을 체험으로 알고 있기 때문이다. 환자가 더 이상 스스로를 지탱할 수 없다면 그를 지탱해주는 것이 무엇인지 알기 위해 그는 먼저 혼자가 되어야 한다. 오직 이러한 경험만이 그에게 무너질 수 없는 토대를 제공한다.

    내 환자 중에 신학자 출신이 그렇게 많지만 않았어도, 나는 정말 쉽지 않은 그런 임무를 그때마다 기꺼이 신학자에게 맡겼을 것이다. 이들은 교회 공동체 안에 매달려 있어야 했지만 마른 잎새처럼 커다란 나무로부터 떨어져나와 이제는 치료에 매달리고 있다. 어떤 것에 매달리지 못한다면, 마치 그들이, 혹은 그들이 붙들고 있는 '그것'이 무無 속으로 추락해버리기라도 하는 것처럼 그들은 자주 내부의 무언가로부터 절망적인 힘으로 옥죄임당하고 있는 것이다. 그들은 자신이 발 딛고 설 수 있는 확고한 토대를 찾아다닌다. 외면적 발판은 그들에게 아무런 소용이 없기 때문에 결국 그들은 스스로의 내면에서 그것을 찾아야만 한다. 그러한 일은 분명 이성의 입장에서 볼 때는 절대로 있을 수 없는 일이지만, 무의식의 입장에서 보면 전적으로 가능한 일이다. '구원자의 비천한 출신'의 원형에서 그러한 사실을 미루어 알 수 있다.

목표를 향한 길은 처음에는 혼돈스럽고 예측할 수 없으며 그 방향이 잡히는 듯한 조짐은 아주 더디게 생겨날 뿐이다. 그 길은 직선이 아니고 순환형인 것으로 보인다. 더 정확히 알아보니 그것은 나선형Spirale인 것으로 입증되었다. 즉, 꿈 모티프는 어느 정도의 간격을 두고서, 나름대로 하나의 중심을 표시하는 일정한 형태로 계속 반복해 되돌아오는 것이다. 더욱 중요한 것은 하나의 중심점, 또는 어떤 경우에나 처음의 꿈에 이미 나타나는 중심을 에워싼 배열이다. 무의식적 사건의 표명인 꿈은 중심을 에워싸고 회전하거나 순환적으로 발전하여 점점 더 뚜렷하고 광범위한 확충을 통해 중심에 다가간다. 상징적 재료의 다양성 때문에 처음에는 어떠한 방식의 질서 자체를 인식하기 어렵다. 연속된 꿈이 어떠한 질서 원리에 종속되어 있다는 전제는 결코 없다. 그러나 자세히 살펴보면 그 발전 과정은 순환형 내지는 나선형이라는 것이 나타난다. 그러한 나선형의 과정을 식물의 성장 과정과 비교할 수 있을 것이다. 바로 식물 모티프(나무, 꽃 등) 역시 그러한 꿈과 환상 속에 자주 반복적으로 나타나며 따라서 저절로 그림으로 그려지기도 한다.[12]

연금술에서 나무는 연금술적 철학의 상징이다.

다음 연구에서는 중앙이나 목표에 대한 풍부한 상징을 담고 있는 일련의 꿈을 맨 처음 다룰 것이다. 그러한 상징의 발전은, 말하자면 치유 과정과 같은 의미를 지닌다. 따라서 중앙이나 목표는—단어의 고유한 뜻으로 볼 때—치유의 의미를 지닌다. 꿈 자체가 그러한 방식의 용어를 정당화시킨다. 왜냐하면 꿈은 종교적 현상을 나타내는 주제와 다양한 관계를 지니기 때문이다. 그래서 그중 몇몇은 나의 글 『심리학과 종교』(『기본 저작집』 제4권)의 연구 대상이 될 수도 있었다. 그러한 과정에서 중요한 것이 종교 형성과 관련된 원형이라는 사실은 의심의 여지가 없어 보인다. 어떤 종류의 종교이든 간에 경험으로 확인할 수 있는 종교의 심리적 내용은 그러한 무의식의 표명 속에 분명하게 나타난다. 우리는 종교적 믿음으로 내세우는 주장이 진실인가 아닌가 하는 근본적으로 아무런 생산성 없는 질문에 너무 오랜 시간을 보내왔다. 어떤 형이상학적 주장의 진실이란 결코 입증할 수도 부인할 수도 없다는 점을 완전히 제쳐두고라도, 그러한 주장이 존재한다는 것은 그 자체로 명백한 사실이다. 그것은 어떠한 다른 증거를 필요로 하지 않는다. 거기에 '일반적 동의'가 이루어진다면 그 발언의 타당성은 바로 그 정도만큼 입증되는 것이다. 우리가 여기서 파악할 수 있는 것은 객관적 정당성이나 진리의 범주에서는 헤아릴 수 없는 심리적 현상일 뿐이다. 이성적 판단에 의해 어떠한 현상이 반드시 해결되는 것은 아니다. 종교적 삶 속에서 중요한 것은 현상과 사실 자체이지 논쟁의 여지가 있는 가설이 아니다.

정신치료 과정에서 행해지는 변증법적 대화를 통해 환자는 필연적으로 자신의 그림자, 즉 환자가 때때로 투사를 통해 처치해버린 마음의 어두운 반려와 맞닥뜨리게 된다. 다시 말하자면 분명 그 자신이 지니고 있는 온갖 악덕을 좁은, 혹은 넓은 의미의 이웃에게 뒤집어씌우든지, 혹은 '완전한 통회(contritio)'나—더 부드러운 표현으로는—'불완전한 통회(attritio)'[13]를 통해 자신의 죄를 신적 중개자에게 내맡기는 것이다. 죄가 없이는 회개도 없고 회개가 없이는 구원의 은총도 없다는 것, 더욱이 '원죄'가 없었더라면 세계 구원의 극劇이 상연되지도 않았으리라는 것을 우리는 알고 있다. 그러나 바로 악의 위력 속에 신의 특별한 뜻이 있지 않은가 하는 문제에 몰두하는 일은 의도적으로 피하고 있다. 그렇지만 그러한 신의 뜻을 인지하는 것은 우리에게 가장 중요한 일일 것이다. 심혼의 의사〔정신과 의사〕가 그렇듯이, 자신의 가장 어두운 그림자와 맞서 있는 사람들을 다루다 보면 바로 그러한 견해에 사로잡히지 않을 수 없음을 자주 느낀다.[14] 의사는 어떠한 경우에도 우월감에 찬 유치한 몸짓을 하면서 '그래서는 안 된다'고 적혀 있는 율법 판을 가리킬 수는 없다. 그는 객관적으로 문제를 점검하고 가능성을 재고해야 한다. 왜냐하면 종교적 교육과 교양에서가 아니라 오히려 본성과 체험으로 인해서 '펠릭스 쿨파felix culpa(복된 죄)'와 같은 무엇인가가 존재한다는 것을 그는 알고 있기 때문이다. 그는 자신의 행복뿐 아니라 그것 없이는 인간이 전체성에 도달할 수 없는 결정적인 죄도 놓칠 수 있다는 것을 알고 있다. 전체성이란 말하자면 기교로도 책략으로도 이루어질 수 없는 일종의 카리스마로서 우리는 성장을 통해서 거기에 도달하며 그 사건과 과정을 견디어낼 수 있을 뿐이다. 인류가 단일하지 않고 최소한 만 년이라는 세월의 공간만큼 그 정신 구조가 나뉘어 있는 개인들로 구성되어 있다는 사실은 물론 절망스러운 일이다. 따라서 어떤 사람에게는 구원을 의미하면서 반면 다른 사람에게는 유혹과 독이 되지 않는 진리는 결코 없다. 모든 보편주의는 이 끔찍한 딜레마에 빠져 있다. 나는 앞에서 예수회의 개연론에 대해 말하였다. 그것은 그 어떤 것과도 달리 교회의 가톨릭적 보편성이 지닌 엄청난 과업을 말해준다. 아무리 관대한 사람이라 해도 개연론에 대해서는 경악하였다. 그러나 삶의 현실과 직접 대면하면서 이미 많은 사람들에게서 노여움이나 웃음이 사라져갔다. 의사 역시 생각하고 또 생각해야 한다. 물론 교회의 유익이나 불이익을 위해서가 아니라, 삶과 건강의 유익이나 불이익을 위해서다. 도덕률은 종이 위에서 볼 때는 지극히 명료하고 깔끔하다. 그러나 '살로 된 심장판'에 씌어진 똑같은 문서는 가장 시끄럽게 떠벌리는 사람들의 심혼 내부에서 종종 서글픈 누더기가 된다. "악한 것은 악한 것이다. 그것을 심판하는 데 어떠한 망설임도 있을 수 없다"고 이미 도처에 선포되었다면, 개인의 삶에서 악이야말로 가장 철저히 재고되어야 하는 가장 문제가 많은 요소다. 무엇보다도 "누가 행동하는가?" 하는 물음은 가장 주목해야 할 것이다. 왜냐하면 이 물음에 대한 회답은 결국 행위의 가치를 결정해주기 때문이다. 물론 공동체에서는 무엇이 행해졌는가가 직접적으로 명백하게 나타나기 때문에 행위의 내용, 즉 무엇이 일단 가장 중요하다. 반면 장기적으로 볼 때 올바른 행위도 잘못된 사람의 손에서는 재난을 초래하게 될 것이다. 선견지명을 지닌 사람은 부당한 자의 올바른 행위에도, 올바른 자의 부당한 행위에도 현혹되지 않을 것이다. 따라서 정신과 의사는 행위의 내용, 즉 '무엇'이 아니라 행위의 방식, 즉 어떻게에 주목해왔다. 행위의 방식 속에 행위자의 본질 전체가 담겨 있기 때문이다. 악은 선과 마찬가지로 고려되어야 한다. 선과 악은 결국 행동이 관념적으로 연장되고 추상화된 것일 뿐 양자 모두 삶의 밝고 어두운 현상에 속하기 때문이다. 그러므로 결국 악이 나올 수 없는 어떠한 선도 존재하지 않으며, 또한 선을 만들어낼 수 없는 어떠한 악도 없다.

어느 정도 철저한 치료에서는 언제나 인격의 어두운 반려자인 '그림자'와의 대결이 저절로 일어난다. 이 문제는 교회에서의 죄의 문제만큼이나 중요하다. 해결되지 않는 갈등은 피할 수 없으며 고통스럽다. 나는 "그래서 그것을 어떻게 하려는 겁니까?"라는 질문을 이미 자주 받았다. 나는 아무것도 하지 않는다. 신에 대한 확실한 신뢰 속에서 기다리는 것 말고는 전혀 아무것도 할 수 없다. 인내와 용기 속에서 참아낸 갈등으로부터 바로 그 사람에게 허락된, 예측하지 못한 해결책이 생겨날 때까지 말이다. 물론 여기서 내가 수동적 태도로 있거나 아무런 일을 하지 않는 것은 아니다. 갈등이 지속되는 동안 무의식이 만들어내는 모든 일을 이해할 수 있도록 나는 환자를 돕는다. 그것이 결코 예사로운 일이 아니라는 말을 독자는 믿어도 좋을 것이다. 그것은 오히려 나의 관심사 중 가장 중요한 것이다. 환자 또한 아무 일도 하지 않는 것은 아니다. 그는 올바르게 행해야 하며, 더욱이 악이 자신의 내부에 너무 막강한 힘으로 밀어닥치지 않도록 온 힘을 다 쏟아야 한다. 그에게는 '작업을 통한 정당성의 인정'이 필요하다. '믿음을 통한 정당성의 인정'만으로는 다른 많은 사람들에게도 그랬듯이 그에게 공허한 울림이 되는 것이다. '믿음'은 부족한 체험의 대체물일 수 있다. 따라서 그러한 경우에는 실제적 행위가 필요했다. 그리스도는 죄인을 돌봐주었고 비난하지 않았다. 그리스도의 진정한 후계자는 그와 똑같이 행할 것이다. 우리가 자기 자신에게 행하지 않을 일을 다른 사람에게도 행하지 않는다면 그것은 또한 바로 우리 자신인 죄인을 돌보는 일이 된다. 그리스도가 악인과 가까이 지냈다고 해서 그를 비난하지 못하는 것처럼, 우리는 바로 우리 자신인 죄인에 대한 사랑이 악인과 결탁하는 일이라고 자신을 비난해서는 안 된다. 사랑은 우리를 개선하며 증오는 우리 자신을 악화시킨다. 이러한 견해가 지닌 위험성은 그리스도 모방에 따르는 위험성과 일치한다. 의인義人은 세리나 창녀들과 말하면서 자신을 결코 알아채게 하지 않을 것이다. 심리학이 기독교도, 그리스도의 '모방'도 만들어낸 것이 아니라는 점을 나는 미리 강조해야겠다. 교회가 모든 사람의 죄악의 짐을 벗겨주기를 바란다. 그러나 교회로부터 그러한 혜택을 부여받지 못한 자는 십자가의 짐을 자신이 짊어지기 위해 그리스도를 모방하며 깊숙이 몸을 굽혀야 한다. 고대 사람들은 "도를 넘지 말라, 중용 속에 모든 선이 담겨 있다Μηδὲν ἄγαν, τῷ καιρῷ πάντα πρόσεστι καλά"는 그리스의 근원적 지혜에 의지하며 살아갈 수 있었다. 그러나 얼마나 깊은 골이 아직도 우리를 이성에서 분리시키고 있는가!

도덕적인 난관은 차치하고라도, 특별히 병적 상태에 있는 개인에게 착종을 일으킬 수 있는, 무시할 수 없는 위험이 도사리고 있다. 그것은 곧 개인적 무의식의(바로 그림자의) 내용이 처음에는 구분할 수 없을 정도로 집단적 무의식의 원형적 내용과 연관 관계를 지니고 있으며, 그림자가 의식화될 때 집단적 무의식을 동시에 끌어올린다는 사실이다. 그로써 의식에 대해 엄청난 영향을 끼칠 수 있다. 왜냐하면 원형이 되살아날 경우 그것은 극히 냉철한 합리주의자에게도(바로 그런 사람에게) 편치 못한 일이 될 것이기 때문이다. 말하자면 그는 열등한 형태의 신념, 즉 미신이 자신에게 밀려든다고 생각하며 두려워하는 것이다. 그러나 그런 사람들에게는 병적일 경우에만 미신이 그 고유의 형태로 나타나며 침착성을 갖추고 있을 때는 나타나지 않는다. 후자의 경우 그것은 예컨대 '미치게 되는 것'을 두려워하는 양상으로 나타난다. 현대 의식이 정의 내리지 못하는 것은 모두 정신병이라고 여겨지기 때문이다. 물론 꿈과 환상에 나타나는 집단적 무의식의 원형적 내용이 자주 기괴하고 섬뜩한 형상을 취한다는 것은 인정해야 한다. 극히 냉철한 의식이라 할지라도 심층에 와닿는 악몽이나 섬뜩한 표상의 출몰 앞에서는 동요할 수밖에 없다. 무지나 침묵으로 묵과할 수 없는 이러한 형상을 심리학적으로 해명하자면 필연적으로 종교사적 현상학의 심층에 다다르게 된다. 왜냐하면 이 개념이 지닌 넓은 의미의 종교사(따라서 신화학과 민속학, 원시 심리학을 포함하여)는 원형적 형상의 보고寶庫를 이루고 있어 거기에서 의사는 도움이 되는 유비類比와 명료한 비교 대상을 끌어낼 수 있고, 방향을 상실하고 표류하는 환자의 의식을 안정시키고 해명할 수 있기 때문이다. 그렇기 때문에 의식에 대해 낯설고 심지어는 위협적으로 맞서면서 나타나는 환상 상像을 좀더 명백하게 이해할 수 있도록, 거기에 이른바 어떠한 맥락을 부여하는 일이 꼭 필요하다. 경험에 의하면, 그러한 일을 가장 성공적으로 이룰 수 있는 길은 비교신화학적 자료를 이용하는 것이다.

이 책의 II장 『꿈에 나타난 개성화 과정의 상징』은 그러한 사례를 무수히 제공하고 있다. 특히 개별적인 꿈의 상징과 중세 연금술 사이에 풍성한 관계가 존재한다는 사실이 독자의 주의를 끌 것이다. 그 점은 이 책에서 다루어진 경우에만 특별히 나타나는 것이 아닌, 보편적인 사실이다. 십 년 전에야 비로소 그러한 사실이 내 눈에 띄었는데, 그때부터 나는 연금술의 사고와 상징성을 진지하게 연구하기 시작했다.

III장(『기본 저작집』 제6권)은 기독교와 그노시스 설의 관계에서 본 연금술의 상징성에 대한 입문서다. 단순한 입문서로서 그것은 물론 복잡하고 어두운 영역에 대한 완벽한 설명과는 매우 동떨어져 있다. 그것은 그리스도와 라피스Lapis(돌)의 비유만을 중점적으로 다루고 있다. 이 비유는 당연히 '연금술적 작업'이 목표로 하는 표상과 기독교의 중심 표상을 비교할 수 있는 계기를 부여한다. 왜냐하면 그 둘은 꿈에 나타나는 상과 그것의 심리학적 효과를 파악하고 해석하는 데 가장 중요한 것이기 때문이다. 후자는 실제 정신요법에서 중요하다. 교회로 되돌아가는 것이 불가능한, 지적이고 교양 있는 사람들이 드물지 않게 원형적 재료와 접촉함으로써, 단순히 개인주의적 방향으로 나아가는 심리학으로는 더 이상 극복할 수 없는 문제를 의사에게 내맡기기 때문이다. 신경증의 심리적 구조에 대한 단순한 지식만으로는 결코 충분치 않다. 왜냐하면 치료 과정이 집단적 무의식의 영역에 이르게 되면 곧바로 우리는 건강한 재료, 다시 말해 개별적으로 변이된 정신의 보편적 토대를 다루기 때문이다. 원시 심리학과 신화학은 정신의 그러한 깊은 층을 이해하는 데 도움을 준다. 다른 한편으로는 현대적 의식의 바로 앞에 선행된 역사적 단계를 안다면 훨씬 포괄적인 도움이 될 것이다. 오늘날의 의식을 만들어낸 것은 한편으로는 교회 정신이지만, 다른 한편 과학으로서 이것은 교회가 수용할 수 없었던 많은 것을 그 초창기에 은닉하고 있었던 것이다. 그것은 고대 그리스의 자연에 대한 감정의 잔재로서 완전히 소멸될 수 없었고 결국은 중세 자연철학에서 그 피난처를 발견했다. 고대의 행성 신들은 '금속의 정신'으로서, 또한 점성술적 구성 요소로서 기독교 시대 수 세기에 걸쳐 살아남았다.[15] 교회 안에서 예배와 도그마의 분화가 심해짐에 따라 의식은 무의식 그 본래의 뿌리로부터 멀어져간 반면, 연금술과 천문학은 본성, 즉 무의식적 심혼으로 이어지는 다리의 붕괴를 막고자 끊임없이 노력하였다. 점성학은 항상 '숙명', 즉 성격과 운명이 특정한 어느 시점에 종속되어 있음을 다시금 인식하도록 계속 의식을 되돌려놓았고, 연금술은 마찰 없이는 기독교의 과정에 접합될 수 없었던 원형들이 투사될 수 있는 계기를 수없이 제공하였다. 연금술은 한편으로는 지속적으로 이교異敎와의 경계선을 넘나들었고 교회로부터는 배척당했지만, 다른 한편으로는 언제든지 악의 없는 비유로 설명할 수 있던 상징의 모호성을 효율적으로 보호하였다. 비유적 측면은 의심할 여지 없이 많은 연금술사들에게 너무도 중요한 것이어서 그들은 그것이 오직 화학적 물체와 관계가 있다고 굳게 확신할 정도였다. 그러나 실험실 작업을 하면서 상징과 그것의 심리적 효과를 중시해온 개개인은 늘 있어왔다. 연금술 원전들이 입증하고 있듯이 그들은 상징의 심리적 효과를 의식했는데, 심지어는 소박한 금장공(연금술사)을 거짓말쟁이, 사기꾼, 엉터리라고 경멸할 정도였다. 그들은 "우리의 금은 보통의 금과는 다르다!"라고 주장함으로써 자신들의 입장을 표명하였다. 소재에 대한 그들의 연구는 화학적 변환의 본질 속으로 침투해 들어가려는 진지한 노력이었지만 동시에 또한—종종 지나칠 정도로—그와 유사하게 진행되는 심리적 과정의 모사이기도 했다. 그러한 심리적 과정은 물질의 불가사의한 변화와 똑같이 무의식적 자연 과정인 까닭에 물질의 알 수 없는 화학작용 속으로 한층 더 쉽게 투사될 수 있었다. 연금술의 상징성이 말하고 있는 것은, 앞에서 설명한 인격의 형성 과정, 즉 개성화 과정의 문제다.

교회의 중대한 관심사가 '그리스도의 모방'인 반면, 연금술사는 뚜렷이 알지도 못한 채, 혹은 아예 알려고 하지도 않은 채, 고독과 그의 작품이 지닌 어두운 문제 속에서 그의 정신과 본질에 천부적으로 주어진 무의식적 전제조건으로 빠져든다. 왜냐하면 그는 어디에서도 그리스도와 같이 뚜렷하고 명료한 본보기에 기댈 수 없기 때문이다. 그가 연구하는 책의 저자들은 그에게 상징들을 제공해주는데, 그는 나름대로 그 의미를 이해한다고 생각하지만 실제로 그것들은 그의 무의식만을 건드리고 자극한다. 연금술사들은 스스로를 비꼬면서 '모호함은 더한 모호함을 통해서'(융의 번역, 직역하면 어둠을 통한 어둠)라는 말을 만들어냈다. 그러한 방식으로 그들은 교회가 그들을 구원해내고자 애썼던 바로 그러한 과정에 스스로를 내맡겼다. 교회는 도그마적 표상을 통해 바로 그러한 과정에 대한 유사물을 그들에게 제공했지만, 그것은 구원자의 역사적 모습과 결합됨으로써 연금술과는 완전히 반대로 자연과의 관련성으로부터 멀어져갔다. 연금술에서 넷의 하나됨, 현자의 금, '모퉁이 돌lapis angularis[주춧돌]', '신적인 물aqua divina'은 교회에서는 독생자가 매달려 한번은, 역사적 순간에, 동시에 영원히 스스로를 희생했던 네 개의 가지를 지닌 십자가였다. 연금술사들은 중세인으로서 스스로를 오로지 선량한 기독교인으로 여겼음에도 불구하고, 교회와 어긋나게 신앙을 통해 어떤 것을 추구하기보다는 인식을 통한 탐색을 선호하였다. 파라켈수스Paracelsus(1493~1541, 독일 태생 스위스의 의사, 연금술사)는 그러한 점에서 전형적인 예다. 하지만 실제로 그들의 상황은 전통적 심상心像에 대한 믿음보다 개인적 근원 체험을 선호하는, 필연적으로 그럴 수밖에 없는 현대인과 마찬가지였다. 도그마는 임의적으로 만들어진 것이 아니고 또한 자연과의 관계를 끊게 할 명백한 목적으로 그려지는 어떠한 일회적인 기적도 아니다. 기독교의 중심 표상은 고전적 종교가 진부한 것이 되어버렸던 시대에 심리학적 법칙상 당연히 발전될 수밖에 없었던 그노시스 철학에 그 뿌리를 두고 있다. 그노시스 철학의 바탕이 되는 것은 인간의 삶을 지배하는 집단적 상위 표상이 와해될 때면 항상 생겨나는 무의식적 개성화 과정의 상징에 대한 인지다. 그러한 시대에는 필연적으로 새로운 주상主想, Dominanten을 형성하기 위해 표면으로 밀려드는, 엄청나게 많은 수의 신성한 원형에 사로잡혀 있는 수많은 개인들이 있게 된다. 사로잡힌 상태는 이른바 사로잡혀 있는 자들이 스스로를 자신의 무의식의 원형적 내용과 동일시하는 상황에서 예외 없이 나타난다. 그런데 그들은 자신에게 던져진 역할이 계속 인식해야 할 새로운 내용의 결과라는 것을 깨닫지 못한 채 그들 자신의 삶을 통해 그러한 내용을 모범적으로 보여주는데, 그렇게 해서 예언자나 개혁자가 되는 것이다. 기독교 드라마의 원형적 형상이 많은 사람들의 불안정하고 절박한 무의식을 만족스럽게 표현할 수 있었던 만큼 그것은 '모두의 동의'에 의해 보편적 구속력을 지닌 진리로 승격되었다. 그것은 물론 어떠한 판단 행위에 의한 것이 아니라 광범위하게 작용한 사로잡힘이라는 비합리적 사실을 통해서였다. 그와 함께 예수는 모든 사람들을 사로잡고자 위협했던 저 원형적 힘을 막는 수호상이 되었다. 복음은 이렇게 선포되었다: "그러한 일이 일어났지만, 너희가 신의 아들 예수를 믿는 한 더 이상 그런 일은 너희에게 일어나지 않을 것이다. 믿어라! 그러나 그런 일은 일어날 수 있었고 현재도 일어날 수 있으며 장차 누구에게라도 일어날 수 있다. 그에게 기독교의 주상主想이 쇠퇴하는 한 말이다." 그렇기 때문에 의식 생활의 주상에 만족하지 못한 채 몰락에 빠지든 축복을 얻든 간에 은밀하게 옆길로 빠져들어 영원한 뿌리를 근원적으로 체험하고자 한 사람들이 늘 있었다. 그들은 불안정한 무의식의 매혹에 현혹되어, 마치 예수와도 같이, 적대자인 어둠의 아들과 맞부딪쳤던 저 광야를 향해 길을 떠났던 것이다. 그리하여 한 연금술사는 (그는 성직자다!) 이렇게 간청한다. "우리 정신이 지닌 무서운 어둠을 씻어버리시오. 우리의 감각에 빛을 밝히시오!" 거기에서 말하는 것은 작업의 첫 단계인 '니그레도 nigredo, 암흑'의 체험이다. 그것은 연금술에서 '멜랑콜리아 melancholia'로 감지되며 심리학적으로 볼 때 그림자와의 조우에 상응한다.

그렇기 때문에 현대 정신요법이 다시금 집단적 무의식의 살아 있는 원형과 마주치게 되면, 대대적인 종교적 전환기에 자주 볼 수 있었던 현상이 되풀이될 것이다. 물론 그러한 현상은 지배적인 상위 표상이 더 이상 아무런 의미를 지니지 않는 개인에게 나타나기도 한다. 그 한 예가 『파우스트』에 묘사된 '지옥으로의 추락'인데, 그것은 의식적이든 무의식적이든 '연금술적 작업'을 의미하고 있다.

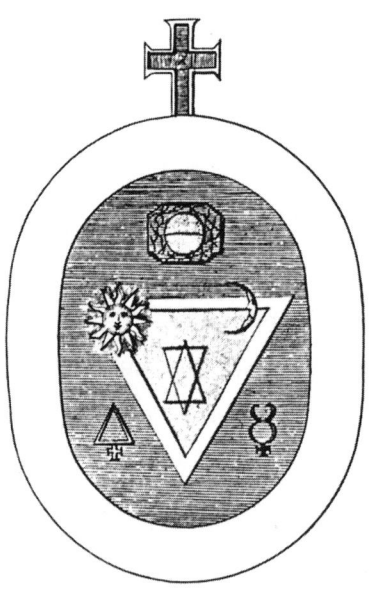

그림 3. 연금술 작업의 상징.(1752)

그림자에 의해 야기된 대극 문제는 연금술에서 중대하고 결정적인 역할을 한다. 결국 작업 과정에서 신성혼神聖婚, Hierosgamos, 즉 '화학적 결혼'의 원형적 형태로 대극의 합일이 이루어진다.

신성혼 속에서 최고의 대극은 남성적인 것과 여성적인 것의 형상을 통해(중국의 음양陰陽과 같이), 더 이상 어떠한 대극도 없으며 따라서 부패할 수 없는 합일체로 용해된다. 물론 그러한 일이 이루어지려면 '장인匠人'이 '작업'의 형상과 동일시되지 않아야 하며, 그 형상이 비인격적인 객관적 형태로 머물러 있도록 놓아두어야 한다. 연금술사가 실험실에서 작업에 몰두하는 한, 그는 심적인 면에서 유리한 입장에 있었다. 그럴 경우 이미 연금술사에게는 밑에서 떠오르는 원형들과 동일시될 어떠한 기회도 없었던 것이다. 그러한 원형은 모두 화학적 소재 속에 투사되었기 때문이다. 물론 그러한 상황에서 불리한 점은 연금술사가 부패하지 않는 물질을 화학적 물체로 나타내는 데 얽매여 있었다는 것이다. 그것은 불가능한 시도였으며, 실험실 연금술은 결국 그로 인해 또한 파멸해 화학에 자리를 내어주게 된 것이다. 그러나 작업이 지닌 심적 부분은 사라지지 않았다. 그것은 예컨대 『파우스트』의 예와, 현대의 무의식 심리학과 연금술의 상징성 간의 의미심장한 관계에서 볼 수 있듯이 그에 대한 새로운 해석을 하지 않을 수 없게 하였다.

꿈에 나타난 개성화 과정의 상징

―꿈에서 모습을 드러내는 여러 무의식적 과정에 대한 고찰

아무런 수고도 필요 없도다, 지옥의 심연으로 내려가는 일은,
음침한 무덤의 문은 밤낮으로 열려 있기 때문.
그러나 위쪽으로, 천상의 밝은 대기로 되돌아가는 것은
고통의 길로 이어지리.

베르길리우스
『아이네이스*Aeneis*』, 6장, 126~129행

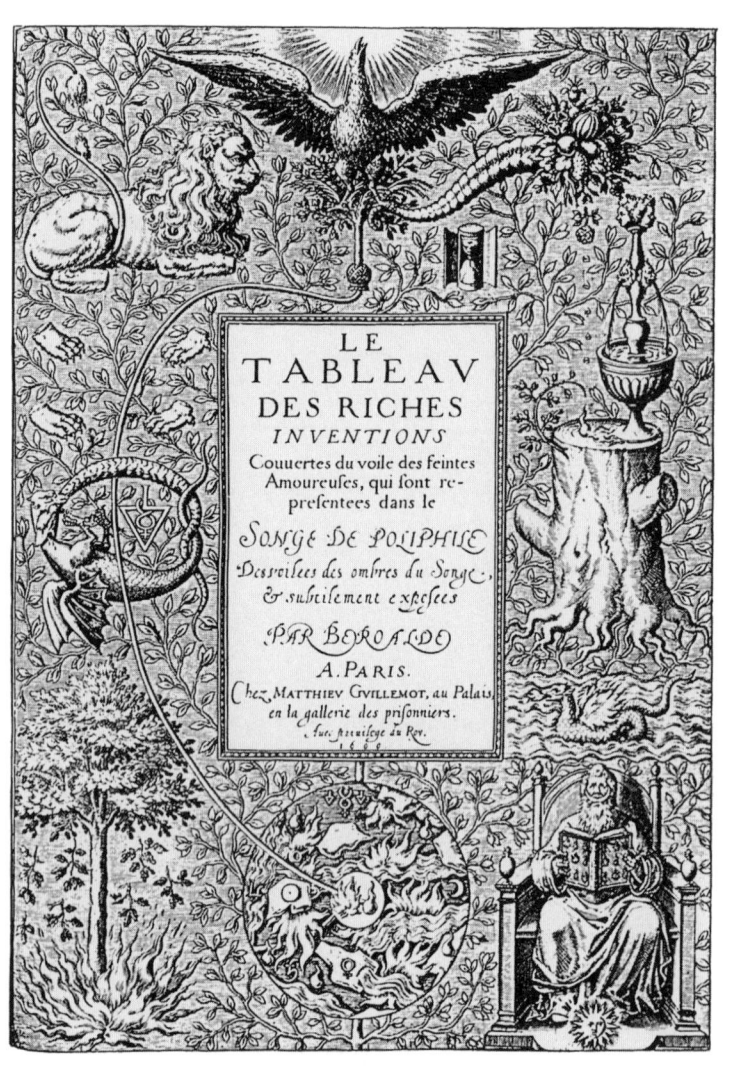

그림 4. 혼돈에서 시작되어 불사조(빛)의 탄생으로 끝나는
상징적 과정에 대한 그림.(1600)

I. 서론

A. 자료

　꿈에 나타난 개성화 과정의 상징이란 꿈에 등장하는 원형적 성질의 상들을 말한다. 그것은 집중화 과정, 또는 하나의 새로운 인격의 중심 형성을 묘사한다. 그러한 과정에 대한 일반론은 나의 글 『자아와 무의식의 관계*Die Beziehungen zwischen dem Ich und dem Unbewußten*』(『기본 저작집』 제3권)에 개진되어 있다. 거기에 언급된 몇몇 근거를 바탕으로 나는 그러한 중심을 또한 자기自己라고 부른다. 그것은 바로 정신의 전체성으로 이해되어야 한다. 자기는 중심점일 뿐만 아니라 의식과 무의식을 포괄하는 크기이기도 하다. 자아가 의식의 중심이듯이 자기는 그러한 전체성의 중심이다.

　내가 여기서 다루는 상징들은 개성화 과정의 다양한 단계와 변환에 관한 것이 아니고, 완전히 새로운 중심점의 의식화와 직접적으로 관련되는 상에 관한 것이다. 그러한 상들은 내가 만다라의 상징성이라고 지칭하는 특정한 범주에 속한다. 『태을금화종지太乙金華宗旨, *Geheimnis der Goldenen Blüte*』(황금꽃의 비밀)에서 나는 리하르트 빌헬름Richard Wilhelm

그림 5. 변모되고 있는 일곱 처녀.(1600)

과 공동으로 그러한 상징성에 대해 비교적 상세히 기술하였다. 이 연구에서는 그러한 상징들의 개별적 계열을 연대기 순으로 설명하고자 한다. 나의 연구 자료는 학식을 갖춘 한 젊은 남자의 수천 편도 넘는 꿈과 시각적 인상을 바탕으로 이루어졌다.[1] 이 연구를 위해 나는 처음에 400편의 꿈을 가지고 작업하였다. 그 꿈들은 대략 10개월에 걸쳐 꾼 것이다. 영향을 주지 않기 위해 나는 제자 중 당시 초보 분석가였던 한 여의사에게 그 과정의 관찰을 맡도록 위임했다. 그 일은 5개월 동안 진행되었다. 그런 후 3개월 동안은 꿈꾼 사람이 단독으로 관찰을 계속했다. 관찰을 시작하기 전에 이루어진 잠깐 동안의 면담을 제외하고 8개월 동안 나는 꿈꾼 사람을 한 번도 만나지 않았다. 그렇게 해서 400편의 꿈 중 355편이 나와 아무런 개인적 접촉 없이 생겨나게 되었다. 마지막 45편의 꿈만 내 관찰 아래 생겨난 것이다. 꿈꾼 사람은 뛰어난 학문적 성취와 재능을 갖추고 있어 어떠한 도움도 필요로 하지 않았기 때문에 별다른 해석이 시도되지도 않았다. 따라서 공평한 관찰과 기록을 위해서는 그야말로 최상의 조건이었다.

이제 모두 합해 22편인 **최초의 꿈**Initialträume〔치료 시작 시의 꿈〕을 발췌해서 설명하고자 한다. 초기에 이미 등장하는 만다라의 상징성이 그 밖의 꿈의 자료에 어떻게 편입되는가를 보여주기 위해서다. 그런 다음에는 특별히 만다라[2]와 관계된 꿈을 연대순으로 골라낼 것이다.

극소수의 예외 말고는 거의 모든 꿈을 요약해 설명했는데, 중심 사고를 담은 부분을 발췌하거나 핵심적 내용을 중심으로 전체 문장을 압축하였다. 이러한 단순화 작업으로 길이가 줄었을 뿐 아니라 또한 개인적인 암시와 착종을 피할 수 있었다. 꿈꾼 사람의 비밀을 지키기 위해 그러한 일은 불가피하였다. 그러한 개입은 다분히 우려의 소지가 있었지만, 이 일에서 나는 최선의 지식과 양심에 따라, 의미의 혼란을 가져오는 그 어떠한 자의성도 피하였다. 해석에서도 역시 그와 같은 배려를 하지 않을 수 없었다. 그 때문에 꿈의 어떤 부분을 표면상 간과한 것처럼 보인다. 절대적인 완벽성의 희생을 감수하지 않았더라면—내 견해로는—지성과 명확성, 논리 정연함에서 결코 뒤지지 않는 이 연속된 꿈은 출간될 수 없었을 것이다. 그러므로 학문에 공헌을 한 '저자'에게 이 자리를 빌려 진정한 감사의 말을 전하게 된 것을 특히 기쁘게 생각한다.

B. 방법

객체적 정신[3]('무의식')의 내용을 분석하고 해석하는 데 선입견을 버려야 한다는 것을 나는 논문이나 강의를 통해 늘 강조해왔다. 우리는 거리낌 없이 연역적 방식을 취할 수 있게 해주는 보편타당한 꿈 이론을 아직 지니고 있지 않다. 마찬가지로 연역적 결론을 이끌어낼 수 있을 만큼 의식에 관한 보편적 이론도 갖지 못했다. 그러므로 주체적인 정신, 즉 의식의 표출은 극히 부분적으로만 예측할 수 있으며, 이른바 인과 관계의 필연성을 틀림없이 증거할 만한 어떠한 이론적 논증도 존재하지 않는다. 그와는 정반대로 우리는 복합적인 의식반응 또는 의식작용의 거의 백 퍼센트의 자의성恣意性과 '우연성'을 고려해야 한다. 무의식의 표출도 역시 그와 똑같지 않으리라고 추정할 수 있는 근거는 경험적으로도 없고 이론적으로는 더욱 찾아볼 수 없다. 무의식의 표출은 의식의 표출만큼이나 다양하고 예측 불가능하며 자의적이기 때문에 바로 그러한 만큼이나 다양한 관찰 방식에 의존해야 한다. 의식적 표출의 경우에는 이야기를 나눌 수 있고, 인식할 수 있도록 의도한 내용을 미리 얻을 수 있는 유리한 입장에 있다. '무의식적' 표명의 경우에는 그와 달리 우리의 의식 속에 정리한 익숙한 언어가 없으며 의식적 내용과는 가장 느슨한 관계에 있는 듯이 보이는 정신 현상만 존재할 뿐이다. 의식의 표출의 경우 그것을 이해할 수 없을 때에는 언제든지 생각을 물어볼 수 있다. 그러나 객체적 정신은 그것이 표현되는 장소인 의식에 대해서도 낯설다. 따라서 어쩔 수 없이 조각난 원문이나 모르는 단어가 담긴 원문을 읽는 방법을 사용해야 한다. 즉, 맥락을 연구하는 것이다. 모르는 단어는 그 단어가 나타나는 일련의 원문 구절을 살펴볼 때 그 의미가 드러날 것이다. 꿈 내용의 심리학적 맥락은 꿈의 표현이 자연스럽게 편입되어 있는 연상 조직으로 구성되어 있다. 이론상으로 우리는 그러한 조직을 결코 예측할 수 없다. 그러나 실제로 상당한 경험과 실습이 전제될 때 경우에 따라 그것이 가능하다. 그러나 신중한 분석에서는 작업의 규칙을 결코 과신하지 않을 것이다. 왜냐하면 속임수와 암시의 위험이 너무 크기 때문이다. 특히 고립된 꿈을 분

그림 6. 운명의 여신들을 지배하는 모성적 형상.(16세기)

그림 7. 영겁의 상징인 우로보로스Ouroboros.(1597)

석할 때 치료상의 실제적 기대와 어떠한 보편적 개연성을 근거로 꿈의 뜻을 미리 안다든가 하는 따위의 가정을 세우는 것은 그야말로 비난받아 마땅하다. 그렇기 때문에 무조건 모든 꿈, 꿈의 모든 부분을 일단 모르는 것으로 여기고 맥락을 받아들인 후에야 비로소 해석을 시도하는 것을 규칙으로 삼아야 한다. 그러한 일은 맥락을 확인하여 알게 된 의미를 꿈의 원문 속에 집어넣을 때 막힘 없이 독해가 가능한가, 혹은 그로써 어떠한 만족스러운 의미가 생기는가를 시험하는 가운데 이루어진다. 그런데 어떤 경우에도 그러한 의미가 우리의 주관적 기대에 상응하리라고 기대해서는 안 된다. 왜냐하면 상황에 따라서는, 아주 흔한 일이기도 한데, 꿈은 좀 어이없을 정도로 우리가 기대했던 것과는 다른 것을 말해주기 때문이다. 발견된 꿈의 의미가 기대에 들어맞는다면 그것은 오히려 불신의 이유가 된다. 왜냐하면 일반적으로 무의식의 입장은 의식에 대해 보완적, 혹은 보상적[4]이어서 예기치 못할 정도로 '다르기' 때문이다. 나는 결코 '일치된' 꿈, 다시 말해 그 의미가 의식의 입장과 일치하거나 그것을 뒷받침해주는 꿈의 가능성을 부인하는 것이 아니다. 그러나 적어도 나의 경험에 의하면 그러한 꿈은 상대적으로 드물다.

그런데 내가 이 연구에서 취한 방식은 꿈에 대한 이러한 원칙적 태도에 직접 거스르는 듯이 보인다. 마치 맥락에 대한 최소한의 고려도 없이 꿈이 '해석'되는 듯이 보인다. 실제로 나는 어디에서도 맥락을 받아들이지 않았다. 왜냐하면 연속된 꿈 자체가 (위에서 말했듯이) 나의 관찰 아래 생겨난 것이 전혀 아니기 때문이다. 그래서 어느 정도까지는 나 자신이 꿈을 꾼 듯한, 따라서 스스로 맥락을 부여하는 듯한 태도를 취할 것이다.

이러한 방식은 내가 개인적으로 거의 알지 못하는 사람의 **고립된 꿈**에 적용될 경우 심각한 의료상의 실수가 될 것이다. 그러나 여기에서 다루어지는 것은 고립된 꿈이 아니라, 진행에 따라 그 의미가 점차 어느 정도 자체적으로 풀려가는, 서로 연관되어 있는 **연속된 꿈**이다. 연속된 꿈은 말하자면 꿈꾼 사람이 스스로 제공하는 맥락이다. 그것은 마치 하나의 원문이 아니라 알려지지 않은 용어를 모든 측면에서 밝혀주는 수많은 원문들이 우리 앞에 놓여 있는 것과 같다. 따라서 각각의 원문의 이해하기 어려운 의미를 풀어가기 위해서는 원문을 모두 읽는 것 자체로 이미 충분하다. 이 연구의 3장은 다른 출처를 통해 우리에게 이미 오래전부터 알려져 있는 하나의 특정한 원형을 다루고 있는데, 그것은 해석을 훨씬 쉽게 해줄 것이다. 개개의 단편적 꿈에 대한 해석은 본질상 추측일 수밖에 없다. 그러나 연속된 꿈 전체의 진행은 일시적인 개개의 단편적 꿈에 나타나는 오류를 바로잡을 수 있는 모든 근거가 될 것이다.

분명한 사실은, 내 제자의 관찰이 이루어지는 동안 꿈꾼 사람은 그러한 해석에 관해 아무것도 알지 못했고 따라서 결코 어떠한 선결先決 상태에도 있지 않았다는 것이다. 더욱이 나는 수많은 경험을 통해, 선결의 가능성과 위험이 과대평가되고 있다는 생각을 한다. 나의 경험으로는 객체적 정신은 고도로 독립적이다. 그렇지 않다면 그것은 또한 고유한 기능인 의식에 대한 보상 작용을 이행할 수 없을 것이다. 의식은 앵무새처럼 길들여질 수 있지만 무의식은 그렇지 않다. 그렇기 때문에 아우구스티누스Augustin(354~430, 당시 서구 교회의 지도자이자 고대 기독교의 가장 위대한 사상가, 『고백록Confessions』의 저자)도 자신의 꿈에 대해 책임 지우지 않은 신에게 감사했다. 무의식은 일종의 정신적인 것 Psychisches으로서 그것을 훈련시키려는 어떠한 시도도 겉보기에는 성공한 듯하지만 결국은 의식에 상당한 해를 입히게 된다. 그것은 어떠한 주관적 자의성으로부터도 벗어나 있으며 앞으로도 마찬가지다. 그것은 우리가 교정할 수도, 손상시킬 수도 없는 자연의 영역이며, 다만 귀 기울여 엿들을 수 있을 뿐 손으로 붙잡을 수 없는 비밀의 영역이다.

II. 최초의 꿈

1. 꿈:

> 꿈꾼 사람은 어떤 모임 안에 있다. 작별을 하면서 그는 자기의 모자 대신 낯선 모자를 쓴다.

모자는 머리를 가리는 것으로서 대개 머리를 차지하는 것이라는 의미를 지닌다. 어떠한 개념의 통합을 말할 때 "모든 개념을 하나의 모자 밑으로 가져온다"고 하듯이, 모자는 일종의 상위 표상과도 같이 전체 인격을 감싸고 있으며 그 인격에 자체의 의미를 전해준다. 대관식은 지배자에게 태양의 신성한 성격을 부여해주고, 박사 학위 모자는 지성인의 품위를 부여하며, 또 낯선 모자는 낯선 성격을 부여한다. 마이링크Gustav Meyrink는 『골렘Der Golem』에서 이 모티프를 사용하고 있다. 거기서 주인공은 아타나시우스 페르나트Athanasius Pernath의 모자를 쓰고 그 결과 낯선 체험에 빠져들게 된다. 주인공을 환상적 체험 속으로 끌어들이는 것은 바로 무의식임이 『골렘』에 아주 분명하게 나타나 있다. 가설을 위해 여기서 바로 골렘 비유의 의미를 부각시켜보자면, 그것은 시간을 초월한 불멸의 존재인 아타나시우스의 모자다. 그는 덧없고 우연한 개체와는 달리 보편타당하고 영속적인 인간이다. 머리를 감싸고 있는 모자는 왕관의 태양원과 같이 둥글며 그로써 만다라에 대한 첫 번째 암시를 내포한다. 아홉 번째의 만다라 꿈에서는 영원한 존속의 속성을 볼 수 있으며, 서른다섯 번째 꿈에서는 모자가 지닌 만다라의 성질을 확증할 수 있다. 모자 바꿔 쓰기의 일반적 결과로서 『골렘』에서와 비슷한 과정, 즉 무의식의 출현을 기대해도 될 것이다. 무의식은 마치 그림자와도 같이 형상을 지니고 이미 꿈꾼 사람의 배후에 있다가 의식 속으로 밀려들어간다.

2. 꿈:

그는 열차에 올라타 창문 앞을 넓게 차지하고 서서 동승자들의 시야를 가로막는다. 그는 그들의 시야를 터주어야 한다.

개성화 과정이 진행되기 시작하였다. 꿈꾼 사람은 자신이 뒤에 서 있는 자, 즉 그의 인격의 무의식적 요소에 빛을 차단하고 있음을 발견한다. 우리는 뒤쪽에 눈을 갖고 있지 않다. 따라서 '뒤쪽'은 보이지 않는 영역, 즉 무의식의 영역이다. 꿈꾼 사람이 창문, 즉 의식을 향한 길을 열어놓을 때 무의식적 내용은 의식된다.

3. 잠들 무렵의 시각적 인상:

해변에서. 바다는 모든 것을 삼키며 육지로 들이닥친다. 그런 후 그는 외딴 섬에 앉아 있다.

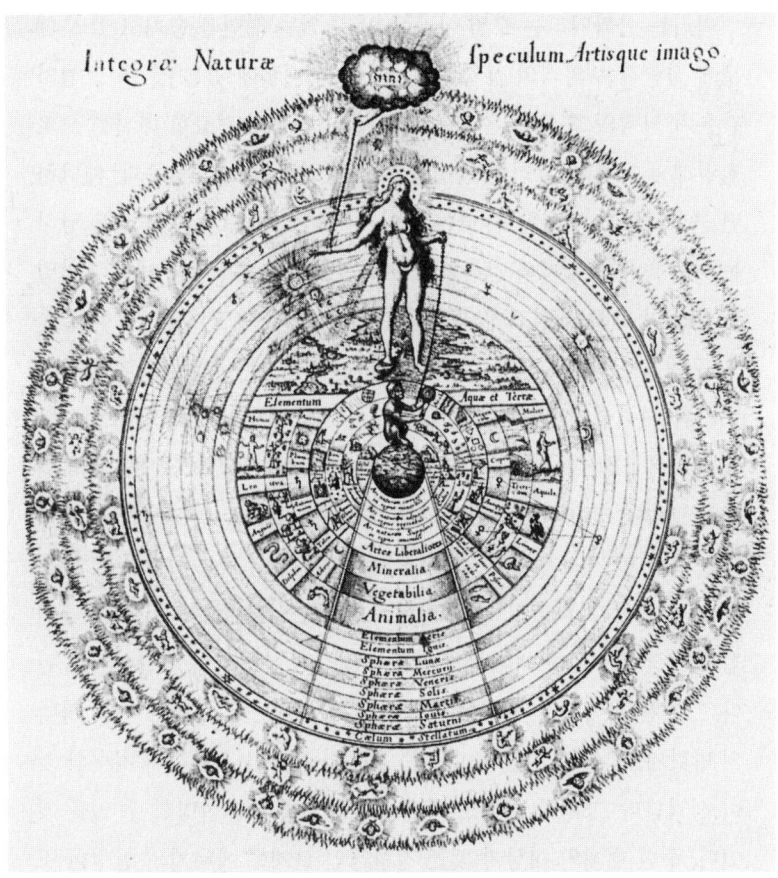

그림 8. 여성상은 신(달)의 인도를 받는 '세계혼anima mundi'으로 그녀는 인류를 이끈다.(1617)

바다는 반짝거리는 수면 아래에 알 수 없는 심연을 숨기고 있기 때문에 집단적 무의식의 상징이 된다.[5] 그의 배후에 있는 것, 즉 그림자 같은 무의식의 화신化身은 홍수와도 같이 의식의 견고한 대지 속으로 침입해 들어왔다. 그러한 침입은 그에게 섬뜩한 느낌을 준다. 왜냐하면 불합리하고 이해할 수 없는 것이기 때문이다. 그것은 그 일을 당하는 사람을 주변 세계와 갈라놓고 고립시키는 고통스러운 개인적 비밀을 만들기 때문에 인격에 심각한 변화를 불러일으킨다. 그러한 일은 '누구에게도 말할 수 없는' 그 무엇인 것이다. 그는 정신이상이 될까봐 두려워하는데, 정신질환자들에게 실제 그와 아주 비슷한 일이 일어나기 때문에 그러한 우려는 어쩌면 당연한 것이다. 그래도 무의식의 엄습을 그렇게 직관적으로 감지하는 것과 병리적으로 압도되는 것 사이에는 한참 먼 거리가 있다. 그러나 전문가가 아닌 보통 사람은 그 사실을 알지 못한다. 비밀로 인해 정신적으로 고립되면 일반적으로, 대인 접촉의 상실에 대한 대체 작용으로서 정신적 분위기가 되살아나게 된다. 그것은 무의식을 활성화시키는 계기가 되는데, 그렇게 해서 광야의 방랑자, 항해자, 성인들이 겪는 고독의 환상이나 환각과 비슷한 것이 생겨난다. 그러한 현상의 기제는 에너지론으로 설명할 수 있을 것이다. 주변 세계의 대상과 맺는 정상적인 관계는 에너지의 일정한 소모에 의해 유지된다. 대상과의 관계가 단절될 경우 에너지의 '정체'가 생겨나고 그럴 경우 등가의 대체 형상이 만들어진다. 예컨대 피해 의식이 불신으로 상처 입은 관계에서 생겨나듯, 활기찬 정상적 주변 세계에 대한 대체 현상으로서 인간 대신 섬뜩한 유령 같은 그림자가 활동하는 허망한 현실이 발생한다. 그러한 이유로 원시인들은 고립되고 황량한 장소에는 '악마'나 그와 비슷한 유령이 되살아난다고 믿었던 것이다.

4. 꿈:

그는 불확실한 수많은 여자 형상에 에워싸여 있다(그림 33 참조). 그의 내면의 목소리가 말한다. "먼저 나는 아버지를 떠나야 한다."

여기서는 중세에 '몽마夢魔, succubi'라 일컬어졌던 정신적 분위기가 되살아나 있다. 우리는 여기서 플로베르Gustave Flaubert[6]가 그토록 박학다식하게 설명한 바 있는 이집트의 안토니우스Antonius(251~356, 은수자隱修者, 조직화된 기독교 수도원 제도의 창시자. 마귀의 공격을 유혹적이거나 무서운 환상으로 경험했는데, 그가 겪은 환상은 매우 특이해서 문학과 예술의 주제로 자주 등장했다)의 환상을 상기할 수 있을 것이다. 환각적 요소는 생각이 큰소리로 이야기되는 가운데 인식된다. "먼저 떠나야 한다"는 말은 '그 다음에는'으로 시작되는 후행문을 필요로 한다. 추측건대 그것은 "그 다음에는 무의식, 즉 여자들의 유혹에 따를 수 있다"가 될 것이다(그림 9 참조). 종교와 일반적 세계관에서 나타나듯 전통 정신의 대변자인 아버지가 그의 길을 가로막고 있다. 아버지는 꿈꾼 사람을 의식과 의식의 가치 세계에 구속한다. 지성주의와 합리주의로 이루어진 전통적인 남성의 세계는 장애물로 비추어진다. 따라서 그에게 다가오는 무의식은 의식의 성향과 심각하게 대립하는데, 그러한 대립에도 불구하고 꿈꾼 사람은 이미 무의식 쪽으로 훨씬 기울고 있다고 봐야 한다. 그러므로 무의식은 의식의 합리적 판단에 종속될 것이 아니라 오히려 오로지 체험 그 자체에 종속되어야 할 것이다. 물론 지성의 입장에서 그러한 사실을 받아들이기는 쉽지 않을 것이다. 왜냐하면 그러한 사고에는 전부는 아닐지라도 최소한 부분적인 '이성의 희생'이 요구되기 때문이다.

그림 9. 파리스-판결 형식으로 이루어진 잠자는 왕의 소생으로 추정됨: 거기에 영혼의 인도자Psychopompos인 헤르메스Hermes가 있다.(1520)

게다가 이를 통해 제기된 문제는 현대인이 납득하기 힘들다. 그도 그럴 것이 현대인은 무의식을 우선 비본질적인 것으로, 의식의 비현실적인 부속품 같은 것으로 여길 뿐 자율적 성격을 지닌 독자적인 체험 영역으로 이해하지 못하기 때문이다. 나중에 꿈이 진행됨에 따라 그러한 갈등은 계속 다양한 양상으로 나타날 것인데, 그것은 결국 의식과 무의식의 상호 관계에 대한 공식이 발견되고 인격이 양자 사이에서 적당한 중간 위치를 확보하게 될 때까지 계속된다. 그러한 갈등 역시 이해를 통해서 해결할 수는 없고 오직 체험을 통해서만 해결할 수 있다. 과정의 모든 단계는 철저히 체험되어야 한다. 어떠한 해석으로도, 어떠한 재주로도 다른 사람을 기만하여 그러한 어려움을 없앨 수는 없다. 의식과 무의식의 합일은 점진적 단계를 거쳐서만 이루어질 수 있기 때문이다.

무의식에 대한 의식의 저항과 경시는 발전 과정에서 역사적 필연성을 지닌다. 그렇지 않았다면 의식이 결코 무의식에서 분화될 수 없었을 것이다. 그러나 현대인의 의식은 좀 지나칠 정도로 무의식의 실재에서 동떨어져왔다. 사람들은 심지어 정신이란 결코 우리의 의도가 아니며 대부분 자율적이고 무의식적인 것이라는 사실조차 망각해왔다. 그렇기 때문에 문화인에게 무의식의 접근은 공포스러운 경악을 불러일으키는데, 그것이 적잖이 위협적인 정신장애와 유사하기 때문이다. 무의식을 하나의 수동적 객체로서 '분석한다'는 것은 지성의 입장에서 볼 때 전혀 꺼릴 만한 일이 아니다. 오히려 그러한 행위는 합리적 기대에 부응할 것이다. 그러나 무의식이 일어나도록 그대로 두고 그것을 마치 하나의 현실처럼 체험하는 것은 평범한 유럽인의 용기와 능력을 뛰어넘는 일이다. 유럽인은 이 문제를 아예 이해하려 들지 않는다. 이 일에는 위험성이 없지 않기 때문에 정신적으로 나약한 사람이라면 역

그림 10. 멜뤼진Mélusine
〔중세 기사의 사랑 이야기에 서 때때로 뱀으로 변하는 절 세미인〕.

그림 11. 머리가 둘 달린 멜뤼진.

그림 12. 가면을 들고 있는 인어.

(1760)

시 그 편이 더 나을 것이다.

　무의식의 체험은 남에게 전달하기 힘들며 극소수의 사람에게만 얘기할 수 있는 개인적인 비밀이다. 그렇기 때문에 이미 앞에서 말한 바와 같이 그것은 사람을 고립시킨다. 그러나 그러한 고립은 보상적으로 정신적 분위기를 활성화시키는데 그것은 섬뜩한 일이다. 이때 출현하는 형상은 여성인데, 그것은 무의식이 지닌 여성적 성격을 말해준다. 그것은 고독한 방랑자를 현혹하여 잘못된 길로 이끌어가는 요정, 혹은 유혹하는 지레네Sirene이며 라미아Lamien〔그리스 신화에 나오는, 어린이의 피를 마신다는 여괴女怪)다(그림 10, 11, 12와 『기본 저작집』 제6권의 그림 157 참조). 폴리필레Poliphile의 네키야nekyia[7]의 처음 부분에는 그와 비슷한 매혹적인 처녀들이 등장한다[8](그림 33 참조). 그와 유사한 인물이 파라켈수스의 멜로지나Melosina〔멜뤼진〕이다.[9]

5. 시각적 인상:

> 한 마리의 뱀이 꿈꾼 사람의 주변을 돌며 원을 그리고 있다. 꿈꾼 사람은 나무처럼 바닥에 밀착된 채 서 있다.

마법의 원(그림 13 참조)의 묘사는 기이하고 비밀스러운 어떤 것을 의도하는 사람이면 누구나 사용하는 아주 오래된 마술적 수단이다. 그것으로써 그는 비밀로 인해 고립된 모든 사람에게 엄습하는, 외부에서 오는 위협적인 '영혼의 위험'으로부터 자신을 보호한다. 반대로 그러한 수단은 예로부터 또한 어떠한 장소를 신성불가침의 영역으로부터 분리시킬 때 사용된다. 그러므로 예컨대 도시를 건설할 때[10](그림 31 참조) 사람들은 '본능적 욕구의 흔적'을 먼저 그렸다. 꿈꾼 사람이 한가운데에 뿌리박힌 채 서 있는 것은 무의식으로부터 도망가려는, 거의 극복하기 힘든 충동의 보상 작용이다. 이러한 환상을 본 후 그는 편안한 안도의 감정을 느낀다. 하나의 안전한 테메노스τέμενος,[11] 즉 그가 무의식을 체험할 수 있게 될 금기구역을 만들어낼 수 있었기 때문에 그것은 당연한 일이다. 그로써 전에는 무시무시했던 고립 상태가 이제는 의도를 지니도록 고양되고 합목적적인 의미를 갖추게 되어 공포스러운 성격을 벗게 된다.

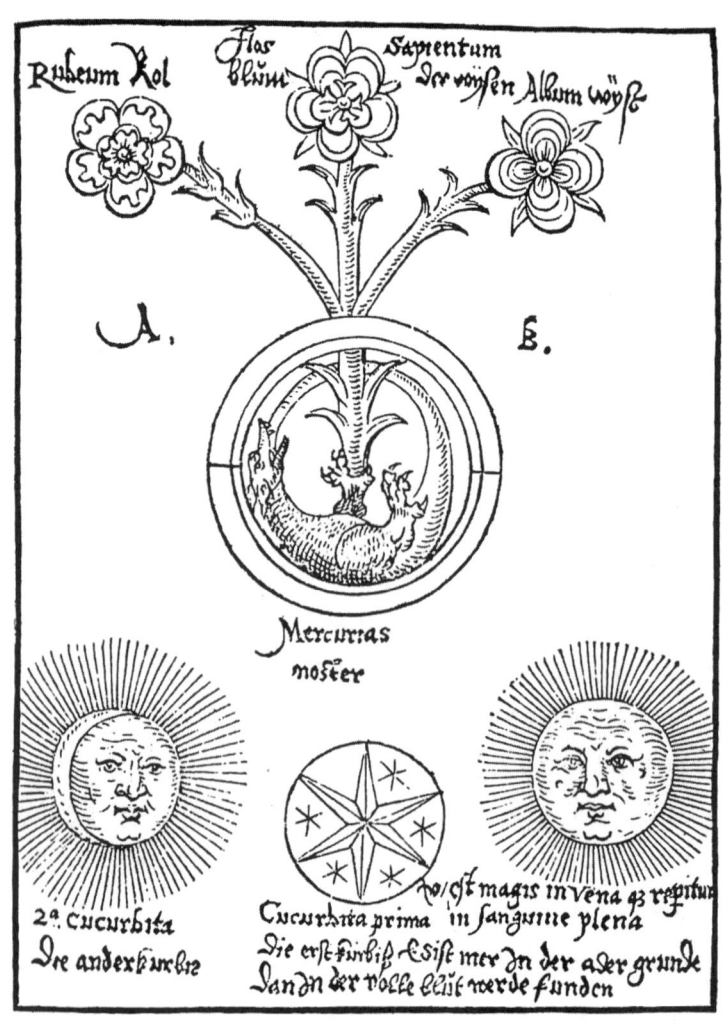

그림 13. 연금술 작업 과정의 원료인 '꼬리 먹는 동물(우로보로스Ouroboros)'.
홍-백색의 장미, '지혜의 꽃'과 함께 있다.
아래는 '해와 달의 결합coniunctio solis et lunae',
가운데는 아들인 '현자賢者의 돌lapis philosophorum'.
(1588)

6. 시각적 인상(5번째에서 이어짐):

베일에 싸인 한 여자 형상이 계단 위에 앉아 있다.

우리가 기술상 아니마라고 지칭한[12] 미지의 여자 모티프가 여기서 처음으로 등장한다. 더욱이 그것은 앞서의 불확실한 수많은 여자 형상들과 마찬가지로(꿈 4) 되살아난 정신적 분위기가 인격화된 것이다. 그때부터 미지의 여자 형상은 수많은 꿈에 되풀이해서 나타난다. 인격화란 언제나 무의식의 자율적 활동을 의미한다. 한 개인 인물이 등장하면 그것은 무의식이 활동하기 시작한다는 말이다. 그런 인물들의 행위는 거의 대부분 예시적 특성을 지닌다. 다시 말해 꿈꾼 사람이 나중에 스스로 행할 행위가 선취되는 것이다. 그런 경우 계단이 보임으로써 상승과 하강이 암시된다(그림 14 참조).

그러한 꿈에서 진행되는 과정은 성인식에서 그 역사적 유사성을 볼 수 있다. 예컨대 아풀레이우스Apuleius(124~170년경, 플라톤주의 철학자, 수사학자, 작가)를 통해 알려졌듯, 이 성년식에서는 일곱 층의 행성行星 계단이 무엇보다도 중요한 역할을 한다고 말해도 지나치지 않을 것이다. 이미 과도할 정도로 연금술과 뒤섞여버린 고대 후기 혼합주의의 성인식(초시모스Zosimos의 환상, 『기본 저작집』 제9권 참조)[13]은 특히 '상승', 즉 승화Sublimation와 관련이 있다. 상승은 또한 흔히 사다리로 그려진다(그림 15 참조). 그렇기 때문에 이집트에서는 죽은 자들의 카Ka(고대 이집트인에게는 생명을 지탱해주는, 인간 내면의 힘을 말하는 것으로서 내뻗친 팔로 상징되었다)를 위해 작은 사다리가 부장품副葬品이 되었던 것이다.[14] 예컨대 피르미쿠스 마테르누스Firmicus Maternus를 통해 또한 알려져 있듯, 일곱 행성 원圓을 통과하는 상승 이념은 영혼이 그것의 근원인 태양의

그림 14. 야곱의 꿈. 블레이크William Blake의 수채화.

그림 15. 연금술 과정의 단계를 표시하는 '돌 사다리scala lapidis'.(17세기)

신성으로 되돌아감을 의미한다.[15] 아폴레이우스[16]에 의해 그려진 이시스 비의秘儀는 따라서 중세 초기의(아랍 전승에 의하면 알렉산드리아의 정신적 재산[17]에서 직접적으로 연유한) 연금술이 '태양화solificatio(태양의 성질로의 변화)'라고 지칭한 상태, 즉 성년 후보자가 태양신Helios으로 등극하는 상황에서 절정을 이룬다.

7. 시각적 인상:

베일에 싸인 여자가 얼굴을 드러낸다. 그것은 태양처럼 빛이 난다.

아니마의 '태양화Solificatio'가 완성된다. 이 과정은 '조명illuminatio', 즉 깨달음에 해당될 것이다. 이제 이러한 이른바 신비적 표상은 오로

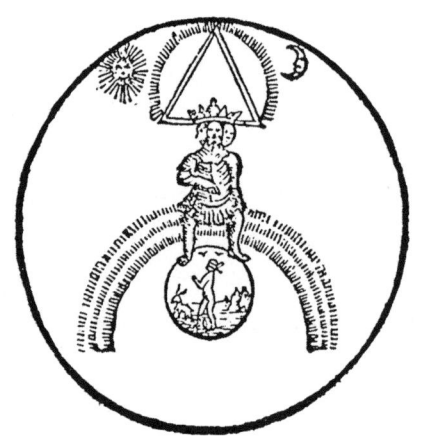

그림 16. 안트로포스Anthropos인 '삼두 메르쿠리우스';
아래는 눈이 가려진 채 동물의 안내를 받고 있는 인간.(1676)

지 지적 깨우침만을 이해와 통찰의 최고 형태로서 알고 있는 의식의 합리주의적 입장과 극단적으로 대립한다. 이러한 입장은 당연히, 학문적 인식이란 오로지 인격의 현재 상태를 알기 위해서는 충분하지만, 현재 의식과 연결되기 위해서는 항상 특수한 제식祭式을 필요로 했던 아득한 과거에서 연원하는 집단적 정신[18]을 아는 데는 충분치 못하다는 사실을 전혀 고려하지 않는다. 그러므로 합리적 '설명'보다도 훨씬 더 '조명'의 특성을 띤 무의식의 규명이 분명히 이루어진다. '태양화'는 그것을 몽상적인 것이라 여기는 의식과는 한없이 동떨어진 것이다.

8. 시각적 인상:

무지개가 다리로 사용되어야 한다. 그렇지만 사람들은 그 위를 지나서는 안 되고 아래쪽을 통과해가야 한다. 그 위를 지나는 자는 떨어져 죽는다.

오로지 신들만 무지개다리를 안전하게 걸어갈 수 있다. 유한한 존재는 그렇게 할 경우 죽음을 맞게 된다. 왜냐하면 무지개는 하늘 위로 펼쳐진 아름다운 가상의 형태일 뿐이고 육체에 얽매인 인간을 위한 길이 아니기 때문이다. 인간은 '아래쪽을 통과'해야 한다(그림 16 참조). 그런데 다리 아래로는 그 경사면을 따라 물이 흐르고 있다. 이러한 암시는 나중에 확인될 것이다.

9. 꿈:

수많은 양들이 풀을 뜯고 있는 목초지. 그곳은 '양의 나라'다.

그림 17. '작은 양'과 '황소'(하늘 12궁의 첫째와 둘째)의 목자인 장인匠人(또는 헤르메스). 이들은 봄의 본능이며 '연금술 작업'의 시작을 의미한다.(1520)

언뜻 보아 불투명한 이 진기한 꿈은 어린 시절의 인상에서, 특히 종교적 표상(이 맥락에서 그다지 동떨어지지 않은)에서 나온 것이다. 예컨대 "주님이 푸른 풀밭에서 나를 기르시는도다"라든가, 혹은 양과 목자에 대한 초기 기독교의 비유[19] 등에서 기인한다. 다음의 꿈도 이러한 방향을 가리킨다.

10. 시각적 인상:

양의 나라에서 미지의 여자가 길을 안내하고 있다.

그림 18. 목자인 그리스도. 라벤나, 갈라 플라치디아Galla Placidia의 묘소에 있는 모자이크화.(424년과 451년 사이)

'태양화'를 이미 예견한 아니마가 여기서 길을 안내하는 영혼의 인도자Psychopompos로 등장한다.[20] (그림 19 참조) 길은 어린이 나라에서 시작되는데, 그것은 다시 말해 합리적 현재 의식이 역사적 심혼, 집단적 무의식과 아직 분리되지 않은 시기이다. 분리는 피할 수 없는 것이긴 하지만 그로 인해 아득히 먼 과거의 심리와 너무 멀어지기 때문에 본능 상실의 상황이 발생한다. 그 결과 본능 상태와 함께 인간의 일상적 상황에서의 방향 상실 상태가 벌어진다. 그런데 또한 분리는 결정적으로 '어린이 나라'를 유아적 상태로 남아 있게 함으로써 그것이 미숙한 성향과 충동의 끊임없는 원천이 되게 한다. 이러한 침입자는 당연히 의식의 입장에서는 극히 달갑지 않은 것이기 때문에 시종일관 그것을 억압한다. 하지만 시종여일한 억압은 근원과 더욱 동떨어지게 할 뿐이며 따라서 본능 상실 상태를 가중시켜 심혼의 상실 상태에까지 이르게 한다. 그 결과 의식은 완전히 어린아이 상태에 빠져버리거나 아니면 늙은 티 나는 냉소 속에서, 혹은 씁쓸한 체념 속에서 아무런 소득도 없

그림 19. 길을 안내하는 인도자인 '심혼'.
단테의 「연옥Purgatorio」, 제4가에 대한 블레이크의 수채화.

이 끊임없이 그러한 상태를 방어해야 한다. 그렇기 때문에 우리는 현재 의식의 이성적 태도가 그 부인할 수 없는 성과에도 불구하고, 다양한 인간적 관점에서 볼 때 미숙하고 적응하지 못한 상태에서 삶에 대해 적대적으로 되어버렸다는 사실을 꿰뚫어보아야 한다. 삶은 무미건조하고 장애를 겪게 되며 그 결과 그 근원을 찾고자 애쓴다. 그러나 의식이 옛날과 같이 무의식의 지시를 받아들이기 위해 '어린이 나라'로 되돌아가고자 하지 않을 경우 근원을 발견할 수 없다. 미숙한 상태란 너무 오랜 기간 어린아이로 머물러 있는 사람뿐 아니라 어린 시절로부터 분리되어 자신이 보지 못하는 것은 더 이상 존재하지 않는다고 생각하는 사람에게도 역시 나타난다. 그러나 '어린이 나라'로 되돌아갈 때 우리는 미숙한 상태로 되는 데 대한 두려움에 빠진다. 왜냐하면 우리는 모든 심적 기원이 두 개의 얼굴을 지니고 있다는 사실을 알지 못하기 때문이다. 하나의 얼굴은 앞을 바라보며 또 다른 얼굴은 뒤를 돌아다보고 있는 것이다. 그것은 이중의 의미를 지니기 때문에 살아 있는 모든 현실과 마찬가지로 상징성을 띤다.

우리는 의식의 정점에 서서 그보다 더 높은 곳으로 가면 정점을 벗어나리라고 어린아이처럼 생각하고 있다. 그것은 몽상적인 무지개다리다. 바로 다음의 정상에 이르기 위해서는 길이 처음 갈라지기 시작하는 땅 아래로 먼저 가야 한다.

11. 꿈:

"너는 정말 아직 어린아이야"라고 한 목소리가 말한다.

이 꿈은, 분화된 의식조차도 결코 미숙한 면을 다 극복하지 못했으며 그렇기 때문에 어린아이의 세계로 돌아가야 함을 인정할 수밖에 없도록 만든다.

12. 꿈:

아버지, 어머니와 함께 수많은 사다리 위를 오르내리는 위험한 배회.

미숙한 의식은 항상 아버지, 어머니와 결합되어 있으며 결코 고립되어 있지 않다. 어린 시절로의 귀환이란 항상 아버지, 어머니에게 되돌아가는 것으로 부모가 대변하는 심리적 비非자아Non-Ego와 그것의 길고도 심각한 역사를 모두 짊어지는 것이다. 퇴행은 역사적이고 유전적인 주상主想, Dominante(결정요인)들로 분해되는 것을 뜻하는데, 엄청난 노력을 통해서만 거기에 사로잡힌 상태에서 벗어날 수 있다. 정신적인 전사前史를 보면 그것은 무거움의 영靈으로 이루어져 있어 계단과 사다리를 필요로 했다. 왜냐하면 그것은 원래 육체도 무게도 없는 지성처럼 때에 따라서는 날아가버릴 수도 있는 것이 아니기 때문이다. 다양한 역사적 주상들로 분해되는 것은 마치 길을 잘못 들어 방향을 잃어버린 것과도 같은데, 그러한 상태에서는 옳은 것도 걱정스러운 잘못처럼 보인다.

앞에서 이미 언급했듯이 계단과 사다리의 주제(그림 14와 15 참조)는 심적인 **변환** 과정과 그것의 급전急轉, Peripetien을 가리킨다. 초시모스는 우리에게 이에 대한 전형적인 실례를 보여주었는데 그것은 빛과 어둠으로 된 열다섯 계단 위의 오르내림이다.[21]

프로이트의 연구를 통해 이미 오래전부터 알려졌듯이, 우리는 어린 시절에 대해 충분히 탐구하지 않고서는 당연히 그것으로부터 자유로워질 수 없다. 단순한 지적 지식만으로는 충분치 않으며, 재체험Wiedererleben이 되기도 하는 재회상Wiedererinnerung을 통해서만 그 효과를 볼 수 있다. 빠르게 흘러가는 세월과 위압적으로 도래하는 새로운 세계의 발견으로 인해 많은 것이 해결되지 않은 채 그대로 남아 있다. 우리는 거기에서 자유로워진 것이 아니라 단지 멀어져 있을 뿐이다. 그러므로 노년에 들어 다시금 어린 시절을 회상할 때 거기에 우리 인격의 파편이 아직도 살아 있음을 발견하는데, 그것은 우리를 움켜잡고 우리에게 달라붙어 어린 시절의 감정이 온몸에 넘쳐흐르게 한다. 그러한 인격의 파편은 아직 어린아이의 상태로 남아 있기 때문에 강력하고 직접적이다. 성숙한 의식과 다시 결합할 때만이 유아적인 면을 벗고 개선될 수 있다. 그러한 '개인적 무의식'은 항상 먼저 처리되어야, 다시 말해 의식화되어야 한다. 그렇지 않으면 집단적 무의식으로 가는 입구를 열 수 없다. 아버지, 어머니와 함께하는, 수많은 사다리 위를 오르내리는 여행은 아직 통합되지 않은 유아적 내용이 그렇게 의식화되는 것을 말해준다.

13. 꿈:

아버지가 근심에 싸여 외친다: "그것은 일곱 번째야!"

수많은 사다리 위로 배회하는 것은 분명 '일곱 번째'라고 호칭된 하나의 사건이다(그림 20 참조). '일곱'은 가장 높은 계단에 해당하며 따라서 성인식의 의미로 볼 때 바라고 열망하는 목표다(그림 28 참조). 그러나 전통적 정신의 의미로 볼 때 '태양화'는 모험적이고 신비주의적

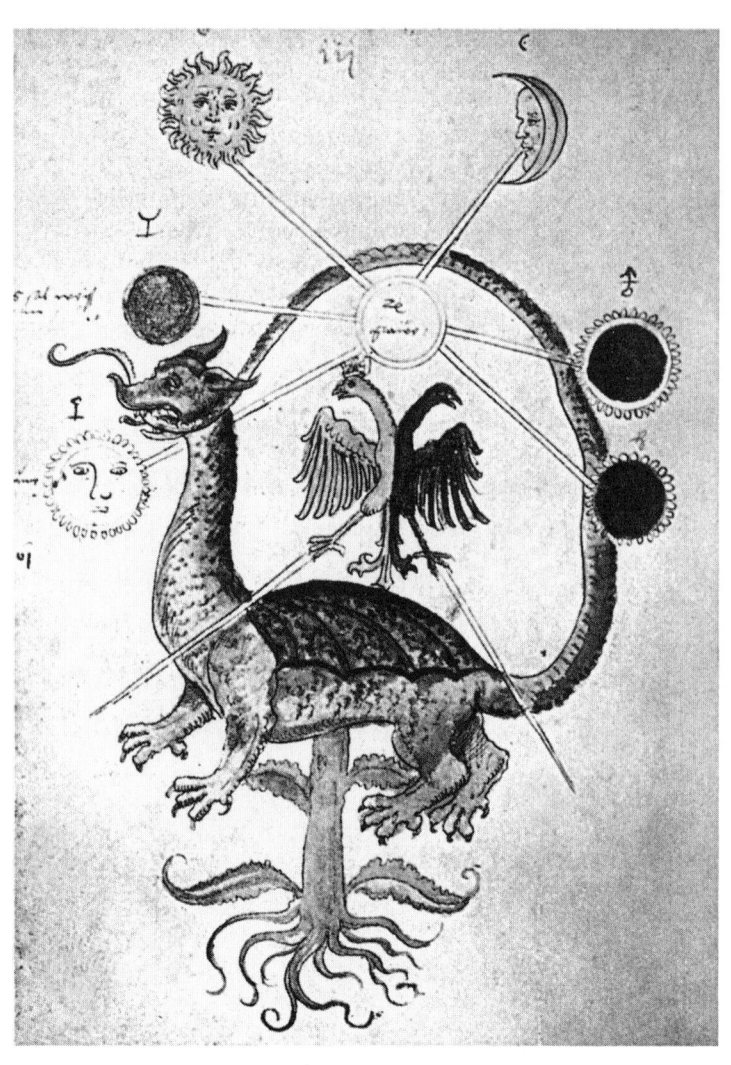

그림 20. 일곱 번째 행성 수성 속에서 합일된 여섯 행성.
수성은 우로보로스로서 붉고 흰(양성적) 쌍독수리로 묘사된다.(1520)

인 것이며 따라서 광기에 가까운 표상이다. 왜냐하면 그러한 불합리한 일은 일찍이 숨 막히는 미신으로 가득 찬 몽매한 시대에서나 생각되었던 것이며, 계몽된 우리 시대의 명료하고 선명한 정신세계는 그러한 애매모호함을 이미 오래전에 극복해 이제 그런 식의 조명은 정신병원에서나 통하는 지경이 되었기 때문이다. 오리알을 부화하여 그의 새끼가 지닌 수서水棲적 특성으로 인해 절망에 빠진 닭과도 같이, 아버지가 두려움 속에서 근심하게 되는 것은 놀라운 일이 아니다. '일곱 번째'가 규명의 최고 단계를 의미한다는 해석이 타당한 것이라면, 그로써 개인적 무의식의 통합 과정은 원칙적으로 종결된 상태여야 할 것이다. 그런 후에 집단적 무의식이 열리기 시작할 것이다. 그리고 그것은 전통 정신의 대변자인 아버지의 근심을 충분히 설명해줄 것이다.

   그렇지만 무의식의 어렴풋한 여명 속으로 되돌아가는 일이 이제 아버지들의 값진 수확물인 의식의 지적 분화를 완전히 포기해야 함을 의미하는 것은 아니다. 여기서 말하는 것은 지성의 자리에 인간이 들어선다는 것, 그러나 그것은 꿈꾼 사람이 상상하는 그러한 인간이 아니라 한층 원만하거나 온전한 사람이라는 사실이다. 그런데 그것은 꿈꾼 사람에게 아직은 고통스럽거나 아예 불가능하게 보이는 모든 것이 인격의 영역으로 받아들여져야 함을 의미한다. "그것은 일곱 번째야!"라고 그토록 두려움에 차서 외치는 아버지는 꿈꾼 사람의 한 심리적 요소이며, 그 근심은 따라서 그 자신의 근심이다. 그러므로 '일곱 번째'는 정점과 같은 어떤 것일 뿐 아니라 모종의 흉조를 의미할 수도 있다는 점이 해석에서 고려되어야 한다. 예컨대 난쟁이와 식인도깨비의 동화 속에서 우리는 그러한 모티프를 만난다. 난쟁이는 여섯 형들이 있는 일곱 번째다. 그의 왜소한 모습과 총명함은 순진무구하지만, 그는 결국 형제들을 식인도깨비의 오두막으로 안내한다. 그로써 그는 행운을 가

그림 21. 하데스(지하계)에 있는 일곱 행성신들.(1622)

져오면서 또한 불행을 가져오기도 하는 이중적 본성을 보여준다. 다른 말로 하자면 그 자신이 식인도깨비이기도 한 것이다. '일곱'은 예로부터 일곱 행성 신을 말한다(그림 20 참조). 그것들은 피라미드의 비문에서 '파우트 네테루paut neteru', 즉 신들의 동아리[22](그림 21과 23 참조)라 일컬어지는 형태를 이루고 있다. 그런데 하나의 동아리가 '아홉'으로 지칭됨에도 불구하고 그것은 결코 아홉이 아니라 열이며 경우에 따라서는 그 이상이 되기도 하는 것을 흔히 볼 수 있다. 그러므로 마스페로Maspero[23]는, 특히 계열의 첫 번째와 마지막이 숫자 아홉에 해를 입히지 않고 더해지거나 배가할 수 있다고 말한다. 신들이 악마로 강등되어 일부는 먼 천체로, 일부는 지구 내부의 광물 속으로 되돌아갔던 후

그림 22. '현자의 알'(연금술 그릇) 속에 있는 메르쿠어가 '아들filius'로서 태양과 달 위에 서 있다. 이것은 그의 이중 본성을 시사한다. 새는 영화靈化를 암시한다. 내리쬐는 햇살은 그릇 속에 있는 '작은 사람homunculus'을 무르익게 한다.(1702)

기 고대의 그리스-로마 또는 바빌론 신들의 고전적 '동아리'에도 그와 비슷한 일이 일어났다. 말하자면 다시 헤르메스-메르쿠리우스Hermes-Mercurius는 지하계의 계시의 신으로서, 또 수은水銀의 영靈으로서 이중 본성을 지녔고 그 때문에 양성적hermaphroditisch 특성을 지닌 것으로 파악되었다(그림 22 참조). 수성Merkur인 그는 태양과 가장 가까우며 따라서 금과도 가장 밀접한 관계에 있다. 그런데 그는 수은으로서 금을 용해하여 찬란한 빛을 소멸시킨다. 그렇기 때문에 중세의 전全 시기를 통해 그는 비밀에 쌓인 자연철학적 사유의 대상이었다. 즉, 때때로 그는 남을 돕는 봉사의 정신, 즉 파레드로스πάρεδρος(말 그대로 배석자, 동료) 혹은 '봉사자'였으며, 때로는 '케르우스 푸기티우스cervus fugitivus'(달아나는 노예나 사슴), 즉 연금술사를 절망으로 내몰면서 속이고 조롱하며 도망치는 요괴[24]였다. 그는 악마와 공통된 여러 가지 속성을 지녔는데, 가장 중요한 예만 들자면 용, 사자, 독수리, 까마귀 등이다. 연금술의 신들의 서열에서 그는 '원질료prima materia(기본물질)'로서는 최하의 존재이며 '현자의 돌'로서는 최고의 존재다. '메르쿠리우스의 영'(그림 23 참조)은 연금술사의 안내자(영혼의 인도자 헤르메스Hermes psychopompos ── 그림 146, 『기본 저작집』 제6권)이면서 유혹자다. 그는 연금술사의 행복이며 파멸인 것이다. 그의 이중 본성은 그로 하여금 일곱 번째뿐 아니라 또한 여덟 번째, 즉 '아직 아무도 생각지 못한' 올림푸스의 바로 그 여덟 번째 신이 되게도 할 수 있다(『파우스트』, 제2부, 8198행).

여기서 중세 연금술과 같은 아득한 영역을 끌어내고 있는 것을 아마 독자들은 이상하게 여길 것이다. 그러나 오래전부터 이 '검은 마술'은 우리가 생각하는 것처럼 그렇게 멀리 있는 것이 아니다. 왜냐하면 꿈꾼 사람은 교양 있는 남자로서 분명 『파우스트』를 읽었을 것이기 때문이다. 오늘날의 지식인도 역시 그 작품을 어렴풋이 추측하겠지만, 『파우스트』는 처음부터 끝까지 하나의 연금술적 드라마다. 우리의 의식은 오래전부터 모든 것을 다 이해하지는 못하지만, 무의식은 '오래 전의 신성한' 불가사의를 기억하여 적절한 때에 환기시킨다. 꿈꾼 사람은 라이프치히 시절의 젊은 괴테, 즉 폰 클레텐베르크Susanne von Klettenberg 양과 함께 테오프라스투스 파라켈수스Theophrastus Paracelsus를 공부하던 시절의 괴테처럼 『파우스트』에 매료되었을 것이다.[25] 추측하건대 거기에서 일곱과 여덟의 비밀스러운 혼동이 그에게 각인되

그림 23. 두 가지 성질(태양과 달, 카두케우스)을 하나가 되게 하는 신비한 그릇, 여기에서 '헤름아프로디토스의 아들filius hermaphroditus', 즉 영혼의 인도자 헤르메스Hermes Psychopompos가 탄생한다. 양 옆에는 여섯 행성 신들이 있다.(18세기)

어 의식에 규명되지 않은 채로 남아 있었을 것이다.『파우스트』를 여기서 상기시키는 것이 잘못된 일이 아니라는 것을 다음의 꿈이 보여준다.

14. 꿈:

꿈꾼 사람은 미국에 있으면서, 뾰족한 턱수염을 가진 한 고용인을 찾고 있다. 모든 사람에게 그런 직원이 한 명씩 있다고 사람들은 말한다.

미국은 실질적이고 직선적인 사고의 나라로서 유럽의 과도한 지적 교양에 오염되지 않았다. 그 나라에서는 실제로 지성을 고용인으로 여길 것이다. 그것은 실로 모욕적인 일로 보이며, 따라서 심각한 일로 여겨질 수도 있다. 그러므로 모든 사람들이 (미국에서 그렇듯이) 똑같이 그런 태도를 취한다는 사실을 알면 위안이 된다. '뾰족한 턱수염'은 예로부터 알려진, 파우스트가 '고용한' 메피스토다. 파우스트가 비록 역사적 심혼의 음침한 혼돈 속으로 과감히 내려가 혼돈 가득한 곳에서 나오는 변화무쌍하고 미심쩍은 삶 속에 들어가긴 했지만, 메피스토는 파우스트에게 승리하는 것을 결국 허락받지 못했다.

다음의 조사에서 드러났듯이, 꿈꾼 사람은 스스로 '뾰족한 턱수염'을 보고서 바로 메피스토의 존재를 알아차렸다. 오성悟性의 융통성이나 독창력, 학문적 성향은 점성술적 메르쿠리우스의 속성이다. 그러므로 뾰족한 턱수염은 여기서 지성을 나타내는데, 그것은 여기서 꿈을 통해 진정한 '봉사자', 다시 말해 좀 위험하긴 하지만 봉사하는 정신으로 소개된다. 그와 함께 바로 지성은 처음 차지하고 있던 최고의 위치에서 두 번째 서열로 강등되며 동시에 악마의 낙인이 찍힌다. 그렇다고 지성이 지금에 와서야 악마적 속성을 지니게 되었다는 것은 아니다. 그것은 이전에도 이미 악마적이었다. 다만 꿈꾼 사람은 암묵적으로 인정된 최고 심급인 지성에 의해 그가 사로잡혀 있었다는 사실을 깨닫지 못했던 것이다. 이제 그는 자신의 정신생활의 확실하고 결정적인 주상主想으로서 이미 등장했던 그러한 기능을 어느 정도 가까이에서 바라볼 수 있게 되었다. 그는 파우스트와 함께 이렇게 외칠 것이다. "이것이 그러니까 푸들 개의 정체였구나!"(『파우스트』, 제1부, 1323행) 메피스토펠레스는 전체의 위계질서에서 벗어나 독립성과 절대적 지배권을 누리게 된 모든 정신 기능의 악마적 측면이다(그림 36 참조). 그러나 이 꿈에서와 같이 그러한 측면은 그 기능이 분리되고 객관화 또는 인격화가 될 때에야 비로소 감지된다.

흥미롭게도 **뾰족한 턱수염**은 연금술 문헌에도 등장하는데, 1625년의 『현자의 돌에 관한 황금 논문*Güldenen Tractat vom Philosophischen Stein*』[26]에 실린, 헤르베르트 질버러Herbert Silberer[27]가 심리학적 관점에서 분석한 「악마Parabola」에도 등장한다. 즉, 흰 수염을 지닌 노老 철학자들의 모임에 검고 뾰족한 턱수염을 지닌 한 젊은이가 있다. 질버러는 그 형상을 악마로 여겨야 할지 확신을 못한다.

수은으로서의 메르쿠리우스는 특히 '유동적인', 다시 말해 활동적인 이성을 특징짓기에 적합하다(그림 24 참조). 그렇기 때문에 메르쿠리우스는 연금술사들에게 때로는 '영Geist', 즉 '스피리투스spiritus'가 되며 때로는 '물', 즉 '살아 있는 은(수은)'과 다를 바 없는 '영원한 물'이 된다.

그림 24. 메르쿠어의 통제로 이루어지는 모든 일들.
튀빙겐 필사본.(1400년경)

15. 꿈:

어머니가 한 대야의 물을 다른 대야로 따르고 있다(꿈 28에서 깨어나고서야 그는 비로소 이 대야가 누이의 것이었음을 기억한다). 이 행위는 대단히 엄숙하게 행해진다. 왜냐하면 그것은 주위 세계에도 가장 중요한 의미를 지니기 때문이다. 그런 후 꿈꾼 사람은 아버지에 의해 쫓겨난다.

우리는 여기서 다시 바꿈의 모티프를 만난다(꿈 1 참조). 어떤 물건이 다른 물건의 자리에 놓인다. '아버지'는 끝이 나고 이제 '어머니'의 활동이 시작된다. 아버지가 집단적 의식, 즉 전통적 정신을 대표한다면, 어머니는 집단적 무의식, 즉 생명수[28]의 원천을 대표한다(그림 25 참조. 마리아의 속성인 πηγή,[29] 즉 '봉인된 샘fons signatus'[30] 의 모성적 의미는 그림 26 참조). 무의식은 생명력이 활동하는 장場을 바꾸는데, 그로써 입장의 변화가 암시된다. 꿈꾼 사람의 나중의 기억은 이제 누가 생명의 샘의 근원이 될 것인가를 알 수 있게 해주는데, 그는 누이다. 어머니는 아들보다 상위에 있지만 누이는 대등한 위치에 있다. 따라서 지성의 격하는 꿈꾼 사람을 무의식의 우세한 힘에서 벗어나게 하며 또한 유아적 상태에서 해방시켜준다. 누이는 아직 과거의 잔재이지만 나중의 꿈에서 결정적으로 우리는 그녀가 아니마 상像의 운반자라는 것을 알게 된다. 그러므로 누이에게로 생명수가 옮겨간 것은 근본적으로 어머니가 아니마에 의해 대치됨[31]을 의미한다고 여겨도 될 것이다.

그로써 이제 아니마는 생명을 부여하는 요인으로, 아버지의 세계와 화해하지 못하고 대립하는 정신적 실재가 된다. 삶을 영위해가는 데 정신 건강이 위태로워지지 않은 채 무의식의 길 안내를 호의적인 것이

그림 25. '메르쿠리우스의 샘'인 생명의 샘.(1550)

라고 주장할 사람이 어디에 있겠는가! 거기에서 어떠한 의미를 추출할 수 있는 누군가가 존재한다면 말이다. 그러나 그러한 사람이라 할지라도 이와 같은 자리바꿈이 전통적 정신에 얼마나 엄청난 모욕을 가하는 것인가를 곧 깨닫게 될 것이다. 그런 일은 무엇보다도 교회 안에서 지상의 육체를 덧입어온 정신이 먼저 겪었을 것이다. 예컨대 고대 연금술사들이 의도적으로 비밀에 싸인 듯 행동하고 온갖 이단의 대부 노릇을 했던 것도 바로 정신의 그러한 미묘한 입장 전환 때문이었다. 꿈에서 아버지가 그를 쫓아낸 것은 따라서 당연한 귀결이며 그것은 파문에

그림 26. 17세기의 성화로, 자신의 속성에 에워싸여 있는 마리아. 울타리가 둘러진 정방형의 정원, 둥근 사원, 탑, 문, 두레우물과 분수와 종려나무, 실측백나무(생명나무)는 모두 여성성의 상징이다.

다름 아니다(꿈꾼 사람은 가톨릭교도이기 때문이다). 그러나 정신의 실재를 인정하고 그것을 최소한 함께 결정하는 윤리적 요인으로 삼는다면 그것은 수 세기 동안 제도와 이성을 통해 심적 본질을 외적으로 규정해온 전통적 정신을 모욕하는 일이 된다. 무분별한 본능이 확고부동하게 짜여진 질서에 반란을 일으키는 것이 아니라, 본능 자체가 내적 법칙에 따라 그야말로 확고부동하게 짜여진 형상이며 더욱이 구속력 있는 모든 질서의 창조적 토대이기도 하다. 그런데 그러한 토대가 창조적이기 때문에 바로 거기에서 생겨난 모든 질서 역시—'가장 신성한' 형태조차도—지나가는 과정이며 일시적인 통과점이다. 겉으로는 비록 정반대의 양상을 띠긴 하지만 질서의 정립과 구조의 해체는 근본적으로 인간이 통제할 수 없는 일이다.

오직 스스로 다시 지양할 수 있는 것만이 그러한 생명을 지닌다는 것은 비밀스러운 일이다. 그것들은 이해하기 어렵고 또 그렇기 때문에 감추어져 있다는 것은 유익하고도 다행스러운 일이다. 왜냐하면 약한 정신의 소유자는 그런 일에 너무 쉽게 현혹되고 혼란 속에 빠져버릴 것이기 때문이다. 도그마는 그러한 일을 막는 효율적인 보호 수단이 된다. 그것이 교회적인 것이든, 철학적인 것이든, 혹은 학문적 성격을 띠는 것이든 간에 말이다. 따라서 사회적 입장에서 본다면 파문이란 필수적이고 유용한 귀결이다.

어머니, 즉 무의식이 아니마의 대야에 따른 물은 심적 존재의 살아 있는 힘을 나타내는 훌륭한 상징이다(제6권의 그림 152 참조). 고대의 연금술사들은 그것을 풍부하게 표현해주는 동의어들을 지칠 줄 모르고 찾아냈다. 그들은 '우리의 물'을 또한 '활기찬 수은', '살아 있는 은', '불타는 맛의 포도주', '생명수', '달밤의 즙' 등으로 명명하였는데, 그로써 추상적 정신의 엄격한 비물질성과는 반대로 실체와 동떨어지지

그림 27. 태양과 달의 융합이 온천장에 생명을 회복시키는 효과를 주고 있다.
암브로지아나 도서실 고사본.

않는 살아 있는 존재를 특징짓고자 하였다. '달밤의 즙'이라는 표현은 근원이 지닌 밤의 성격을, '우리의 물'과 '활기찬 수은'은 원천이 지닌 대지의 성격을 아주 명확하게 말해준다(그림 27 참조). '샘의 산酸'은 모든 생성된 물체를 녹이고 다른 한편 그것을 모든 형성물 중 가장 뛰어난 내구성을 지닌 것으로, 다시 말해 비밀스러운 '라피스lapis(돌)'로 만드는 강력한 질산이다.

이러한 유추는 정말로 사리에 맞지 않는 것처럼 여겨질지 모른다. 그렇지만 그러한 상징성이 다시 받아들여지는 다음 단원의 꿈 13과 14에 대해 여기서 미리 언급하는 것이다.[32] 우리가 다루는 꿈에서 꿈꾼 사람 자신에 의해 인지된 '주위 세계를 위한' 행동의 중요성은 꿈의 집단적 영향력을 가리킨다. 따라서 그것은 꿈꾼 사람의 의식적 태도에 극도로 영향을 끼치는 어떠한 결정이 내려져 있음을 말해준다.

"교회 밖에는 어떠한 구원도 없다"는 말은 제도라는 것이 가시적인, 혹은 정의할 수 있는 확실한 목표를 지닌, 안전하고 쉽게 갈 수 있는 길이라는 생각에 근거한다. 그것이 정신과 인격을 여러모로 개선하기 위한 절대 필요조건임을 알고 있을지라도, 혼돈 속의 망아忘我 상태가 가져오는 충격적 의미를 과소평가해서는 안 된다.

16. 꿈:

클로버 에이스 패 한 장이 놓여 있다. 그 옆에 7의 패가 나타난다.

에이스는 1로서 가장 낮지만 가치는 최고인 카드다. 클로버 에이스는 십자 모양으로 기독교적 상징을 암시한다.[33] 그러므로 스위스독일어로 클로버는 '십자Chrüüz'라고도 일컬어진다. 그와 동시에 세 잎이

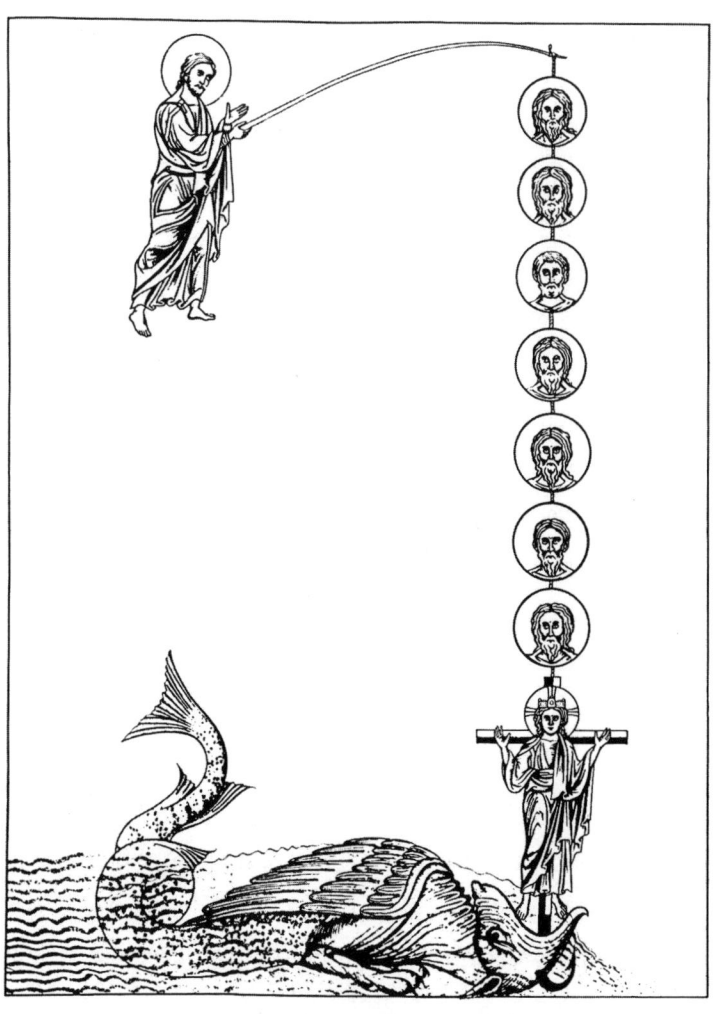

그림 28. 예수 종족이 십자가를 미끼로 한 일곱 갈래 낚싯대로
거대한 바다 괴물을 낚는 모습.
헤라트 폰 란츠버그Herrad von Landsberg, 『우아한 정원Hortus deliciarum』.
(1180년경)

내포하고 있는 암시적 의미는 한 신이 지닌 삼위三位의 성격이다. 가장 낮은 것과 가장 높은 것은 처음과 끝, 알파와 오메가다.

7의 패는 클로버 에이스가 나타나기 전이 아니라 그 이후에 나타난다. 거기에서 생각할 수 있는 것은 기독교적 신 개념이며 그 다음은 일곱(계단)이다. 일곱 계단은 변환을 상징하는데(그림 28 참조), 그것은 십자가 삼위일체의 상징에서 시작되며 앞의 꿈 7과 13에 나타난 의고적擬古的 암시에 의하면 '태양화'에서 절정을 이루게 될 것이다. 그러나 그러한 해답은 여기에 암시되어 있지 않다. 그런데 우리는 중세로부터, 배교자 율리아누스Julian〔로마 황제, 361~363 재위. 그리스도를 적대시하고 이교도로 개종해(361) '배교자'라는 별명을 얻었다〕가 헛되이 시도했던 고대 태양신으로의 퇴행인 또 다른 이행 과정을 알고 있다. 그것은 '십자가를 통해 장미로'란 문구를 통해 표현되는 장미로의 이행 과정이다. 그것은 천상의 태양Sol이 지닌 태양다운 특성이 태양의 모습에 대한 지상의 대응물, 말하자면 꽃으로 내려오는 중세 후기의 '장미십자회'로 집약된다(그림 29)(태양의 자질은 중국 연금술의 '황금 꽃'(금화金華)의 상징 속에 아직 남아 있다.)[34] '장미'의 최후의 감상적 여운은 낭만주의자들의 '푸른 꽃'일 것이다. 그것은 중세 이후 몰락한 수도원의 삶을 순수히 낭만적으로 되돌아보고 있지만 동시에 현세에 대한 호의적 태도 속에서 모종의 소박한 새로움이 되기도 한다. 그러나 태양의 황금빛 광채도 어쩔 수 없이 쇠퇴할 수밖에 없었다. 그것은 지상의 금이 발하는 광채 속에서 그 유사성을 찾았는데, 그러한 것은 '우리의 금acrum nostrum'으로서 적어도 좀더 세련된 정신을 지닌 사람들이 보기에는 금속의 거친 물질성과는 거리가 먼 것이었다.[35] 이들이 보기에 의심할 여지 없이 금은 상징적인 성격을 지녔으며 그렇기 때문에 '유리처럼 투명한vitreum', 혹은 '현자적philosophicum' 속성을 두드러지게 보여준다.

그림 29. 일곱 행성, 일곱 변화 단계 등의 비유인 일곱 잎의 장미.(1629)

그것의 너무나 뚜렷한 태양과의 유사성은 아마도 그것이 최고의, 말하자면 '현자賢者의 돌'에 주어졌던 철학적 품위에 이르는 것을 가로막는 점이기도 했을 것이다. 왜냐하면 경이로운 돌의 마술적 자질의 하나인 변화시키는 성질은 변화되는 대상보다 더 높은 단계에 있었기 때문이다. 『장미원Rosarium』은 다음과 같이 말하고 있다. "왜냐하면 우리의 돌, 다시 말해 금보다 더 고차원에 있으며 그것을 능가하는 서양의 수은은 죽이기도 하고 살리기도 하는 것이다."[36] '돌'의 '현자적' 의미와 관련해서는, 헤르메스의 것으로 여겨지는 한 논문의 다음 부분이 특별히 무언가를 시사해준다. "알겠는가, 현자의 아들들이여, 너무나도 값진 이 돌이 무엇을 말하고 있는가를 … 나의 빛은 그 어떠한 빛보다도 뛰어나며, 나의 장점은 모든 장점을 능가한다. … 나는 빛을 만들어내지만 어둠 역시 나의 본성에 속한다…."[37]

17. 꿈:

오랜 배회. 그는 길에서 한 송이의 푸른 꽃을 발견한다.

배회란 목적지 없이 길을 가는 것이다. 그렇기 때문에 그것은 동시에 탐색이며 변환이기도 하다. 그런데 길에는 자연의 우연한 소생인 한 송이의 푸른 꽃이 그를 향해 무심하게 피어 있다. 그것은 젊은 시절 한때 싹텄던 낭만과 서정을 쾌적하게 상기시킨다. 그때는 학문적 세계상이 실제적인 세계 체험과 아직 그렇게 고통스러울 정도로 분리되지 않았던, 혹은 오히려 막 분리되기 시작해 뒤를 돌아보면 이미 과거의 것이 바라보였던 시절이다. 푸른 꽃은 실제로 무의식의 호의적인 손짓이며 그것의 누멘Numen(신성한 힘)과 같은 것이다. 그것은 안전한 길을 상실한 자, 인간을 구원으로 이끄는 모든 것으로부터 소외된 자가 정신적으로 친구와 형제를 만나고, 자신의 내부에서도 자라날 배아를 발견할 수 있는 역사적 장소를 제시해준다. 그러나 꿈꾼 사람은 순진무구한 꽃을 역으로 연금술의 역겨움이나 '태양화'의 이교적 반역과 결부시키는 태양의 금에 대해 아직 아무것도 예감하지 못한다. '연금술의 황금 꽃'(그림 30)은 때로는 **푸른 꽃**, 즉 '헤름아프로디트Hermaphrodit의 **푸른 사파이어 꽃**'이 되기도 하기 때문이다.[38]

그림 30. '현자의 아들'이 탄생한 장소인 붉고 흰 장미, 연금술의 "황금 꽃".
(1588)

18. 꿈:

한 남자가 꿈꾼 사람이 펼친 손 위에 금화를 놓아준다. 그러나 꿈꾼 사람은 격분하여 그것을 바닥에 내던진다. 그리고 바로 뒤이어 자신의 행동을 아주 깊이 후회한다. 그런 후 분리된 장소에서 버라이어티 쇼가 열린다.

여기에서 푸른 꽃은 이미 자신의 역사를 끝어냈다. '금'이 주어지고 그것은 분노 속에서 거부된다. '현자賢者의 금'에 대한 곡해는 물론 쉽게 이해된다. 그러나 그러자마자 고귀한 비밀이 파기되고 스핑크스의 질문에 잘못된 답변이 주어졌다는 후회가 생겨났다. 마이링크의 『골렘』에서 주인공에게 유령이 한 움큼의 곡물을 주었을 때, 그리고 그가 그것을 내던져버렸을 때에도 바로 비슷한 일이 일어났다. 통화의 기초라는 불쾌한 뒷맛을 지닌 노란색 금속의 거친 물질성과 곡물의 초라함을 생각할 때 그것을 내던져버린 행위는 납득할 만하다. 그런데 바로 그렇기 때문에 '돌'을 찾아내기란 그야말로 어려운 것이다. 왜냐하면 그것은 '보잘것없는', 즉 초라하고 '길 위에 내던져진 채로 발견되며', '평지와 산, 물 속' 도처에서 볼 수 있는 가장 값싼 것이기 때문이다.[39] 이러한 '저급한' 면에서 그것은 『프로메테우스와 에피메테우스 Prometheus und Epimetheus』에 나오는 슈피텔러Spitteler의 보석[40]과 상통한다. 그것은 같은 이유로 세상 물정에 밝은 사람들에게 알려지지 않는다. 그러나 '거리에 버려진 돌'이 '주춧돌'이 될 수도 있을 것이다. 그러한 가능성에 대한 예감이 꿈꾼 사람에게 극도의 격렬한 후회를 불러일으킨다.

　금이 주조되는 것, 다시 말해 형태가 이루어지고 압인이 찍히고 가치가 정해지는 것은 외적 관점에서 볼 때 진부한 일이다. 심적인 것에 적용해본다면 그것은 니체가 『차라투스트라는 이렇게 말했다』에서 비난한 것, 즉 덕성에 이름을 부여하는 일이 될 것이다. 형태가 이루어지고 명칭이 붙여짐으로써 심적인 존재는 가치가 매겨진 주화 단위들로 분해된다. 그러나 다만 그것이 가능한 것은 심적인 것 역시 통합되지 않은 유전적 단위들이 누적된 것으로서 본래는 매우 다양한 양상을 지니고 있기 때문이다. 자연 그대로의 인간은 결코 자기Selbst가 아니며 다수의 일부이고 집단으로 자신의 자아를 결코 확신하지 못할 정도의 한 집합체다. 그렇기 때문에 그는 이미 태곳적부터, 그를 '무엇인가'로 만들어주고 그로써 단순한 다양성에 지나지 않는 동물적 집단

심리에서 벗어나게 해주는 변환의 비의Wandlungsmysterium를 필요로 했던 것이다.

그런데 '주어진 그대로의' 인간이 지닌 하찮은 다양성이 거부된다면 인간의 통합, 즉 자기화自己化, Selbstwerdung 역시 불가능하게 된다.[41] 그것은 정신적인 죽음이다. 삶을 그냥 그 자체로 살아가는 것이 아니라 의식할 때라야 그것은 진정한 삶이 된다. 인간이라 부르는 부분적 측면으로 분열된 존재가 아닌 합일된 인격만이 삶을 체험할 수 있다. 이미 꿈 4에 암시된 위험한 다양성은 예컨대 뱀이 방어적 마술 원을 그리고 그로써 금기 영역(그림 13 참조), 즉 테메노스Temenos(그림 31 참조)의 경계를 긋는 꿈 5를 통해 보완된다. 이제 여기에서 비슷한 방식과 비슷한 상황에서 테메노스의 상징이 다시 등장한다. 그것은 '다수'를 통일된 행동으로 집약시킨다. 그것은 즉 피상적으로는 유쾌하지만 즉시 흥겨운 특성을 잃어버리는 집합체다. 장난극Bocksspiel은 '비극'으로 반전된다. 사티로스 극Satyrspiel[그리스 비극 뒤에 연출되는 익살극]은 모든 유사점으로 보아 일종의 비의秘儀다. 그것의 목적이 언제나 인간을 그 원래의 선조들과, 또한 생명의 원천과 다시금 결합시키는 것이었음을 그로써 추측할 수 있다. 그것은 마치 엘레우시스의 비의에서 행해지는 아테네 여자들의 외설적 이야기αἰσχρολογία는 대지의 풍요에 좋다는 이야기와 비슷하다.[42] (또한 부바스티스의 이시스 축제 때 성기 노출에 관한 헤로도토스의 보고[43] 참조.)

테메노스의 보상적 의미에 대한 암시는 그러나 꿈꾼 사람에게는 아직 드러나지 않고 있다. 그는 분명 역사적 연관 관계를 거부함으로써 상기된 정신적 죽음의 위험에 훨씬 더 골몰하고 있다.

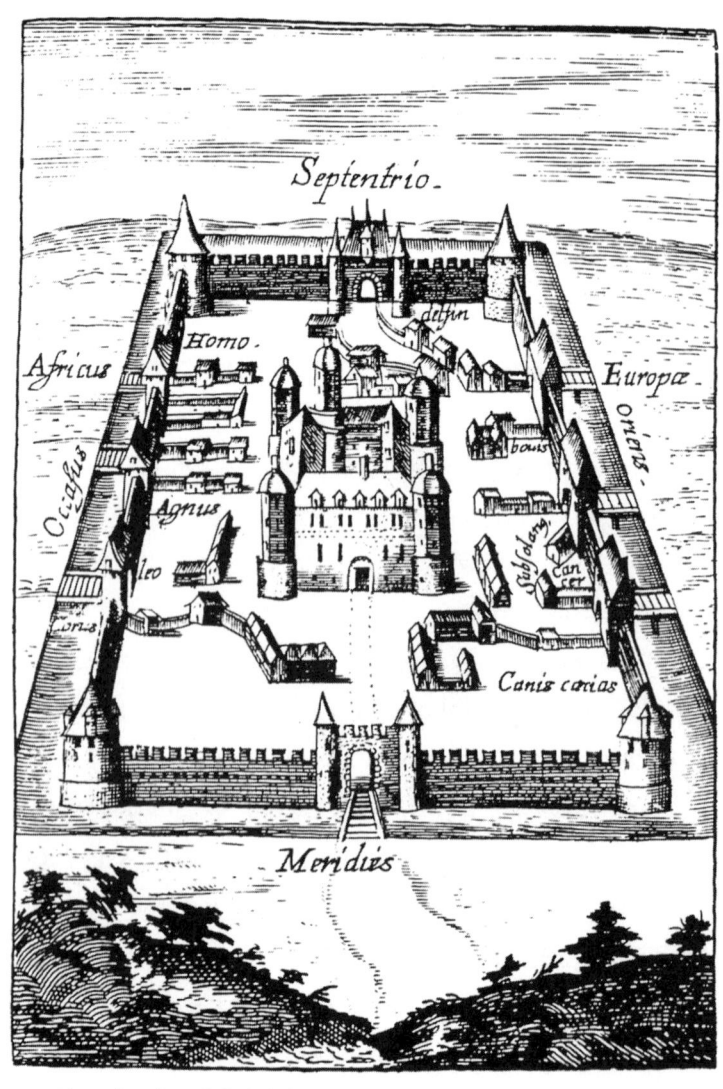

그림 31. 지구의 중심인 상징적 도시가 사각형으로 배치된 방어 성벽과 함께 테메노스를 묘사하고 있다.(1651)

19. 시각적 인상:

죽은 자의 머리가 하나 있다. 그는 그것을 발로 차서 치워버리려고 하지만 그렇게 하지 못한다. 해골은 점차 붉은 공[球]으로 변하고 다음에는 빛을 발하는 여자의 머리로 변한다.

『파우스트』와 『햄릿』에 나오는 해골의 독백은 '사고의 창백함'만 만연하게 될 때 인간 존재가 겪게 되는 충격적인 의미 상실 상태를 환기시킨다. 인습적 사고와 판단은 꿈꾼 사람으로 하여금 의심스럽고 마음 내키지 않은 제안을 거절하게 한 것이다. 그러나 그가 무시무시한 환상을 막으려고 애쓰는 가운데 해골은 붉은 공으로 변화한다. 그것은 환영 7(시각적 인상 7)을 직접적으로 상기시키는, 빛나는 여자의 머리로 변화하기 때문에, 그것을 떠오르는 태양에 대한 암시로 여겨도 될 것이다. 분명히 여기서는 에난치오드로미Enantiodromie(대극의 반전)[44]가 일어난 것이다. 즉 내던진 행위가 있은 후 무의식은 한층 더 강하게 두드러진다. 먼저 그것은 자기의 단일성과 신성을 나타내는 고대의 상징인 태양을 만들어내고, 그 후에는 무의식이 인격화된 미지의 여자 모티프로 전환되는 것이다. 이 주제는 당연히 아니마의 원형일 뿐만 아니라 한편으로는 인성을 지닌 인격이며 다른 한편으로는 심적인 존재를 담는 그릇인 실제 여성과의 관계를 내포하고 있다('누이의 대야' 꿈 15를 참조).

심혼은 신플라톤주의 철학에서 공의 형태와 뚜렷하게 관계된다. 심혼의 실체는 불타는 하늘 위, 네 요소가 집약된 공간 주위에 운집해 있다.[45]

그림 32. '태양과 달의 융합.' 흰 처녀가 달인 듯한 것의 위에 서 있다.(1582)

20. 시각적 인상:

하나의 지구의地球儀. 그 위에 미지의 여자가 서서 태양을 경배하고 있다.

이 환상적 인상은 시각적 인상 7의 확대이다. 내던짐은 분명 꿈 18에까지 이르는 모든 발전을 파기한다는 의미다. 그러므로 이제 최초의 상징이 다시 등장하는데 물론 확충된 형태다. 그러한 반전反轉은 연속된 꿈에서 일반적으로 나타나는 특징이다. 의식의 개입이 없다면 무의식은 아무런 성과 없이 파도처럼 흔들리는 채로 있게 될 것이다. 그것은 마치 9년, 9개월, 그리고 9일 밤 동안 부상浮上하다가 마지막 날 밤에 발견되지 않으면 처음부터 게임을 다시 시작하기 위해 바닥으로 가라앉는 보물과도 같다.

지구의는 붉은 공의 관념에서 나왔을 것이다. 붉은 공이 태양인 반면 지구의는 그 위에 아니마가 서서 태양을 경배하는 지구의 상像이다(그림 32 참조). 이로써 아니마와 태양이 구분되는데, 그것은 태양이 아니마와는 다른 하나의 원리를 나타내고 있음을 말해준다. 즉, 아니마는 무의식이 인격화한 것이다. 그러나 태양은 삶의 원천이며 인간의 궁극적인 전체성의 상징이다('태양화'에 암시되어 있는 것처럼). 그런데 태양은 바로 지금도 우리와 아주 가까이에 있는 고대의 상징이다. 우리는 또한, 초기 기독교인들이 떠오르는 태양ἥλιος ἀνατολῆς을 그리스도와 구분하려고 상당히 애썼다는 사실을 알고 있다.[46] 꿈꾼 사람의 아니마는 아직 태양 숭배자인 듯하다. 다시 말하자면 그것은 본질상 고대 세계에 속하는데 더욱이 그 이유는, 합리적 입장을 지닌 의식은 아니마에 거의, 혹은 전혀 관심을 갖지 않았기에 그것을 현대화(더 정확히는 기독교화)시킬 수 없었기 때문이다. 심지어는 중세 이래로 스콜라 철학의 수련으로 인해 발전된 지성의 분화가 아니마를 고대 세계로 퇴행하도록 만든 것 같다. 이에 대한 충분한 증거를 르네상스는 우리에게 제공해준다. 가장 명확한 증거는 『폴리필레Poliphile』의 '힙네로토마키아Hypnerotomachia'[47]인데, 폴리필레는 기독교 정신에서는 전혀 영향을 받지 않았지만, 고대의 온갖 '덕성'의 은총을 입은 무의식으로부터 자신의 아니마인 폴리아Polia란 여성을 여왕 비너스의 궁정에서 만난다(당연히 그 시대에는 『폴리필레』가 비의서秘儀書로 여겨졌다[48]). 그러한 아니마와 함께 우리는 고대 그리스 세계 안에 잠기게 된다. 누군가 직권으로 위에 기술한 에난치오드로미를 의심스럽고 황당무계한 고대 그리스로의 퇴행을 회피하려는 시도로 설명한다고 해도 그것은 잘못이 아니라고 생각한다. 연금술 철학의 중요한 기본 이론은 그 원전을 통해 볼 때 고대 후기 그리스의 혼합주의Synkretismus에서 직접 나온 것이다. 예컨대 루스카Julius Ruska는 『투르바 필로소포룸Turba Philosophorum』에서 그러한 사실을 충분히 입증하였다.[49] 연금술의 암시는 따라서 즉각적으로 고대 그리스의 분위기를 느끼게 하며 그 때문에 또한 이교적인 초기 단계로의 퇴행을 짐작케 한다.

꿈꾼 사람이 이 모든 일에 대해 의식적으로는 아무것도 예감하지 않고 있다는 사실은 이 자리에서 아무리 강조해도 지나치지 않을 것이다. 그러나 무의식 속에서는 역사적으로도 나타나는 그러한 연관관계 속에 침잠하며, 따라서 꿈속에서 마치 그러한 진기한 정신사적 현상에 정통한 사람처럼 행동한다. 그는 무의식적 상태에서는 사실상 중세 연금술사나 고대 신플라톤주의자와도 같이 심혼의 자율적 발전을 대표하는 사람이다. 그렇기 때문에 실재하는 원전原典과 마찬가지로 그의 무의식을 '적당히 참작하여' 역사를 기술할 수 있을 것이다.

그림 33. 처녀들에게 에워싸여 있는 폴리필레.(1600)

21. 시각적 인상:

그는 요정들에게 에워싸여 있다. 한 목소리가 말한다: "우리는 항상 여기에 있었다. 다만 네가 우리를 알아보지 못했을 뿐이다."(그림 33)

여기에서 다시금 명백한 고대 그리스적 표상으로의 퇴행이 행해진다. 동시에 꿈 4의 상황과 함께 꿈 18의 내던짐의 상황이 다시 시작되는데, 그러한 상황은 꿈 19에서 예방적인 에난치오드로미로 이끌어졌던 것이다. 물론 그러한 상은, 항상 존재해왔지만 그때까지 주의를 끌지 못한 어떠한 사실이 문제되고 있다는 환각적 인식에 의해 확충된 것이다. 그러한 내용을 알게 되면서 무의식적 정신은 공존하는 존재로서 의식에 접속된다. 꿈에서 듣는 '목소리'는 꿈꾼 사람에게 항상 아우토스 에파αὐτὸς ἔφα(꿈꾼 사람 자신은 [그것]이라고 말했다)[50]의, 이론의 여지가 없는 궁극적인 성격을 띠고 있다. 다시 말해 목소리는 하나의 진리를, 혹은 정말로 더 이상 의심의 여지가 없는 하나의 조건을 말하고 있다. 아득한 시대, 즉 정신의 깊은 층과 접촉했던 시대의 감정이 생겨났다는 사실은 꿈꾼 사람의 무의식적 인격에 의해 받아들여지며 상대적인 안정감이 되어 의식에도 전달된다.

꿈 20에서의 환상은 태양 숭배자인 아니마를 묘사하고 있다. 아니마는 거기에서 바로 공(혹은 공의 형태)에서 빠져나왔다. 그런데 첫 번째 공의 형태는 해골이다. 옛날 개념에 따르면 머리나 두뇌는 '지적 심혼'의 거처다. 따라서 연금술의 그릇은 머리처럼 둥근 형태를 지녀야 하며, 그로써 그릇에서 생겨나는 것 역시 '둥글게', 즉 '아니마 문디 anima mundi(세계혼)'[51]와 같이 단순하고 완전하게 될 수 있다. 작업이 절정을 이루는 것은 처음('천체의 재료 materia globosa'로서)(그림 34, 또한 제6권의 그림 115, 164, 165 참조)과 끝을 이루는 (금의 모양으로) '둥근 형태'가 만들어지는 일이다. 항상 그곳에 존재하는 님프(요정)들에 대한 암시가 이와 관련이 될 것이다. 이 환영의 퇴행적 특성은, 꿈 4에서와 같이 다시금 수많은 여자의 형상이 등장한 데에서도 드러난다. 그러나 이번 경우에 그러한 형상은 고전적인 특성을 지니는데 그것은 역사적 퇴행을 가리킨다. (꿈 20에 나타난 태양 숭배와 같이) 아니마가 수많은 형상으로 와해되는 것은 불확실한 상태로, 다시 말해 무의식 속으로 분해되는 것만큼이나 많은 것을 의미한다. 그러므로 역사적 퇴행과 함께 의식의 상대적 분해가 동시에 이루어진다는 사실(정신분열증[조현

그림 34. '둥근 것'(검은 태양) 위에 서 있는 '검은 자'(암흑nigredo).(1622)

병]에서 가장 많이 볼 수 있는 과정)을 추측할 수 있다. 의식의 분해, 즉—피에르 자네Pierre Janet(1859~1947, 프랑스 심리학자)의 말을 빌리면—'정신 수준의 저하abaissement du niveau mental'는 원시적 정신 상태에 근접하는 것이다. 이 님프 장면과 유사한 것이 「장생長生에 관하여De vita longa」란 논문에서 개성화 과정의 근원적인 초기 상황으로 설명되는 파라켈수스의 '님프들의 영토regio nymphidica'다.[52]

22. 시각적 인상:

원시림 속. 코끼리 한 마리가 다소 위협적인 자세로 있다. 그리

그림 35. 중세적 개념의 '야만인'.(15세기)

고 커다란 유인원이나 곰, 혹은 혈거인穴居人이 꿈꾼 사람을 몽둥이로 공격하려고 으르고 있다(그림 35 참조). 갑자기 '뾰족한 턱수염'이 나타나 공격자를 제압하자 공격자는 그곳에서 쫓겨난다. 그러나 꿈꾼 사람은 커다란 공포에 싸여 있다. 목소리는 이렇게 말한다: "모든 것은 빛에 의해 다스려져야 한다."

다수의 요정들은 더욱 원시적인 성분으로 나뉘었다. 다시 말해 심리적 분위기의 활기가 전적으로 고양되었고 그로 인해 동시대인들에 대한 개체의 고립이 비례적으로 심해졌다고 결론지을 수밖에 없다. 증대된 고립은 어렵지 않게 꿈 21의 결과로 돌릴 수 있다. 거기서 무의식과의 결합이 사실상 확인되고 받아들여진다. 의식의 입장에서 볼 때 극도로 불합리한 이러한 사실은 두려움 속에서 지켜야 할 하나의 비밀을 만든다. 이른바 이성적인 인간이라면 당연히 아무도 그러한 비밀의 존재가 타당하다고 생각할 수 없을 것이다. 그러한 것을 말한다면 완전한 바보로 낙인찍히게 될 것이다. 그러므로 주변으로 흐르는 에너지 유출은 상당히 제한되어 있으며, 따라서 무의식 쪽에서 에너지의 과잉이 생겨난다. 다시 말해 무의식적 형상의 자율성이 엄청나게 증가되어 공격과 실질적 공포가 발생하기에 이른다. 이전에 벌어진 무의식적 형상의 흥겨운 버라이어티 쇼는 불쾌한 것이 되기 시작한다. 미적인 장식 보조물 덕분에 고대의 님프들은 아직 쉽게 받아들여질 수 있다. 왜냐하면 우리는 바로 그 우아한 형상들의 배후에서 고대의 디오니소스적 비밀, 사티로스 극과 그것의 비극적 연루 관계, 동물이 된 신이 잔혹하게 찢겨지는 것을 전혀 상상할 수 없기 때문이다. 유럽의 김나지움 학생들이 고대 그리스에 관해 얼마나 빈약한 사고를 하고 있는지 적나라하게 폭로하려면 바로 니체를 빌려와야 할 것이다! 그런데 그에게 디오니소스는 어떤 의미인가! 니체 자신이 거기에 대해 말한 그 이상의 것, 즉 그에게 닥친 것을 우리는 진지하게 여겨야 할 것이다. 의심의 여지가 없이 그는 자신의 숙명적인 질병의 전조 단계에서 자그레우스 Zagreus의 암울한 운명이 자신에게 주어졌다는 사실을 알고 있었다. 디오니소스는 모든 인간적 특질이 원초적 심혼心魂의 동물적 신성 속에 열정적으로 잠겨들 때의 메울 수 없는 심연을 의미한다. 그것은 울타리로 보호받고 있는 문화 인류가 그로부터 벗어났다고 믿고 있는 축복받은, 그리고 공포스러운 체험이다. 그러한 믿음은 새로운 피의 열기

그림 36. 공기의 정령이며 신성에 역행하는 지성인 악마.
들라크루아Delacroix.(1798~1863)

를 불러일으키게 될 때까지 계속된다. 그러한 일이 벌어질 때 선량한 자라면 모두들 놀랄 것이며 대자본과 군수 산업, 유대인과 프리메이슨 단원들을 비난할 것이다.[53]

그를 돕는 '기계를 타고 나온 신deus ex machina'인, 꿈꾼 사람에게는 친구인 뾰족한 턱수염이 마지막 순간에 무대에 나타나 만만찮은 유인원의 위협적인 파괴를 막아낸다. 고전적 발푸르기스 밤의 요괴에 대한 파우스트의 냉정한 호기심은 현실적 시각을 지닌 메피스토라는 존재의 도움에 얼마나 힘입은 것인가! 적절한 순간에 과학적, 혹은 철학적 성찰을, 수없이 비난받았던 지성을 상기해보아야 할 것이다. 지성을 모욕하는 자는 왜 지성이 가치 있으며 무엇 때문에 인류가 엄청난 긴장 속에서 그러한 무기를 연마해왔는가를 보여주는 무엇인가를 결코 아직 체험한 적이 없다고 의심받을 만하다. 그러한 것을 알지 못하는 이유는 삶에 극히 무심한 자들의 희귀한 태도 때문이다. 아마도 지성은 악마일 수 있다(그림 36 참조). 그러나 악마는 그의 어머니와 효율적으로 관계 맺어가는 능력을 누구보다도 인정받는 '카오스의 경이로운 아들'이다. 디오니소스적 체험은 일거리를 찾는 악마에게 충분히 할 일을 준다. 왜냐하면 이어서 뒤따르게 되는 무의식과의 대결은 완전히 헤라클레스의 노동에 비길 만한 것이기 때문이다. 내 생각에 그것은 수 세기가 지나도 지성이 해결하지 못할 문제 많은 세계다. 그 때문에 지성은 이미 좀더 쉬운 과제를 놓고 자신을 회복시키기 위해 자주 휴무 상태에 들어갔던 것이다. 그것은 바로 심혼이 그토록 자주, 또 그토록 오랫동안 잊혀져 온 이유다. 또한 지성이 재앙을 막는 주문인 '신비적mystisch'이란 말과 '불가사의okkult'란 말을 그토록 빈번하게 사용함으로써 영리한 사람들까지도 무엇인가를 말했다고 생각하게 만든 이유다.

그림 37. 일곱 잎의 꽃.(1702)

　목소리는 마침내 "모든 것은 빛에 의해 다스려져야 한다"고 설명한다. 그것은 아마도 분별 있는 의식, 즉 현실적이고 정직하게 습득된 '조명'을 의미할 것이다. 무의식의 어두운 바탕은 더 이상, 형편없이 은폐되고 천박한 두려움에 쌓인 무지와 궤변, 혹은 아예 사이비 학문적인 합리화에 의해 부인되어서는 안 된다. 오히려 심혼 속에는 우리가 아직 충분히 알지 못하거나, 혹은 전혀 알지 못하는 것이 있으며 그것은 우리가 또한 궁극적으로 이해하지 못하지만 그럼에도 불구하고 최소한 우리의 신체를 끈질기게 자극하는 물리적 세계의 모든 것만큼이나 현실성을 지닌 것임을 인정해야 할 것이다. 자기의 연구 대상을 놓고 그것은 부적합하며 "…에 불과하다…"라고 주장하는 연구로 인식에 이르는 일은 결코 없다.

지성의 적극적 개입과 함께 무의식적 과정에서 하나의 새로운 장이 시작된다. 말하자면 의식이 미지의 여성(아니마)상, 미지의 남성('그림자'), 노현자('마나인격Manapersönlichkeit'),[54] 그리고 자기의 상징과 대면하기 시작하는 것이다. 후자에 대해서는 다음 장에서 언급할 것이다.

그림 38. 아들인 용과 함께 금(태양)과 은(달)의 샘 위에 서 있는
처녀 메르쿠리우스.(1520)

III. 만다라의 상징성

A. 만다라에 관하여

 이미 언급한 대로 나는 서로 관련이 있는 400편의 연속된 꿈 중 내가 만다라의 꿈이라고 여기는 꿈을 한데 모아놓았다. 만다라Mandala라는 용어를 선택한 것은 이 단어가 제식祭式, 혹은 마법의 원을 지칭하는 것으로서 특히 라마교에서, 또한 탄트라의 요가(그림 39 참조)에서도 명상의 수단인 얀트라Yantra〔기관機關, 수행자를 이끌기 위한 수단〕로서 사용되기 때문이다. 제의에 사용되는 동양의 만다라는 전통적으로 확정된 형상을 갖추고 있는데, 그것은 특별한 축제에서 특히 선으로 그려지거나 채색이 될 뿐 아니라 구체적 형태로 만들어지기도 한다.[55]
 1938년에 나는 부티아 부스티Bhutia Busty[56]의 수도원에서 링담 곰헨Lingdam Gomchen이라고 하는 한 라마교의 린포체Rimpotche〔큰 스님에게 붙이는 칭호〕와 만다라Mandala(khilkor)에 대해 이야기를 나눌 기회를 가졌다. 그는 만다라를 'dmigs-pa'(미그파로 발음됨), 즉 통달한 라마만이 상상을 통해 이룰 수 있는 하나의 정신적 상像이라고 설명하였다. 어떤 만다라도 똑같지 않고 하나하나가 모두 다르다고 하였다. 또한 우리

그림 39. 슈리-얀트라Schrî-Yantra.

가 수도원이나 사원에서 보는 만다라라고 해서 특별한 의미가 있는 것은 아니다. 그것은 단지 외적으로 표현된 형태에 지나지 않기 때문이다. 진정한 만다라는 항상 (적극적인) 상상을 통해 점진적으로 구성되는 내적인 상이다. 정신적 균형에 장애가 생긴 경우, 혹은 어떠한 생각이 신성한 교의에 내포되지 않아 찾을 수 없기 때문에 그것을 추구할 수밖에 없을 때 만다라가 생겨나는 것이다. 이와 같은 설명이 얼마나 적절한 것인지는 다음의 논의 과정에서 밝혀질 것이다. 라마교의 모든 만다라는 어느 정도 명백한 양식뿐 아니라 전통적 구조의 지배를 받기 때문에, 이른바 자유로운 개별적 형성물이라고 해도 그것을 문자 그대로 이해해서는 안 된다. 예컨대 그것은 항상 넷의 체계, 즉 '원의 사각형 만들기quadratura circuli'를 바탕으로 하며 그 내용은 늘 라마교의 교의론에서 유래한다. '정신적 상'의 형성에 대한 지침서인 슈리-차크라-삼바라-탄트라Shri-Chakra-Sambhara-Tantra[57]와 같은 원전에 '정신적

그림 40. 티베트의 '세계륜sidpe-korlo'.

그림 41. 멕시코의 '큰 달력 석판'.

상'을 만드는 지침이 들어 있다.

'세계륜世界輪, sidpe-korlo'(그림 40 참조), 즉 인간의 존재 형태의 진행을 불교관에 따라 그리고 있는 세계륜은 '만다라'와는 엄연히 구분된다. '만다라'와는 반대로 세계륜은 셋의 체계로 이루어져 있는데, 그 중심점에 세 가지의 세계 원리, 즉 수탉 = 정욕, 뱀 = 증오 혹은 질투, 그리고 돼지 = 무지 또는 무의식성[無明]이 위치하고 있다. 여기서 우리는 불교에서도 중요한 문제가 되고 있는, 셋과 넷의 딜레마에 부딪힌다. 연속된 꿈이 진행되는 과정에서 다시금 이 문제와 맞닥뜨리게 될 것이다. 동양에서의 이러한 상징은 근원적으로 꿈과 환상에서 생겨난 것이며 대승 불교의 어떤 교부에 의해 만들어진 것이 아니라는 것은 나에게 의

그림 42. 십자가를 들고 있는 만다라 속의 아기 그리스도.
알베르투스 픽토르Albertus Pictor의 벽화, 헤르케베르가Härkeberga
의 교회, 스웨덴.(1480년경)

문의 여지가 없다. 반대로 그것은 인류의 가장 오래된 종교적 상징에 속한다(그림 41, 42, 43, 44 참조). 구석기 시대에서도 이미 볼 수 있는 것이다(로도스섬의 암벽 벽화 참조). 그것은 또한 전 세계적으로 퍼져 있는데 그러한 사실을 여기서 더 강조할 생각은 없다. 이 단원에서는 단지 하나의 경험적 재료를 놓고 만다라가 어떻게 생겨나는지 보여주고자 한다.

만다라는 제식에서 사용될 때 중요한 의미를 지니는데, 중심에는 대개 최고의 종교적 가치를 지닌 하나의 형상을 담고 있다. 그것은 흔히 샤크티Shakti를 포옹하고 있는 시바Shiva 자신이거나 붓다, 아미타불, 관세음보살, 혹은 위대한 대승 불교의 스승 중 한 명이거나 혹은 단순히 창조적이고 파괴적인 본성을 지닌 모든 신적 능력의 집결체를 상징하는 금강저金剛杵, Dorje[번뇌를 타파하는 것]다(그림 43 참조). 도교적 혼합주의에서 유래한 『태을금화종지』 원전은 여전히 그러한 중심이 지니고 있는 특수한 '연금술적' 특성을 전해주고 있는데, 그것은 '돌'의 자질과 '생명의 영약', 즉 파르마콘 아타나시아스φάρμακον ἀθανασίας(불사不死의 영약)[58]의 의미를 담고 있다.

이와 같은 수준 높은 평가를 안다는 것은 예삿일이 아니다. 왜냐하면 그러한 평가는 이른바 똑같이 '형이상학적'[59] 자질을 지닌 개별적인 만다라 상징의 핵심적 의미와 잘 들어맞기 때문이다. 그런데 모든 것을 잘못 본 것이 아니라면, 그러한 상징은 '자아'와는 동일시할 수 없는 하나의 정신적인 인격의 중심을 의미한다. 나는 비교적 많은 경험 자료를 놓고 20년에 걸쳐 그러한 과정과 형상을 관찰해왔다. 관찰을 선결先決하지 않기 위해 14년 동안 나는 거기에 대해서 글을 쓰지도, 발표하지도 않았다. 그러나 1929년에 리하르트 빌헬름이 『태을금화종지』 원전을 내 앞에 내놓았을 때 나는 관찰 결과를 암시적으로나마 발표하기로 결심하였다. 그런데 그러한 일은 아무리 신중을 기해도 충분치 않다. 왜냐하면 한편으로는 모방의 충동으로, 다른 한편으로는 다른 사람의 업적을 제 것으로 하여 스스로를 이색적으로 꾸미려는 그야말로 병적인 탐욕 때문에 너무 많은 사람들이 그러한 '마술적' 모티프를 취해 마치 외용 연고처럼 사용하기 때문이다.

사람들은 자신의 심혼으로부터 벗어나기 위해서는 어떤 일이든지, 그야말로 사리에 어긋나는 일까지도 행한다. 온갖 형태의 인도 요가를 행하고 엄격한 섭생법을 지키며 신지학神智學에 몰두하고 또한 모든 세계적 문헌에 나오는 신비한 원전을 따라 읊는 등, 온갖 일을 하는 것이다. 왜냐하면 사람들은 자기 자신과 조화롭게 잘 지내지 못하며, 자

그림 43. 라마교의 바즈라만다라Vajramandala.
〔금강장金剛場: 금강과 같은 견고한 깨달음의 터〕

Ⅲ. 만다라의 상징성 —131

그림 44. 멕시코 달력.

신의 심혼에서 어떤 유익한 것이 나올 수 있으리라는 최소한의 믿음도 지니고 있지 않기 때문이다. 그렇기 때문에 점차로 심혼은, 어떤 좋은 것도 나올 수 없는 나자렛처럼 되고 만다(「요한복음」, 1장 46절. 그(나다나엘)는 "이 나자렛에서 무슨 신통한 것이 나올 수 있겠소?" 하고 말하였다). 그래서 그들은 그것을 사방에서 가져온다. 멀리서 온 것일수록, 색다른 것일수록 더 낫다는 것이다. 나는 그 사람들이 자신이 좋아하는 일에 몰두하는 것을 방해하고 싶은 생각은 결코 없다. 그러나 중요한 인물로 여

그림 45. 영혼의 인도자 헤르메스.
로마의 보석 반지.

겨지길 원하는 누군가가 역시 생각이 모자란 나머지, 내가 나의 환자들을 '올바른 지점'으로 인도하기 위해 요가 방식과 요가 이론을 사용하며 가능한 한 만다라를 그리게 한다고 말할 때는 반박하지 않을 수가 없다. 그런 사람들이 정말로 용서할 수 없을 정도로 경솔하게 나의 글을 읽는 것을 비난할 수밖에 없는 것이다.

  모든 악한 생각은 심장에서 나오며 인간의 심혼은 모든 악이 담긴 그릇이라는 가르침이 사람들에게 깊게 뿌리박혀 있다. 정말 그렇다면 신은 그야말로 서글픈 창조 작업을 한 것이리라. 그리고 우리가 정말 그노시스 학자 마르키온Markion(2세기를 풍미한 마르키온주의의 시조. 엄격한 금욕주의를 실천하면서 세상을 초월한 신의 영역에서 이루어지는 궁극적인 구원을 갈망했다) 쪽으로 몸을 돌리며 무능한 데미우르고스Demiurg(플라톤이 세계의 창조자로 생각한 신)와 결별을 선언할 절호의 기회일 것이다. 제 스스로 숟가락을 입에 갖다댈 능력이 한 명도 없는 백치들의 탁아소를 오직 신에게 떠맡기는 일은 물론 윤리상 무척 편안한 일이다. 그렇지만 인간은 자기 스스로를 돌볼 만한 가치가 있는 존재다. 또한 인간은 무엇인가가 될 수 있는 것을 자신의 심혼 속에 지니고 있다.[60] 그러므로 심혼의 내부에서 무슨 일이 일어나는가를 조용히 끈기 있게 관찰할 가치가 있는 것이다. 그렇게 할 때 외부나 위에서 어떠한 규제를 하지 않을 경우 가장 많은 일이, 최상의 일이 생겨날 것이다. 기꺼이 고백하건대, 나는 인간의 심혼 내부에서 일어나는 일을 무척이나 존중하기 때문에 어설픈 간섭으로 자연의 고요한 지배를 방해하고 왜곡시킬까봐 두렵다. 그래서 그런 경우에는 나의 관찰을 포기하고 내 지식의 부담을 짊어지지 않은 초학자初學者에게 이 과제를 위임하기조차 하였다. 이 모든 것은 그야말로 방해가 되지 않기 위함이었다. 내가 내놓는 결과는, 누구도 어떤 것도 그에게 암시하지 않았고 그 역시 아무런 암시도 받지 않았을, 확고한 지성을 지닌 한 인간의 순수하고 양심적이며 정확한 자기 관찰이다. 그러므로 심리적 재료에 대해 진정으로 정통한 자라면 어렵지 않게 이 결과의 순수성과 직접성을 깨닫게 될 것이다.

B. 꿈에 나타난 만다라

완벽을 기하기 위해 나는 이미 말한 '최초의 꿈'에 나타난 만다라의 상징성을 다시 한 번 언급하고자 한다.

1. **시각적 인상 5**: 꿈꾼 사람의 주위에서 원을 그리고 있는 뱀.
2. **꿈 17**: 푸른 꽃.
3. **꿈 18**: 손에 금화를 들고 있는 남자. 버라이어티 쇼를 위해 분리된 장소.
4. **시각적 인상 19**: 붉은 공.
5. **꿈 20**: 지구의.

[바로 다음에 나타나는 만다라 상징은 새로이 연속되는 꿈 중에서 맨 처음에 나타난다.]

6. 꿈:

한 미지의 여자가 그를 뒤따른다. 그는 계속 원을 그리며 주변을 달린다.

만다라 꿈 1에 나타났던 뱀은 흔히 그렇듯이 앞으로의 일을 예견한다. 즉, 무의식의 한 측면을 인격화하고 있는 하나의 형상이 주체 자신이 나중에 체험하게 되는 행동이나 고통을 미리 겪는 것이다.

뱀은 나중에 주체 자신이 휩쓸리게 될 하나의 원圓운동을 암시한다. 다시 말해 원운동으로 여겨지는 무슨 일인가가 무의식 속에서 벌어지는데, 그 사건은 이제 의식 속으로 밀려들어가 주체 자신이 거기에 붙잡히게 되는 것이다. 미지의 여자 혹은 아니마는 꿈꾼 사람을 계속 압박하여 원운동에 빠져들도록 하는 무의식이다. 그러한 일을 통해 곧바

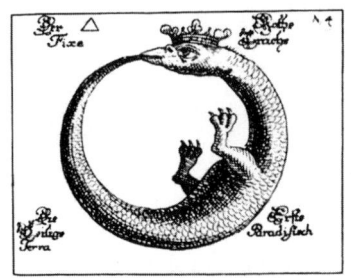

그림 46. 관을 쓰고 꼬리를 먹는 용.

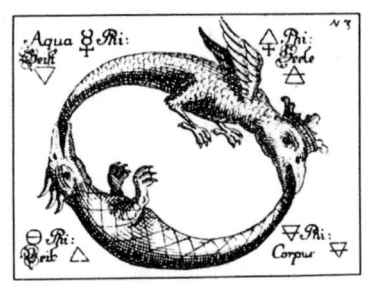

그림 47. 두 마리의 용으로 이루어진 원. 사방의 네 모서리는 네 요소의 표징.

(1760)

로 하나의 잠재적 중심점이 주어지는데 그것은 자아와 동일하지 않다. 자아는 그 중심점 주위를 돈다.

7. 꿈:

아니마는 자신에게 너무 무심하다고 그를 비난한다. 몇 시 5분 전을 나타내는 시계가 하나 있다.

상황은 비슷하다. 즉, 무의식은 까다로운 여자와도 같이 그를 압박한다. 그러한 상황에서 시계가 생겨나는데 바늘은 원을 그리며 돌아간다. 몇 시 5분 전은 시간에 맞춰 살고 있는 모든 인간에게 모종의 긴장 상태를 의미한다. 5분이 지나면 그는 무엇인가를 해야만 한다. 아마 마음이 몹시 다급할 것이다(원형 운동의 상징은 아래에서 분명히 드러나듯이 항상 어떠한 긴장감과 결부되어 있다. 그림 13 참조).

8. 꿈:

한 척의 배. 그는 위치 측정에 관한 새로운 방법을 연구하고 있다. 그는 때로는 너무 멀리 있고 때로는 너무 가까이에 있다. 즉, 올바른 지점은 한가운데에 있는 것이다. 중심점이 있는 원이 그려진 카드 한 장이 있다.

여기서 주어진 과제는 분명 중심점 즉, 올바른 지점을 알아내는 것이다. 그것은 한 원의 중심점이다. 꿈을 기록하면서 꿈꾼 사람은 바로 전에 표적 사격(그림 48 참조)에 관한 꿈을 꾼 사실이 생각났다. 그는 때

그림 48. '부패putrefactio.' 이 과정 없이는 '작업'의 '목표'에 도달할 수 없다
(따라서 표적 사격이 행해짐).(1624)

로는 너무 높게, 때로는 너무 낮게 사격을 하였다. 올바른 목표는 한가운데에 있었다. 그에게는 두 꿈이 모두 매우 의미 있는 것으로 여겨졌다. 표적판은 중심점을 지닌 하나의 원이다. 바다에서의 위치는 지구 주위를 도는 듯이 보이는 성좌에 의해 결정된다. 꿈은 따라서 하나의 객관적 중심을 구성하거나 결정하는 것을 목표로 하는 어떤 활동을 묘사한다. 그것은 주체 바깥에 위치하는 중심점이다.

9. 꿈:

추가 내려가지 않으면서 영원히 작동되는 추시계.

III. 만다라의 상징성 — 137

이러한 종류의 시계는 바늘이 끊임없이 움직이는 시계다. 분명 마찰로 인한 손상이 생기지 않기 때문에 그것은 일종의 끝없는 작동, 하나의 영원한 원운동이다. 여기서 우리는 이제 '형이상학적' 속성과 마주치게 된다. 이미 말한 바와 같이 나는 이 단어를 심리학적 견지에서, 즉 본래의 의미와는 다르게 사용한다. 즉, 영원성이란 무의식에 의해 표현된 하나의 자질이며 어떠한 실체가 아니라는 말이다. 꿈꾼 사람의 학문적 판단력으로 보기에 꿈의 진술은 당연히 불쾌감을 유발하지만 바로 그것이 만다라로 하여금 특별한 의미를 지니게 한다. 특히 의미 깊은 것들이 배척받는 경우가 자주 있다. 이성과 모순되는 듯이 보여 그로 인해 이성이 혹독한 시련에 봉착하게 되리라는 이유 때문이다. 기계적 마찰의 손실이 없는 운동은 시계에 우주적인, 거의 초월적인 특징을 부여한다. 어쨌든 그로써 만다라 속에서 표현되는 정신 현상의 시공時空성을 의문시할 하나의 특질이 문제가 된다. 그와 함께 극복하기 힘든, 경험적 자아와의 차이가 두드러진다. 다시 말하자면, 그러한 다른 인격 중심이 자아와는 또 다른 어떠한 차원에도 존재하는 것이다. 왜냐하면 그 중심은 자아와는 달리 '영원성' 내지는 상대적 무無시간성이란 특성을 지니고 있기 때문이다.

10. 꿈:

취리히의 페터호프슈타트(스위스 취리히시의 베드로 성당 구역)에 꿈꾼 사람과 의사, 뾰족한 턱수염, 그리고 인형 여자가 있다. 이 인형은 말을 하지 않고 또한 누군가가 말을 걸지도 않는 미지의 여자다. 그 여자가 셋 중 누구에게 속하는가 하는 의혹.

취리히에 있는 베드로 성당의 탑에는 눈에 띄는 커다란 시계 글자판이 있다. 베드로 성당 구역은 분리된 장소, 즉 가장 고유한 의미의 테메노스(성역)이고 교회에 속하는 공간이다. 그 공간에 네 명이 있다. 시계의 원은 지평축과도 같이 사등분되어 있다. 꿈꾼 사람은 그의 자아를 대변한다. 뾰족한 턱수염의 남자는 '고용된' 지성(메피스토)을, '인형'은 아니마를 대표한다. 인형은 아이가 갖고 노는 대상이다. 그러므로 그것은 아니마의 비非자아적 성질Non-Ego-Natur의 훌륭한 표현이다. 아니마는 또한 사람들이 '그녀에게 말을 걸지 않는' 대상이라는 특징을 띠게 된다. 이러한 부정적 요소는 (이전의 꿈 6과 7에서처럼) 의식과 무의식 간의 관계 부족을 암시한다. '미지의 여자'가 누구에게 속하는가 하는 의문 또한 이를 암시한다. 비록 꿈꾼 사람이 당시에는 나와 어떤 관계도 맺고 있지 않았지만,[61] 아마도 은근히 나 자신을 가리킬 '의

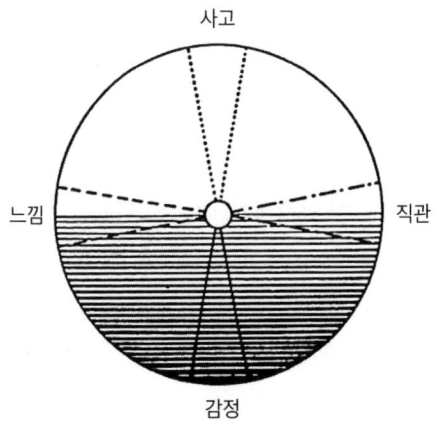

그림 49. 네 가지 의식 기능을 도표로 나타낸 것.
이 그림에서는 사고를 주기능으로 가정했으므로 그것이 밝은 부분의 한가운데에 있으며, 반면 감정은 어두운 반원의 열등한 기능으로 간주되어 있다.
한편 두 가지 보조 기능은 일부는 밝고 일부는 어둡다.

사' 역시 비非자아Nicht-Ich에 속한다. 반면 뾰족한 턱수염의 남자는 자아에 속한다. 이 같은 상황은 기능 도식(그림 49 참조)에 나타난 관계를 직접적으로 환기시킨다. 원 위에 배열된 의식의 기능[62]을 생각해볼 때, 가장 분화된 기능은 대개 자아가 지니고 있는 기능이다. 보조 기능 역시 통상적으로 거기에 속해 있다. 반대로 '저능한', 혹은 열등한 기능은 무의식적이며 따라서 비자아에 투사되어 있다. 그것 역시 하나의 보조 기능을 지니고 있다. 그러므로 네 인물이 정신의 네 기능을 표현하고, 그것도 전체 인격의 구성 요소(즉, 무의식을 포함한)인 네 기능을 표현한다고 보아도 될 것이다. 전체성이란 자아와 비자아를 합한 것이다. 따라서 전체성의 표현인 원의 중심점은 자아에 합치하는 것이 아니라 전체 인격의 총체 개념인 자기에 합치할 것이다(원이 있는 중심은 신의 존재를 뜻하는 너무도 잘 알려진 비유이기도 하다). 우파니샤드 철학에서 자기는 무엇보다도 개인적인 아트만인데, 그것은 동시에 초개인적인 아트만으로서 우주적이고 형이상학적인 특질을 지닌다.[63]

그노시스 설에서도 우리는 유사한 표상들을 만날 수 있다. 여기서 브루키아누스Brucianus 고사본古寫本의 한 논문에 나타난 안트로포스Anthropos, 플레로마Pleroma, 모나드Monade, 그리고 섬광spinther의 이념을 언급하고자 한다. "그 '모노게네스Monogenēs'는 모나드 속에 살고 있는 바로 그것으로서 세테우스Sētheus의 내부에도 있으며 아무도 그곳이 어디에 있는지 말할 수 없는 곳에서 온 것이다. 모나드는 마치 온갖 물건을 실은 배처럼, 또 모든 종류의 나무들을 가득 채웠거나 심은 들판처럼, 또 온갖 인종으로 가득 찬 도시처럼 그곳에서 나왔다. … 이것이 모나드의 성질이다. 왜냐하면 그 모든 것이 그 안에 담겨 있기 때문이다. 즉 그것의 머리에 씌워진 관인 열두 모나드가 있는 것이다. … 그리고 그것을 보호하기 위해 에워싸고 있는 베일은 열두 개의 문을 갖고 있

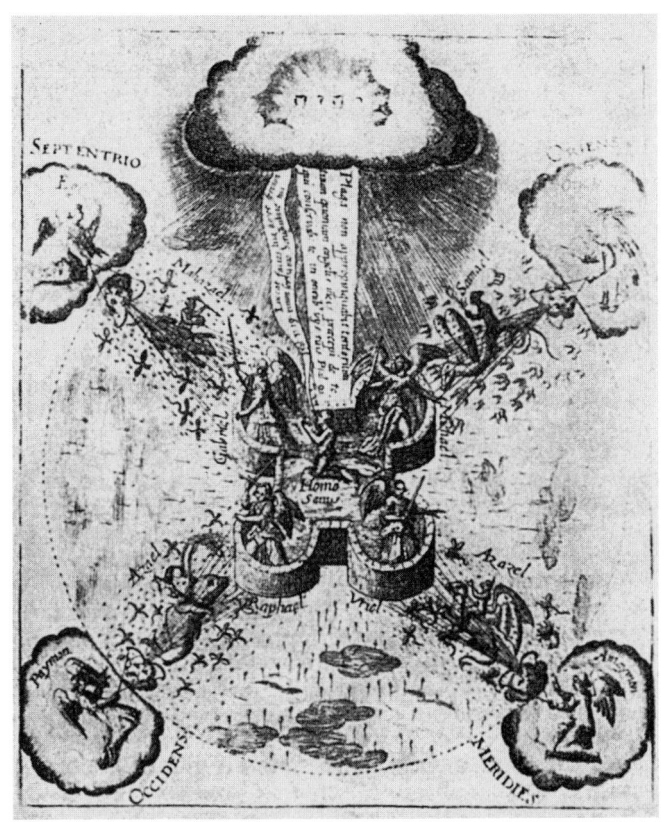

그림 50. 병귀病鬼를 막아주는 성.(1629)

다. … 독생자의 어머니-도시도 그와 똑같다."[64]

해설을 위해, 세테우스란 창조자를 지칭하는 신의 이름이라는 것을 덧붙여야겠다. 모노게네스는 신의 아들이다. 모나스Monas(모나드Monade의 라틴어 원명)를 들판이나 도시와 비교하는 것은 테메노스의 관념에 들어맞는다(그림 50 참조).

모나스(모나드와 같음)에도 역시 관이 씌워져 있다(이에 대해서는 꿈 1

III. 만다라의 상징성 —— 141

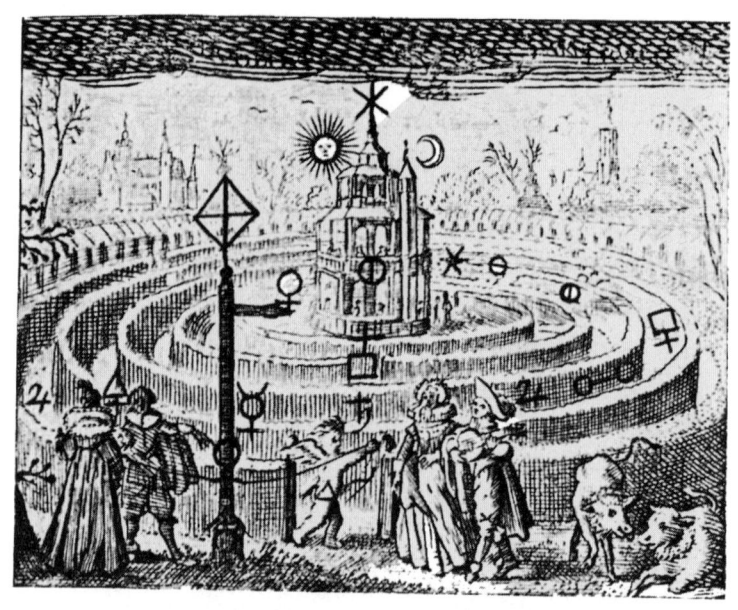

그림 51. 행성들의 원에 에워싸인, 돌Lapis의 성소聖所, Sanctuarium. 그것은 동시에 미로를 묘사한다.(1672)

과 꿈 35 참조). 모나스는 중심 도시로서 여성적이다. 그것은 라마교 만다라의 기본 형태인 파드마Padma(연꽃)와 흡사하다(중국에서는 금화, 서양에서는 장미와 황금 꽃). 그 안에는 신의 아들, 즉 생성 중인 신이 살고 있다.[65] 우리는 묵시록에서 천상의 예루살렘 한가운데에 있는 양을 본다. 우리의 원전에서도 세테우스가 네 개의 문이 있는 도시 플레로마의 가장 신성한 곳에 거주한다는 사실을 말하고 있다(비슷한 것이 인도, 즉 세계의 산 메루Meru에 있는 브라만의 도시에도 있다). 문마다 각각 하나의 모나드가 있다.[66] 아우토게네스Autogenes(= 모노게네스)로부터 생겨난 안트로포스Anthropos의 사지四肢는 도시의 네 개의 문과 일치한다. 모나드는 섬광이고 아버지 상이며 모노게네스와 동일하다. 이러

그림 52. 연꽃 위에 앉아 있는 하르포크라테스Harpokrates.
그노시스 교도의 조각 보석.

한 외침이 있다. "너는 집이며 집의 거주자다."[67] 모노게네스는 테트라페차Tetrapeza〔네 기둥 책상, 네 기둥 연단〕[68] 즉, 네 복음자들의 사위四位, Quaternität와 일치하는 네 기둥이 있는 탁자, 혹은 연단 위에 서 있다.[69]

라피스lapis(돌)의 관념은 이러한 표상들과 적지 않은 관계를 지닌다. 헤르메스의 저서에서 돌은 다음과 같이 말하고 있다. "이 세상에서 나 자신이 내 아들과 합일되는 것보다 더 좋은 일, 더 존귀한 일은 일어날 수 없다."[70] 모노게네스는 '어두운 빛'이라고도 일컬어진다.[71] 『장미원』에서 헤르메스는 이렇게 말한다. "나 '돌'은 빛을 만들어낸다. 그러나 암흑 또한 나의 본성에 속한다."[72] 마찬가지로 연금술에서도 '솔 니게르sol niger', 즉 검은 태양[73]을 말하고 있다(그림 34 참조).

어머니 도시의 품 속에 거주하며 관을 쓰고 베일에 에워싸여 있는 모나스와 동일한 모노게네스의 흥미로운 유례類例는 「금에 관한 논고 Tractatus aureus」 IV장에 나온다 "그러나 왕은 통치를 하고 그의 형제들은 그것을 확증한다. (그리고) 말한다. "나는 왕좌에 올라 왕관 장식띠를 두르고 있다. 나는 너희 나라를 차지하여 사람들의 가슴에 기쁨을

그림 53. 교회의 승용동물인 테트라모르프Tetramorph(사중 형태).
십자가 처형.(1180년경)

가져다줄 것이다. 내 어머니의 팔과 가슴과 그 몸체에 나의 몸체를 결합시키며 나는 휴식하고 있다. 나는 보이는 것으로부터 보이지 않는 것을 합성해낸다. 그러고 나면 감추어졌던 것이 드러나고 철학자들이 감추어온 모든 것이 우리에게서 생겨난다. 이 말을 이해하고 지키고 명상하라. 오오, 이 말을 듣는 자들이여, 더 이상 어떤 다른 것을 연구하지 말라. 인간은 애당초 살로 된 내장을 지닌 자연을 통해 탄생하는 것이다. 그 어떤 다른 실체로부터가 아니다."

'왕'은 돌과 관련된다.『장미원』[74]의 다음 인용문에서 강조되는 바와 같이 돌은 '주인'이다. "그러므로 철학자는 돌을 다루는 자가 아니라 오히려 그것에 종사하는 자다." 관을 쓴 헤름아프로디트Hermaphrodit (양성자)의 모습으로 나타나는 돌의 최종적 형상 역시 '왕의 수수께끼 Aenigma Regis'로 지칭된다.[75] 수수께끼와 연관된 다음과 같은 독일 시가 있다.[76]

> 여기 모두가 존경하는 제왕이 태어났네
> 그보다 더 고귀하게 태어난 자는 없으리.
> 예술에 의해서도 자연에 의해서도
> 그 어떤 생명체로부터도 아니다.
> 철학자들은 그를 자신들의 아들이라 부르지만
> 그는 그들이 하는 모든 것을 할 수 있네.(그림 54 참조)

마지막 두 행은 위의 헤르메스 인용문과 직접적으로 연관될 수 있을 것이다.

연금술사들에게 다음과 같은 사고가 어렴풋이 나타나게 된 것 같다. 즉, 고대 그리스의 (또한 기독교적인) 생각에서 볼 때 아버지 안에 영원

그림 54. 세 마리의 뱀과 한 마리의 뱀을 가진 헤름아프로디트(양성자), 아래는 삼두 메르쿠어의 용.(1593)
〔그림 아래에 있는 글은 다음과 같다.〕
왕의 수수께끼.
여기 모두가 존경하는 제왕이 태어났네 /
그보다 더 고귀하게 태어난 자는 없으리.

히 거주하고 신의 선물로서 인류에게 현현하는 아들은, 물론 '신의 허락'을 받아야 하지만 자신의 고유한 본성에서 스스로 생성될 수 있다는 것이다. 이러한 사고는 이교적인 면을 분명히 나타낸다.

열등한 기능의 여성적 성질은 무의식에 오염되는 데서 기인한다. 무의식은 여성적 징후를 지니기 때문에 그것은 아니마를 통해 인격화된다(즉, 남성의 경우에. 여성의 경우와는 반대다).[77]

이제 이 꿈과 이전의 꿈들이 정말로 꿈꾼 사람에게 중요한 느낌을 주는 무엇인가를 의미한다고 여긴다면, 더 나아가서 그러한 의미가 해석에 참조된 관점과 어느 정도 상응한다고 여긴다면, 우리는 여기서 최고도의 내향적 직관에 도달했다고 할 수 있다. 그 대담성은 이제 더 바랄 것이 없을 정도다. 어쨌든 준비되지 않은 의식에서 영원한 추시계는 이미 소화하기 힘든 문제가 되어 지나친 사고의 비약을 쉽사리 마비시켜버릴 수 있을 것이다.

11. 꿈:

> 꿈꾼 사람, 의사, 한 명의 조종사, 그리고 미지의 여자가 비행기를 타고 날고 있다. 갑자기 크로켓 공 하나가 날아와 없어서는 안 될 항법 계기인 거울을 박살내 비행기는 추락한다. 여기에서도 또다시, 여자가 누구에게 속하는가 하는 의혹이 생긴다.

의사, 조종사, 미지의 여자는 비자아에 속하는 특징을 지닌다. 그들 세 사람 모두 낯설다. 그러므로 꿈꾼 사람은 아직 자아를 운반하는 분화된 기능만 갖고 있을 뿐이다. 다시 말하자면 무의식이 그 세력을 상당히 넓힌 것이다. 크로켓 공은 아치 문 아래로 공을 넣도록 되어 있는 경기의 부속물이다. [II장] 꿈 8에서, 사람들은 무지개 위로 날아가서는 안 되고 아래로 통과해야 한다고 한다. 위로 지나가는 사람은 아래로 추락한다. 그런데 비행이 너무 높게 이루어진 것 같다. 크로켓 경기는 공중에서가 아니라 지상에서 행해진다. 뛰어난 직관을 지니고 있는 사람이 흔히 그렇듯이, '정신적' 직관에 의해 '땅' 위로, 즉 가혹한 현실을 뛰어넘어 그것으로부터 달아나서는 안 된다. 우리는 결코 예감의 절정에 이르지 못했으며 따라서 결코 우리 자신을 그러한 예감과 동일시해서는 안 된다. 오직 신들만 무지개다리 위로 지나갈 수 있다. 유한한 존재는 지상을 배회하며 지상의 법칙에 예속된다(그림 16 참조). 인간의 현세성現世性이란 그의 예감 능력으로 볼 때 분명 한탄스러울 정도로 불완전하다. 그러나 바로 그러한 불완전성이 그의 타고난 본질, 즉 그의 현실에 속하는 것이다. 인간을 이루고 있는 것은 바로 그가 지닌 최상의 예감, 최고의 이념과 노력일 뿐 아니라, 유전이나 지울 수 없는 일련의 기억과 같은 혐오스러운 여건이기도 하다. 그러한 기억은 그에게 이렇게 외친다. "그것은 네가 행한 일이다. 그러므로 그것이 네 모습이다!" 인간은 옛날에 파충류 꼬리를 떼어버리긴 했지만 그 대신 심혼에는 그를 지상에 매어놓는 사슬이 달려 있다. 그것은 어떠한 영웅도, 성자도 되지 못할 위험을 무릅쓰고 차라리 거기에 결박된 채로 있는 게 나을 정도로 힘겨운 '조건'으로 이루어진 호메로스의 사슬[78]과 같은 것이다(역사로 보아 우리는 그러한 집단 규범에 절대적 비중을 두지 않아도 될 것이다). 그런데 지상에 얽매여 있다는 것이 성장할 수 없다는 것을 뜻하는 것은 아니다. 그와 반대로 그것은 오히려 성장의 필요 불가결한 조건이다. 높이 자란 고귀한 나무는 결코 자기의 어두운 뿌리를 포기한 적이 없다. 심지어 그것은 위쪽으로 자랄 뿐 아니라 아래쪽으로도 자란다. 무엇보다도 중요한 것은 물론 어디로 가는가 하는 것이지만 마찬가지로 중요한 문제는 누가 어디로 가는가 하는 것이라고 나는 생각한다. 그런데 이러한 '누가'는 항상 '어디에서부터'로 이어진다. 지속적으로 높이를 유지하려면 얼마간의 크기가 필요하다. 자신을 들어올리는 사람은 많다. 그러나 올바른 중심을 만나는 일(III장의 꿈 8 참조)이 어려운 것이다. 그러기 위해 절대적으로 필요한 것은 인격의 두 측면을, 또한 그것의 목표와 유래를 의식하는 일이다. 이 양 측면은 결코 오만이나 비굴함 속에서 분리되어서는 안 된다.

'필수적 항법 계기'인 '거울'은, 사고의 능력을 지닌 지성과 관련이 있을 것이다. 지성은 우리가 자신이 통찰('비추어 보기')한 것들과 동일시하도록 끊임없이 설득한다. '거울'은 쇼펜하우어가 지성에 대해 즐겨 쓰던 은유다. '항법 계기'라는 용어는 그것에 대한 뛰어난 표현이다. 왜냐하면 그것은 길이 없는 바다에서 없어서는 안 될 안내자이기 때문이다. 그런데 그것이 토대를 상실하고 사색하기 시작해 끝을 모르고 날아오르는 직관의 유혹을 받을 경우, 상황은 위험하게 될 것이다(그림 55 참조).

꿈꾼 사람은 여기에서 또다시 꿈속의 세 인물과 함께 사위를 형성한다. 미지의 여자, 즉 아니마는 항상 '열등한', 즉 미분화된 기능을 나타내며, 그것은 꿈꾼 사람의 경우 감정이 된다. 크로켓 공은 '둥근 것'의 모티프에 속하며 따라서 전체성의 상징, 다시 말해 여기서 지성(거울)에 적대적인 것으로 드러나는 자기의 상징이다. 꿈꾼 사람은 분명 지성으로 과도하게 '조종하기' 때문에 개성화 과정을 저해한다. 파라켈수스의 논문 「장생에 관하여」에는 넷이 '스카이올레Scaiolae'〔파라켈수스가 '아니마의 역할'(멜뤼진)에 대해서 '의식의 여러 기능들'을 지칭하는 데 사용한 말〕로, 한편 자기는 '아데히Adech'(아담에서 나온 원초적 인간Urmensch)로 지칭되어 있다. 파라켈수스가 강조하듯이, 아데히를 적대자로 여길

그림 55. 마술 거울 앞에 있는 파우스트.
렘브란트의 동판화.(1652년경)

정도로 그 둘은 '작업'에 어려움을 가져다준다.[79]

12. 꿈:

꿈꾼 사람은 아버지, 어머니 그리고 누이와 함께 전차 승강장에서 매우 위험한 상황에 처해 있다.

여기에서도 꿈꾼 사람은 꿈속 인물들과 함께 넷이라는 수를 형성하고 있다. 그는 인간이 아직 전반적으로 전체성을 지니지 못하는 시기인 어린 시절로 추락해간다. 그의 가족은 전체성을 표현하는데, 전체성의 구성 요소는 여전히 가족 구성원들에게 투사되며 그들을 통해 인격화되어 있다. 그러나 그러한 상태는 퇴행적인 것이기 때문에 성인들에게는 위험하다. 왜냐하면 그것은 원시적 인간이 위협적인 '심혼의 상실'로 느낀 인격의 분열을 의미하기 때문이다. 분열 시에는 힘겹게 통합된 인격의 부분들이 다시금 외부 세계로 끌어내어진다. 사람들은 자신의 죄를 벗게 되며 그 대신 유아적 순진무구함을 지니게 된다. 후자에 대해서는 다시금 나쁜 아버지에게, 전자에 대해서는 애정 없는 어머니에게 책임을 지울 수 있다. 그는 마치 거미줄에 걸린 파리와도 같이 이러한 부인할 수 없는 인과적 결합 속에 매달린 채, 자신이 도덕적 자유를 상실했다는 것을 깨닫지 못하고 있다.[80] 부모와 조상들이 아이에게 어떤 죄를 지었든 성인이 된 인간은 그것을 자신이 감당해야만 하는, 주어진 조건으로 받아들인다. 어리석은 자만이 그 자체로는 아무것도 변화될 수 없는 다른 사람의 죄에 관심을 갖는다. 지혜로운 자는 오로지 자기 자신의 죄에서 무엇인가를 배운다. 그는 스스로에게 이렇게 질문할 것이다. 이 모든 일을 겪는 나는 누구인가? 그는 이러한 숙

그림 56. 『스페라 고사본 Codex de Sphaera』에 나오는 젊음의 샘. (15세기)

명적 질문에 대한 답을 찾기 위하여 자신의 마음의 심연을 들여다보게 될 것이다.

이전의 꿈에서는 통행 수단이 비행기인 반면 여기에서는 전차다. 꿈에 나타나는 통행 수단의 종류는 움직임의 방식, 또는 그가 시간 속에서 앞으로 나아가는 방법을 보여준다. 다른 말로 하자면, 그의 정신적 삶은 개별적인가, 집단적인가, 혹은 독자적으로 살아가는가, 아니면 남의 것을 차용해 다른 사람의 방식으로 살아가는가, 혹은 자발적으로 살아가는가, 아니면 기계적으로 살아가는가 하는 것을 보여주는 것이다.

비행기 안에서 그는 자기가 모르는 조종사의 인도를 받는다. 다시 말해 그는 무의식에서 나온 직관에 의해 움직이는 것이다(여기서의 실수는 너무 많은 것이 '거울'에 의해 조종된다는 것이다). 여기서 그는 일종의 집단적 통행 수단 안에, 즉 모든 사람이 함께 탈 수 있는 전차 안에 있다. 다시 말하자면 그는 다른 모든 사람들과 같이 움직이고 행동하는 것이다. 어쨌든 그는 여기에서도 넷을 이루고 있는데, 그것은 전체성을 향한 자신의 무의식적 노력을 위해 그가 두 가지 통행 수단 안에 있다는 뜻이다.

13. 꿈:

바다 속에 하나의 보물이 있다. 사람들은 비좁은 틈을 통해 잠수해야 한다. 그것은 위험한 일이다. 그러나 아래쪽에서 한 명의 반려자를 찾아내게 될 것이다. 꿈꾼 사람은 과감하게 어둠 속으로 뛰어내려가 한가운데에 분수가 있는, 균형 있게 조형된 아름다운 정원을 발견한다(그림 56 참조).

그림 57. 기적의 샘물이 있는 황제의 욕실.
태양과 달의 영향을 받고 있다.
안젤리카 서고.(14세기)

무의식의 바다 속에는 '얻기 힘든 귀중품'이 숨겨져 있는데, 용기 있는 자만이 그것을 획득할 수 있다. 나는 보석 역시 우리 곁에서 함께 삶을 헤쳐가는 '반려자'라고 추정한다. 그것은 자기 안에서 상대와 길동무가 되는 고독한 자아에 대한 가장 가까운 비유다. '자기'는 처음에는 낯선 비자아인 것이다. 이것은 마술적인 동반자 모티프다. 잘 알려진 세 가지 예를 들겠다. 즉, 엠마오로 가는 젊은이들, 『바가바드기타 Bhagavadgita』(크리슈나Krishna와 아르주나Arjuna), 그리고 『코란』 18장(모세와 키드르Chidher)[81]이다. 또한 나는 바다 속의 보물과 반려자, 또 분수가 있는 정원은 모두 하나이며 같은 것, 즉 자기라고 추정한다. 말하자면 정원은 다시금 테메노스이며 분수는 「요한복음」 7장 38절을 통해 우리가 알고 있는 '생명수'의 원천이다. 『코란』에서 모세도 그 생명수를 찾고 발견했으며, 그 외에 또한 '우리의 은총과 지혜로 무장시켰던 우리의 하인'(『코란』, 18장) 중 한 사람인 키드르[82]도 마찬가지였다. 전설이 말해주듯 키드르의 주변을 둥글게 에워싼 황무지 땅에도 봄의 꽃이 한창이었다. 초기 기독교 건축술의 영향으로 이슬람에서는 샘이 있는 테메노스(성역)의 상이 사원의 뜰로, 중앙에 있는 예배 의식에 쓰이는 세탁장으로 발전하였다(예컨대 카이로에 있는 아마드 이븐 툴룬Achmed Ibn Tulûn). 정원에 분수가 있는 서양의 수도원 회랑에서도 비슷한 것을 본다. 이 정원은 또한 연금술 논문들을 통해 알려지고 후에 아름다운 동판화로도 자주 그려진 '현자의 장미원'이다.

'집안의 거주자'([138쪽 이하의] 꿈 10에 대한 설명 참조)는 '반려자'다. 여기서 샘과 정원으로 묘사되어 있는 중앙과 원은 그 어떤 것보다도 생명력 있는 존재이기도 한 돌의 비유다(그림 25와 26 참조). 헤르메스는 (『장미원』에서) 돌로 하여금 이렇게 말하게 하고 있다. "나를 보호하라, 그러면 내가 너를 보호할 것이다. 내가 너를 도울 수 있도록 내게

그림 58. '불타는' 성흔을 지닌, 불의 원천인 그리스도.
이전의 수도원 쾨니히스펠덴 성당 제단 주위의 유리창, 스위스.(14세기)

적합한 것을 달라."[83] 그러므로 돌은 여기서 자신을 돕는 누군가를 도와주는 선한 친구이며 조력자와도 같다. 이로써 어떠한 보상 관계가 암시된다(여기서 꿈 10에 대한 설명에서 말한 것, 특히 모노게네스-돌-자기의 비유를 상기시킨다).

지상으로의 추락은 따라서 바다 깊은 곳으로, 바로 무의식의 심연으로 이어진다. 그로써 꿈꾼 사람은 유아성으로의 퇴행 속에서 일어나는 인격의 분리에 대해 테메노스의 보호를 받기에 이른다. 그러므로 마법의 원이 무의식이 지닌 다양성의 유혹을 막아주어야 했던 [II장의] 꿈 4와 5 상황과 좀 비슷하다(네키아Nekyia(『오딧세이』 6장, 「죽음의 서書」)의 시작 부분에서는 이와 아주 흡사하게 유혹의 위험이 폴리필레에게 다가온다).

생명샘은 키드르와 같이 좋은 반려자이지만 위험이 없지 않다. 『코란』에 따르면 늙은 모세는 그로 인해 얼마간 고통스러운 시험을 겪게 된다. 그러한 생명샘은 끊임없이 새로워지는 생명력의 상징(그림 57, 또한 25, 26, 27, 그리고 84 참조)이며 결코 멈추지 않는 시계의 상징이다. 외경外經에 나오는 주님의 말씀 중 다음과 같은 것이 있다. "내 가까이에 있는 자는 불에 가깝다."[84] 이 비교秘敎적 그리스도가 불의 원천(그림 58 참조)이며 아마도 헤라클레이토스의 퓌르 아에이 조온 $\pi\tilde{\nu}\rho$ $\dot{\alpha}\epsilon\dot{\iota}$ $\zeta\tilde{\omega}o\nu$(언제나 살아 있는 불)과 무관하지 않듯이, 연금술 철학의 개념에 따르면 '우리의 물'은 또한 '불ignis'이다.[85] 샘은 생명의 흐름일 뿐만 아니라 그것의 온기, 아니 열기이며 불이 항상 동의어가 되는 열정의 비밀이다.[86] 모든 것을 녹이는 '우리의 물'은 돌이 만들어지는 데 없어서는 안 될 요인이다. 그런데 샘은 아래로부터 나오기 때문에 길은 땅 밑으로 통한다. 오직 **아래에서만** 생명인 불의 원천을 발견할 수 있다. 그러한 아래는 인간의 자연사自然史이며 인간이 본능 세계와 인과적으로 결합된 곳이다(그림 16 참조). 그러한 결합 없이는 돌도, 자기도 될 수 없다.

14. 꿈:

아버지와 함께 어떤 약국으로 들어간다. 거기에서는 값진 물건들을 싼 가격으로 구입할 수 있는데 무엇보다도 특별한 물이 있다. 아버지는 그에게 물이 나오는 나라에 대해 이야기한다. 이어서 그는 기차를 타고 루비콘강 위를 지나간다.

유리잔과 단지, 물, '라피스 디비누스lapis divinus'와 '인페르날리스 infernalis'('신성한' 돌과 '지옥의' 돌), 그리고 도구들이 있는 전통적 '약국'에는 '성령의 선물', 즉 '고귀한 재능'으로 금을 만든다는 환상 외에는 아무것도 바라지 않았던 연금술사들의 마지막 뚜렷한 실험실 잔재가 아직도 보존되어 있다. '특수한 물'이란 말 그대로 비범한 '우리의 물'이다.[87] 아버지는 바로 그의 생명의 자연적 근원이기 때문에 아버지가 그를 생명의 샘으로 안내해간다는 사실은 쉽게 이해할 수 있다. 아버지는 말하자면 그의 생명샘의 원천인 땅 혹은 지반을 대표한다. 그러나 비유적으로 보면 그는 삶의 의미를 전수하고 선현들의 가르침에 따라 그 비밀을 설명해주는 '가르치는 정신'이다. 그는 전통적 지혜를 중개하는 자다. 오늘날의 부성적 교육자는 이 과제를 다만 아들의 꿈속에서 아버지의 원형적 형상, 즉 '노현자'의 형태로 수행할 뿐이다.

생명수는 값싸게 구입할 수 있다. 왜냐하면 모두가 가치를 알지 못한 채 당연하게 그것을 지니고 있기 때문이다. 즉 그것은 "바보들에 의해 멸시된다". 왜냐하면 그들은 좋은 것은 모두 항상 외부의 어디엔가 있으며, 자기 자신의 심혼 내부에 있는 샘은 단지 무엇무엇에 지나지 않은 것이라고 여기기 때문이다. 그것은 값이 거의 나가지 않는 '어디에서나 헐값인' 돌과도 같다. 그렇기 때문에 또한 슈피텔러의 『프로메테우스』에 나오는 보물과도 같다. 그것은 고위 성직자와 학자, 농부에 이르기까지 모든 사람들에 의해 '길바닥으로 내쫓겨' 거리로 '내팽개쳐진다'. 아하스베르Ahasver는 거기서 그 보물을 주워 호주머니에 넣는다. 보물은 다시금 무의식 속에 가라앉는다.

그러나 꿈꾼 사람은 무엇인가를 깨닫고 단호한 결심으로 루비콘강을 건넌다. 그는 모든 흐름과 생명의 불이 과소평가될 수 없는 것이며 자신의 전체성을 실현하는 데 없어서는 안 될 것임을 이해한 것이다. 그러나 루비콘강을 일단 건너면 되돌아올 수 없다.

15. 꿈:

네 사람이 강을 따라 내려간다. 꿈꾼 사람, 아버지, 특정한 친구 한 명과 미지의 여자다.

'친구'가 그와 잘 아는 확실한 인물인 한, 아버지와 마찬가지로 꿈꾼 사람의 의식적인 자아 세계에 속한다. 이로써 아주 본질적인 어떤 일이 발생한다. 즉, [III장] 꿈 11에서 무의식은 하나에 대한 셋이었다. 이제 상황은 반대로 꿈꾼 사람이 셋이며 하나(미지의 여자)에 대응하고 있다. 따라서 무의식은 힘이 약화된 것이다. 그렇게 된 이유는 잠수를 통해 아래가 위와 연결되었기 때문이다. 다시 말해 꿈꾼 사람이 육체 없이 사고하는 존재로 살아가는 것에 그치지 않고 육체와 본능 세계, 사랑과 삶의 문제의 현실을 받아들이고 행동으로 옮길 것을 결심했기 때문이다.[88] 그가 건넌 것은 루비콘강이었다. 개성화, 즉 자기화는 바로 정신적 문제일 뿐만 아니라 삶 전반의 문제이기도 하다.

16. 꿈:

많은 사람들이 있다. 모두가 정사각형 안에서 왼쪽으로 돌고 있다. 꿈꾼 사람은 가운데 있지 않고 한쪽에 있다. 사람들은 긴팔

원숭이가 복원될 것이라고 말한다.

여기에서 처음으로 정사각형이 등장한다. 그것은 네 사람으로 인해 원으로부터 생겨났을 것이다(이것은 나중에 입증할 것이다). 원의 정사각형 만들기는 돌Lapis, '붉은 빛으로의 채색'과 '철학적 금'과도 같이 중세의 정신을 몰두시켰던 문제였다. 원의 정사각형 만들기는 '연금술 작업'(그림 59 참조)의 한 상징으로서 처음의 무질서한 단일체를 네 요소로 분해하고 그것을 다시금 더 고차원적인 단일체로 조합하는 것이다. 단일체는 원을 통해, 네 요소는 정사각형을 통해 표현된다. 넷으로 하나를 만드는 일은 '순환' 형태로 진행된 증류 내지는 승화 과정의 결과다. 다시 말해 '심혼' 혹은 '정신'이 순수한 모습으로 걸러질 수 있도록 증류수는 여러 가지 증류 과정을 거친 것이다.[89] 결과물은 일반적으로 정수精髓라고 지칭된다. 그러나 그것은 끊임없이 기대해왔지만 한 번도 달성하지 못한 '하나'의 유일한 명칭은 아니다. 그것은 연금술사들이 말하듯, '기본 재료'와 마찬가지로 '수천 가지의 이름'을 지니고 있다. 순환적 증류에 대해 하인리히 쿤라트Heinrich Khunrath (1560~1601, 기독교 신비주의자)는 그의 『고백록Confession』[90]에서, "순환적 회전이나 넷의 수의 순환적인 철학적 움직임을 통해서 … 그것은 보편적 대과거 모나드의 가장 순수한 최고의 단순성으로 되돌아간다. … 불순하고 조야한 하나로부터 최고로 순수하고 섬세한 하나가 나온다" 등을 말하고 있다. 심혼과 정신은 육체로부터 분리되어야 하는데, 그것은 죽음과도 같다. "그러므로 타르소의 바울Paulus 또한 이렇게 말한다. 세상을 떠나 그리스도와 함께 있고 싶다.[91] … 그러므로, 친애하는 철학자여, 바로 여기에서 마그네시아Magnesiae[92]의 정신과 심혼을 붙잡아야 한다." 정신(혹은 정신과 심혼)은 처음으로 그 육체와 분리되어 정

그림 59. "모든 것은 셋 안에 들어 있다.
그러나 넷 속에서 그들은 즐거워한다."(원의 사각형 만들기)(1625)

화된 후 다시금 육체 속에 주입되는 셋의 수Ternarius다.[93] 육체는 분명히 네 번째다. 그러므로 쿤라트는 아리스토텔레스의 것으로 보이는 것을 인용[94]하고 있는데, 그에 의하면 사각형 내의 삼각형에서부터 다시금 원이 생겨난다.[95] 이러한 원의 형상은 자신의 꼬리부터 먹어치우는 용 우로보로스와 함께 기본적인 연금술적 만다라를 표현한다.

동양, 특히 라마교의 만다라는 일반적으로 사각으로 된 탑의 평면도(그림 43 참조)를 내포하고 있다. 그것이 실제로 하나의 건축물을 의미한다는 사실은 구체적으로 완성된 만다라들을 보면 알 수 있다. 거기에는 정사각 형상과 함께 집이나 사원의 관념, 또는 외벽이 둘러진 내

III. 만다라의 상징성 — 161

부 공간의 관념이 제시되고 있다[96](이하 참조). 왼쪽으로의 순환은 악을 뜻하기 때문에 제식祭式에서 탑돌이는 항상 오른쪽으로 순환해야 한다. 왼쪽(불길한 쪽)은 무의식적 측면을 의미한다. 왼쪽으로 순환하는 움직임은 따라서 무의식 방향으로의 움직임과도 같은 것이다. 반면 오른쪽으로의 순환은 '올바른' 것으로서 의식을 겨냥한다. 동양에서 오랜 기간의 수행을 통해 그러한 무의식적 내용이 차츰 무의식을 표현하는 일정한 형태를 취해온 만큼, 그것은 그 자체로서 의식에 의해 받아들여지고 유지되어야 한다. 요가 또한 확고한 실행으로서 우리에게 알려져 있는 한 이와 비슷하다. 그것은 의식에 고정된 형태를 각인한다. 그렇기 때문에 그에 대한 가장 중요한 서양의 유비類比는 마찬가지로 심리의 확고한 구원 표상을 새겨주는 이그나티우스 폰 로욜라 Ignatius von Loyola의 「영신 수련Exercitia spiritualia」이다. 그러한 수행은 상징이 무의식적 상황을 아직 유효하게 표현하고 있는 동안은 '옳은 것이다'. 동양과 서양에서 요가는 미래의 의식 변화를 예견하는 무의식적 과정이 발전되어 그것이 전통적 상징으로는 더 이상 충분히 표현되지 못하거나 전통적 상징이 그것을 충분히 소화시킬 수 없게 될 조짐을 보일 때 심리학적 타당성을 잃게 된다. 그럴 때라야만 상징은 그 '정당성'을 희생했다고 말할 수 있다. 그러한 과정은 아마도 무의식적 세계상의 점진적이고 세속적인 이동을 의미하며, 그러한 세계상에 대한 주지주의적主知主義的 비판과는 아무런 관계가 없다. 종교적 상징이란 삶의 현상이며 사실이지 어떠한 지적 견해가 아니다.

태양이 지구의 주위를 돈다고 그렇게 오랫동안 고집하던 교회가 19세기에 이 입장을 포기한 것은 다음과 같은 심리학적 진리와 관계가 있다. 즉, 수백만의 사람들에게는 여전히 태양이 바로 지구 주위를 돌았지만, 19세기의 대다수 사람들은 지구의 행성적 성격에 대한 증거를

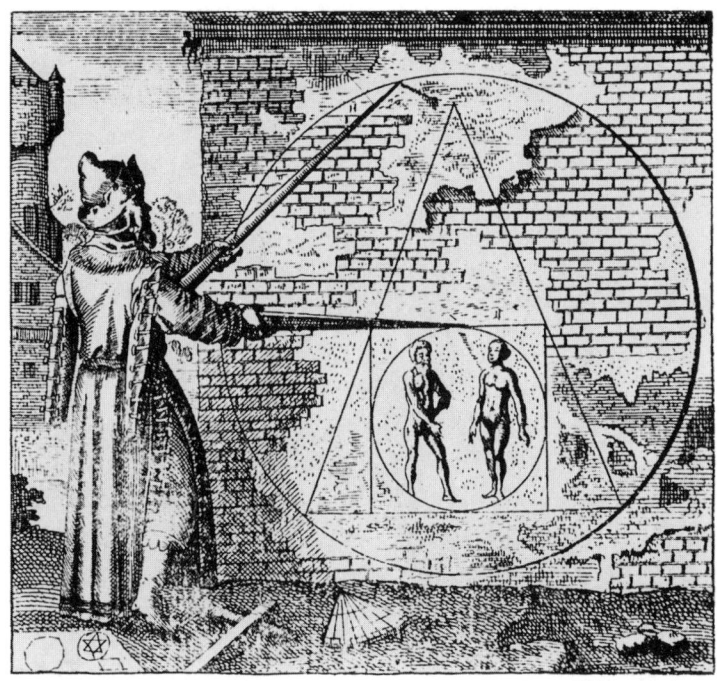

그림 60. 남녀 두 성을 하나의 전체성으로 통합하는, 원의 사각형 만들기.(1687)

이해할 수 있는 지적 기능을 확신하게 되었던 것이다. 안타깝게도 이해하는 사람이 없을 때는 어떠한 진리도 존재하지 않는다.

정사각형의 주변을 왼쪽으로 도는 '순환적 발전circumambulatio'은, 원의 사각형 만들기가 무의식으로 가는 길을 지나가리라는 것, 따라서 그것은 배후에 놓여 있지만 아직 명확히 표현할 수 없는 목표에 도달하도록 중재하는 계기상의 한 통과점이라는 것을 암시한다. 그것은 중세 시대에 라피스(돌)를 만들어내면서 탐구가 시작된, 비非자아의 중심으로 가는 길 중의 하나다. 『현자의 장미원』[97]에서는 다음과 같이 말하고 있다. "남자와 여자로부터 둥근 원을 만들라. 그리고 거기에서 사

그림 61. 방사放射하는 네 개의 힘(용들)에 에워싸인, 건乾,Kiän의 상징인 진주.
중국 당나라 때의 청동거울.(7~9세기)

각형을 끌어내고 사각형으로부터 삼각형을 끌어내 하나의 둥근 원을 만들라. 그러면 너는 현자의 돌을 갖게 될 것이다."(그림 59, 60 참조)[98]

그러한 일은 현대 지성인의 입장에서 볼 때는 물론 완전한 바보짓이다. 그러나 그렇게 평가한다고 해서 그와 같은 이념의 결합이 존재했고 심지어는 수 세기 동안 중요한 역할을 해왔다는 사실을 결코 부인하지는 못한다. 바보짓이니 몽매니 하며 욕하는 일은 문외한들에게나 맡기고 이와 같은 일을 이해하는 것은 심리학의 임무다(스스로 '학문적'인 양하는 수많은 내 비판자들은, 예컨대 부당하게 증식한다고 해서 풍뎅이를 파문破門시켰던 그 주교와 완전히 똑같이 행동한다). 탑이 그 깊은 내부에 붓다의 성유물을 보존하고 있듯이 라마교 정사각형의 내부와 중국 대지의 사각 평면의 내부에는 가장 성스러운 존재, 혹은 마술적 효력을 발하는 존재, 예컨대 우주적 에너지의 원천, 시바 신, 붓다, 보살, 혹은 위대한 스승 등이 있다. 중국의 만다라에서 그것은 건乾, 즉 사방으로 방사하는 네 가지 우주적 힘을 지닌 하늘이다(그림 61 참조). 서양의 중세 기독교 만다라에서도 신격神格은 주로 승리하는 구원자의 형상을 띠고 복음자인 네 상징적 형상과 함께 중심에 군림하고 있다(그림 62 참조). 그런데 이제 그러한 최고의 형이상학적 표상과 가장 극심한 대조를 이루는 것이 이 꿈의 상징이다. 왜냐하면 한가운데에서 분명 일종의 원숭이인 긴팔원숭이가 복원된다고 하기 때문이다. 여기서 우리는 [II장의] 꿈 22에서 처음 나타난 원숭이를 다시 만난다. 그 꿈에서 원숭이는 공포를 일으키지만, 또 도움을 주기도 하는 지성의 개입을 야기한다. 이제 그것은 '복원'되어야 한다. 그것이 의미하는 바는 아마도 유인원, 즉 '인간'의 고태적 상황이 다시 만들어진다는 것에 다름 아니다. 그러므로 왼쪽으로 도는 길은 분명, 신들과 영원한 이념의 왕국으로 올라가는 것이 아니라, 자연사自然史 쪽으로, 즉 인간 존재의 동물적 본능의 근저로 내려가는 것이다. 따라서 우리가 문제 삼고 있는 것은—고전적 언어로 말하자면—디오니소스적 비의秘儀다.

정사각형은 테메노스(그림 31 참조)와 일치한다. 거기에서는 연극이 상연되는데 이 경우는 사티로스 극이 아니라 원숭이 극이다. '황금꽃'의 내부는 '금강체'가 생겨나는 일종의 '발아지發芽地'다. '조상의 나라'[99]라는 동의어는 아마도, 그러한 창조물이 조상들의 각 단계를 통합한 결과라는 것을 암시할 것이다.

그림 62. 십자가가 있는 직사각형의 만다라.
그 중앙에는 하느님의 양이 네 복음자들과 낙원의 네 개의 강에 에워싸인 채 서 있다. 네 개의 메달에는 네 가지의 핵심 덕목이 새겨져 있다.
츠비팔텐Zwiefalten 수도원의 일상기도서, 브레피어Brevier.(12세기)

166 ── 꿈에 나타난 개성화 과정의 상징

원시적 재생 의식에서 조상의 영靈은 중요한 역할을 한다. 호주 중심부의 원주민들은 심지어 호메로스 시대에 해당하는 고대의 신화적 조상들과 스스로를 동일시하기도 한다. 마찬가지로 타오스의 푸에블로 인디언들도 제식의 춤을 준비할 때 스스로를 태양과 동일시하며 자신들을 태양의 아들로 여긴다. 그처럼 인간이나 동물 조상과의 격세유전적隔世遺傳的 동일시는 심리학적으로 볼 때 무의식의 통합을 의미하는 것으로서 사람이 다시금 물고기가 되는 생명샘에서의 재생욕再生浴이다. 다시 말해 그것은 잠이나 도취 상태, 혹은 죽음과 같이 무의식적이다. 따라서 사원寺院 수면Inkubation〔고대 그리스 아스클레피오스 신전에서 꿈에 신이 나타나기를 기대하며 잠자는 치유의 과정〕, 디오니소스적 축성, 그리고 성년식에서의 의례적 죽음이다. 이러한 사건은 물론 항상 신성한 장소에서 열린다. 그러한 표상들은 프로이트 이론의 구체주의 Konkretismus 속에서 쉽사리 해석할 수 있다. 그러면 테메노스는 어머니의 자궁이 되며 제의는 근친상간으로의 퇴행이 된다. 그러나 그것은 부분적으로 아직 유아적 상태에 머물러 있고 지금 문제되고 있는 것이 오래전부터 내려오는 성인의 관습이었음을 모르는 사람들의 신경증적 오해다. 그와 같은 성인의 활동을 유아성으로의 단순한 퇴행이라고 설명할 수는 없는 것이다. 만약 그렇게 본다면 인류의 가장 중요한 최고의 소득이 결국은 도착적인 소아적 욕구 외에 아무것도 아니게 될 것이며, '어린이 같은'이라는 말은 그 존재 이유를 상실할 것이다.

연금술이 철학적 특징 속에서 우리의 현대 심리학이 관심 갖는 바와 아주 근접한 문제에 몰두하였기 때문에 정사각형 공간에서 복원되는 원숭이라는 꿈 모티프에 대해 계속해서 좀더 살펴보는 것은 어느 정도 의미가 있을 것이다. 대다수의 경우에 연금술은 그 변환의 물질을 '살아 있는 은' 또는 메르쿠리우스와 동일시한다. 화학에서 이 용어는 수

그림 63. 헤르메스. 그리스의 화병 그림.

은을 지칭하는데, 철학에서는 그와 달리 '생명의 입김', 심지어는 세계혼Weltseele(그림 91 참조)을 일컫기도 한다. 그로써 메르쿠리우스 또한 계시의 신인 헤르메스의 의미를 얻는다. 그러한 관계는 여기에서 세부적으로 논하지 않겠다. 이 문제는 다른 곳에서 논의된 바 있다.[100] 헤르메스는 원의 성질뿐 아니라 사각형의 이념과도 결부되어 있는데, 특히 『그리스 마술 파피루스*Papyri Graecae magicae*』[101]의 파피루스 5권 401행이 그것을 입증한다. 그곳에 στρογγύλος καὶ τετράγωνος(둥글고 네모난)이라는 말이 발견된다. 그것은 또한 τετραγλώχιν(네모난)이라고도 한다. 그는 전반적으로 넷의 수와 관련이 있는 것이다. 따라서 또한 네 개의 머리를 지닌 헤르메스Ἑρμῆς τετρακέφαλος[102]도 있다. 이러한 속성은

그림 64. 네 요소(불, 물, 흙, 공기)에 둘러싸인 채 지구 위에 서 있는
(안트로포스Anthropos로서) 그리스도.(1487)

예컨대 카르타리Vincenzo Cartari의 저서가 말해주듯 중세에도 알려져 있었다. 거기에는 다음과 같은 언급이 있다.[103]

"한 개의 머리와 남근으로만 이루어진 메르쿠리우스(헤르메스)(그림 63 참조)의 사각 형상은 다시금, 태양이 세계의 머리며 모든 것의 씨를 뿌리는 존재임을 의미한다. 반면 사각 형상의 네 측면은 마찬가지로 메르쿠리우스의 것으로 생각되는, 네 개의 현으로 된 시스트럼과 같은 의미를 지니고 있다. 말하자면, 세계의 네 부분, 혹은 한 해의 네 계절이라는 의미다. 다시 말해 두 분점分點과 두 지점至點이 그들 사이에서 전체 황도대黃道帶의 네 부분을 만든다는 뜻이다."

그러한 특징 때문에 메르쿠리우스가 무엇보다도 연금술의 저 비

그림 65. 두 개의 수레바퀴(구약성서와 신약성서의 상징) 위에 서 있는
네 형상Tetramorph(안트로포스의 상징).
바토페디Watopädi의 아토스Athos 수도원.(1213)

밀 가득한 변환의 물질을 적절하게 묘사할 수 있었다는 것을 쉽사리 알 수 있다. 왜냐하면 그것은 둥글며 사각형이기 때문이다. 다시 말해 네 부분(네 요소)으로 이루어진 하나의 전체이기 때문이다. 그러므로 네 부분으로 이루어진 그노시스적 인류의 시조[104](그림 64 참조)뿐 아니라 전능한 구세주[신의 보편성과 전능에 대한 표현. 신약성서 「고린도 후서」, 6장 8절 참조] 역시 하나의 '라피스(돌)의 상imago lapides'[105]이다(그림 65 참조). 서양의 연금술은 대부분 이집트에서 유래한다. 그런 만큼 우리는 먼저 헬레니즘 시대의 헤르메스 트리스메기스토스Hermes Trismegistos(그림 66 참조)에 눈길을 돌리게 된다. 그 모습은 한편으로는 중세의 메르쿠리우스의 대부격이며 다른 한편으로는 이집트의 토트

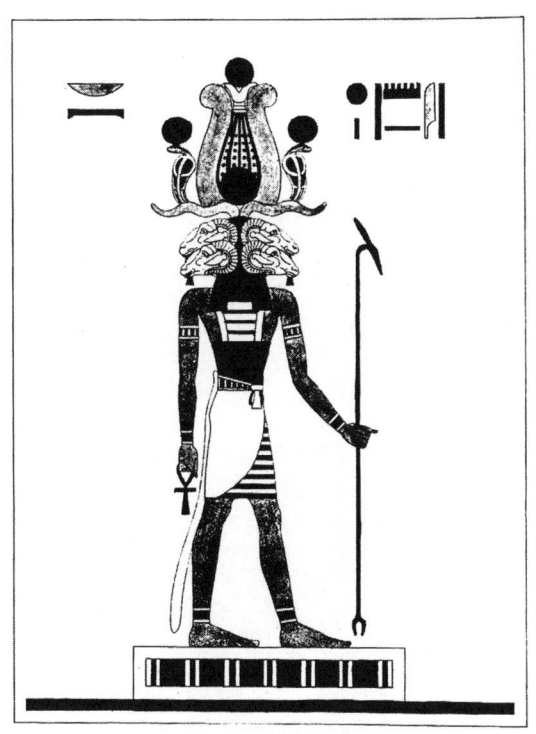

그림 66. 아몬-라Amon-Ra, 이집트인의 네 요소의 혼.

Thoth에서 유래한다. 토트에 속하는 것은 개코원숭이였는데, 이는 직접 원숭이로 묘사되기도 하였다.[106] 『사자死者의 서書』가 수없이 간행되는 과정에서 가장 최근에까지 이러한 견해는 유지되어왔다. 기존의 연금술 원전들이 극소수를 제외하고는 기독교 시대에 속해 있는 관계로, 연금술에서 아주 오래된, 토트-헤르메스Thoth-Hermes를 원숭이와 결부시키는 일은 물론 사라져갔다. 그러나 로마제국 시대까지는 아직 존속하고 있었다. 그런데 메르쿠리우스는 몇 가지 면에서 악마와 관련이 있기 때문에(여기서는 이에 대해 상론하지 않을 것이다), '신의 원숭이

그림 67. 원숭이의 모습을 한 악마.(14세기)

simia Dei'에는 원숭이(그림 67 참조)가 다시금 메르쿠리우스의 이웃으로 등장하기도 한다. 변환의 물질은 본질적으로 뱀이나 용, 까마귀, 사자, 바실리스크 도마뱀Basilisk(사람을 노려봄으로써 죽이는 고대의 전설적 뱀을 말하기도 한다), 그리고 독수리와 같은 일련의 악마의 비유를 통해 표현되는 아주 값싸고 저속한 것이지만, 또 다른 한편으로는 존귀한 것, 심지어는 그야말로 신성 자체를 의미하기도 한다. 변환은 바로 가장 낮은 것에서 가장 고귀한 것으로, 동물적이며 고태적인 유아성에서 신비적인 '최고의 인간homo maximus'으로 이어진다.

재생 의식의 상징성은, 진지하게 생각해보면, 단순히 유아성과 고태적인 점을 넘어서 선천적이고 심리적인 소질을 가리키는데, 그것은 동물적 차원까지 거슬러가는 조상의 모든 삶의 결과이며 침전물이다. 그렇기 때문에 그것은 조상의 상징이며 동물의 상징이다. 중요한 것은 의식과 생명의 진정한 원천인 무의식이 분리되는 것을 지양하고, 유전적이고 본능으로 구성된 자연적 토양과 개체의 재결합을 이끌어내고자 하는 노력이다. 그러한 재생 의식이 뚜렷한 효과를 지니지 못했다면 그것은 오래전의 시대에 이미 사멸해버렸거나 아예 그러한 것이 생겨나지도 않았을 것이다.

우리의 경우를 보면, 비록 의식이 재생 의식의 태곳적 표상과는 엄청나게 동떨어져 있다 할지라도 무의식은 꿈을 통해 그러한 표상을 다시금 의식에 근접시키고자 애쓰고 있다는 것이 입증된다. 의식의 자율성과 자족성은 의식 자체가 생겨나는 데 불가피한 특성이긴 하지만, 또 한편 무의식이 분리됨으로써 그것은 견딜 수 없는 **본능의 소외** Instinktfremdheit를 만들어내며 고립과 황폐화의 위험을 일으킨다. 본능 상실 상태는 바로 끝없는 불화와 혼란의 원천이 된다.

결국 꿈꾼 사람이 '중앙'에 있지 않고 측면에 있는 상황은 그의 자아

그림 68. 개의 머리를 한 토트Thot.
(데이르 엘-메디나Dêr el-Mêdina 부근 아멘헤르콥세프Amenherchopschef의 묘에서,
제20 왕조, 기원전 1198~1167년)

에 어떤 일이 생겨날 것인지를 뚜렷이 암시하고 있다. 즉 자아는 더 이상 중심적인 자리를 요구할 수 없으며 위성이나 최소한 태양의 주위를 도는 행성의 위치로 만족할 수밖에 없다. 중앙의 중요한 자리는 복원될 긴팔원숭이의 것으로 정해져 있음이 분명하다. 긴팔원숭이는 인간에 속하며 인간과 친족 관계를 지니기 때문에 열등한 인간성에까지 이르는 심적 부분을 표현하기에 적합한 상징이다.

이집트인들에게 원숭이 중 최고의 위치에 있는 것으로 알려져 있는, 토트-헤르메스와 연관되어 있는 키노케팔로스Kynokephalos[개의 머리를 한 원숭이](Pavian; 그림 68 참조)의 예에서 우리는 그것이 신과 가깝기 때문에 의식의 수준을 뛰어넘는 무의식의 부분을 표현하기에 적합하다는 것을 알았다. 인간 심리의 의식 아래쪽에 어떠한 층이 있다고 가정해도 결코 심한 거부감이 일지 않을 것이다. 그런데 이른바 의식의 위쪽에 마찬가지의 층이 있을 수 있다는 것은 '인간의 존엄에 대한 모욕'에 가까운 추측인 것 같다. 나의 체험에 의하면, 의식은 단지 상대적인 중앙의 위치만을 요구할 수 있으며, 무의식적 심리가 모든 측면에서 얼마간 우세한 상태로 에워싸고 있는 상황을 받아들여야 한다. 무의식적 내용을 통해 의식은 한편으로는 생리학적 조건과 후행後行적으로 결합되어 있으며 다른 한편으로는 원형적 전제조건과 결합되어 있다. 그러나 그것은 또한 직관을 통해 미리 예견되기도 한다. 그러한 직관은 일부는 원형에 의해, 일부는 무의식이 지니는 시공時空의 상대성과 관계가 있는 문턱 아래subliminale 지각에 의해 만들어진다. 이 연속된 꿈과 그것이 제기하는 문제들을 철저하게 숙고함으로써 그러한 가설의 가능성에 대해 나름대로 판단 내리는 일은 독자에게 맡길 수밖에 없다.

다음의 꿈은 본래의 내용을 생략 없이 재현한 것이다.

17. 꿈:

모든 집이 무대장치와 장식으로 인해 무대나 극장 같아 보인다. '버나드 쇼Bernhard Shaw'라는 이름이 거론된다. 연극은 먼 훗날 상연될 것이다. 한 무대장치 위에는 영어와 독일어가 적혀 있다.

이것은 평범한 가톨릭 교회다.
그것은 주님의 교회다.
자신을 주님의 도구로 느끼는 사람은 모두 들어갈 수 있다.

그 밑에는 "교회는 예수와 바울에 의해 창시되었다"는 글귀가 더 작은 글씨로 새겨져 있다. 그것은 마치 어떤 회사의 연륜을 선전하는 것 같아 보인다. 나는 내 친구에게 말한다. "오라, 이것을 한번 보자." 그는 대답한다. "왜 많은 사람들은 종교적 감정을 갖고 있으면 모여야 하는지 이해를 못하겠다." 그때 내가 대답한다. "프로테스탄트 교도인 너는 그것을 결코 이해하지 못할 것이다." 한 여자가 적극적으로 내 말에 찬성한다. 이제 나는 교회의 벽에서 성명서 같은 것을 본다. 그것은 다음과 같다.

"군인들이여!
너희가 주님의 권능 안에 있다고 느낀다면 그분께 직접 말을 거는 일을 삼가라. 주님은 말로써 다가갈 수 있는 분이 아니다. 또한 간절히 충고하건대, 주님의 속성에 대해 서로 어떠한 논쟁도 하지 말라. 그것은 비생산적인 일이다. 왜냐하면 정말 가치 있고 중요한 것은 말로 표현할 수 없기 때문이다."

서명: 교황 … (이름은 읽을 수 없음)

이제 우리는 안으로 들어간다. 내부는 이슬람 사원, 특히 하기아 소피아(콘스탄티노플의 가장 큰 비잔틴 교회)와 비슷한데, 즉 의자도 없고 아름다운 공간 장식 그림도 없으며 벽에는 액자에 끼워진 격언 구절이 있다(코란 구절처럼). 격언 구절 중의 하나는 이렇게 말하고 있다. "너희에게 은혜 베푸는 자에게 아첨하지 말라." 이전에 내 말에 찬성했던 여자가 눈물을 터뜨리며 외친다. "여기엔 정말 더 이상 아무것도 남아 있지 않아요." 내가 대답한다. "나는 모든 것이 완벽하게 제대로 있다고 생각해요." 그러자 그녀는 사라져버린다. 그제서야 나는 일어서는데 내 앞에는 기둥이 하나 있어 아무것도 볼 수가 없다. 이어서 자리를 바꾸고 내 앞에 있는 많은 사람들을 본다. 나는 그들에게 속하지 않고 외따로 서 있다. 하지만 그들은 뚜렷한 모습으로 내 앞에 있고 나는 그들의 얼굴을 보고 있다. 그들은 모두 이구동성으로 말한다. "우리는 주님의 권능 안에 있음을 고백한다. 천국은 우리 안에 있다." 사람들은 매우 비장하게 이 말을 세 번 반복한다. 그러고 나서 오르간이 연주된다. 그들은 합창으로 바흐의 푸가를 노래한다. 하지만 원래의 가사는 생략되고 일종의 장식음만 자꾸 노래된 후 다음의 말이 반복된다. "다른 모든 것은 종이Papier다."(나에게 생생하게 작용하지 않는다는 말이다.) 합창이 사라지고 난 후 대학생들의 모임처럼 즐거운 시간이 시작된다. 쾌활하고 원만한 사람들뿐이다. 사람들은 이리저리 오가며 서로 말을 나누고 인사를 한다. 그리고 포도주(주교의 신학교에서 나온 청량음료)가 제공된다. 사람들은 교회의 순조로운 번영을 기원한다. 그리고 회원의 증가에 대한 기쁨을 표현하기라도 하듯 "카를도 지금 여기 있다"는 후렴이 붙은 유행가가 확성기에서 흘러나온다. 한 사제가 나에게 설명한다. "하찮은 것 같은 이러한 여흥은 공식적으로 승인받고 허가받은 것이오. 우리는 미국 방식에 어느 정도 적응해야 하오. 지금 보는 것처럼 집단 경영에서는 어쩔 수가 없소. 하지만 우리가 미국 교회와 근본적으로 다른 점은 명백히 반금욕적인 경향이오." 그러고 나서 나는 깨어난다. 기분이 매우 가벼워진 느낌.

유감스럽게도 꿈 전체에 대한 해설은 포기할 수밖에 없으며,[107] 따라서 우리의 주제에 한정하는 것으로 만족하고자 한다. 여기서 테메노스(성역)는 신성한 건축물이 된다. (앞에서 암시된 바와 같이) 그 때문에 행위는 '제의적' 특징을 나타내고 있다. 디오니소스 비의의 괴이하면서도 희극적인 면은 포도주가 제공되고 교회의 안녕을 위한 건배가 행해지는 행위의 '아늑한' 부분에서 나타난다. 오르페우스와 디오니소스 성전 바닥의 제명題銘이 그것을 훌륭하게 말해주고 있다. 모논 메 휘도르μόνον μὴ ὕδωρ(단, 물만은 안 된다!).[108] 교회 안에 남아 있는 디오니소스의 유물은 예컨대 물고기와 포도주의 상징, 다마스쿠스의 성배聖杯, 십자가 상이 있는 원통 모양의 인장, 제명 ΟΡΦΕΟΣ ΒΑΚΚΙΚΟΣ(바쿠스의 오르페우스)[109] 등이다. 그 외의 많은 것들은 여기에서 암시 정도만으로 업급하고 지나가겠다.

'반反금욕적' 경향은 여기서 '미국적'이라고 지칭되는 기독교 교회와 뚜렷하게 차이점을 나타내고 있다([II장의] 꿈 14에 대한 해설 참조). 아메리카는 '전문 고문단brain trust'을 세계의 적절한 얼굴로 삼고자 하

그림 69. 지옥으로 항해하고 있는 단테와 베르길리우스.
단테, 「지옥Inferno」.(15세기)

는 실용적 지성인의 합리적 이념으로 볼 때 이상적인 나라다.[110] 이러한 견해는 지성 = 정신이라는 현대적 공식과 일치하는데, 그러한 공식은 '정신'이란 결코 인간의 어떠한 '활동'을 말하는 것이 아니었으며 하물며 어떠한 '기능'은 더욱 아니었다는 사실을 완전히 망각한 것이다. 그러므로 왼쪽으로의 순환은 현대적 이념 세계에서의 이탈로, 일차적으로 기독교적 의미의 '금욕'과는 거리가 먼, 기독교 이전의 디오니소스 정신 쪽으로의 퇴행임을 확인할 수 있다. 그 경우 그러한 발전의 방향은 대체로 성스러운 공간 밖으로 이동해가는 것이 아니라 그곳 내부에 머문다. 달리 말하자면 그것은 성스러운 특성을 상실하지 않는다. 그것은 단순히 무정부적인 혼돈이 아니라, 교회를 디오니소스의 성전과 직접 관계지어놓는다. 반대 방향이긴 해도 역사적 진행 또한 그랬듯이 말이다. 그렇기 때문에 퇴행적 발전이란 기독교 이전 단계에 다다르기 위해 충실하게 역사의 길로 다시금 들어서는 것이라고 말할 수 있다. 그러므로 그것은 어떠한 퇴보가 아니라 이른바 하나의 체계적인 '지하계로의ad inferos' 하강(그림 69 참조), 하나의 심리학적인 네키야 nekyia[111]다.

나는 자신의 신앙에 대해 좀 의심스러운 입장을 지녔던 한 성직자의 꿈에서 그 비슷한 점을 발견하였다. 그는 밤에 자신의 교회 안으로 들어간다. 그곳의 성가대석 벽 전체는 붕괴되어 있다. 제단과 잔해는 포도가 가득 열린 포도나무 가지로 뒤덮여 있다. 생겨난 틈을 통해서 달빛이 비쳐 들어온다.

미트라Mithras(고대 인도, 페르시아, 지중해 연안 지역에 걸쳐 광범위하게 신봉된 빛과 재생의 신) 역시 초기 교회와 비슷한 연관 관계에 있다. 다음은 마찬가지로 종교적 문제에 몰두한 사람의 꿈이다. 칠흑처럼 어두운 거대한 고딕식 돔. 큰 미사가 집전된다. 별안간 측면 복도의 벽 전체가 무너진다. 눈부신 햇빛과 함께 커다란 무리의 황소와 암소들이 교회 내부로 돌진해 들어온다. 이 꿈은 더욱 분명하게 미트라의 성격을 띠고 있다.

흥미롭게도 우리의 꿈에 나타난 교회는 하나의 통합적 건물이다. 왜냐하면 하기아 소피아는 아주 오래된 기독교 교회이지만 최근까지 이슬람 사원으로 사용되었기 때문이다. 그러므로 그것은 기독교 이념과 디오니소스적 종교 이념의 결합을 기도한 꿈의 목표에 매우 잘 들어맞는다. 그러한 일은 분명 하나가 다른 하나를 배척하지 않고 따라서 어떠한 것의 가치도 파괴되지 않는 방향에서 이루어져야 한다. 그러한 경향이 극도로 중요한 까닭은 성소聖所에서는 바로 '긴팔원숭이'의 복원이 이루어져야 하기 때문이다. 그러한 독성瀆聖 행위는 왼쪽으로의 순환이 일종의 '악마적 속임수'이며 '긴팔원숭이'는 악마일지 모른다는 위험한 추측을 쉽게 불러일으킨다. 그도 그럴 것이 악마는 바로 신의 '원숭이'로 여겨지기 때문이다. 그렇다면 왼쪽으로의 순환은 신의 자리에 '악마 전하'를 올려놓고자 하는, 신적 진리의 '왜곡'이 될 것이다. 그러나 무의식은 그러한 신성 모독적 의도를 지니지 않는다. 그것은 단순히, 현대 인간에게 어떠한 양상으로든 결핍되어 있는, 사라진 디오니소스(니체를 생각해보라!)를 다시금 종교적 세계에 접속시키고자 노력한다. 원숭이가 처음으로 나타나는 꿈 22의 결말은 다음과 같다. "모든 것은 빛에 의해 다스려져야 한다." 그러므로 뿔과 염소 발을 가진 어둠의 주권자 역시 뜻밖에 대공의 서열에 오르게 된 디오니소스적 사제라고 덧붙일 수 있을 것이다.

    디오니소스적 동기는 인간의 감정 상태나 정서와 관계되는데, 그것은 대부분 아폴로적 성향을 띤 기독교의 제식과 윤리 속에서는 어떠한 적절한 종교적 형태를 찾지 못했다. 교회 안에서의 중세적 카니발 축제와 크리켓은 비교적 일찍 근절되었다. 그에 따라 카니발은 세속화되고 그와 함께 성전에서의 신적 도취는 사라졌다. 교회에 남은 것은 슬픔과 진지함과 엄격함, 그리고 절도 있는 영적 기쁨이다. 그러나 열광, 그 가장 직접적이고 가장 위험한 감동은 신들을 저버리고 충일함과 열정으로 인간 세계를 사로잡았다. 열광적 망아 상태가 제식에서 자리를 차지함으로써 이교적 종교들은 그러한 위험을 만나게 되었다. 헤라클레이토스가 "그들이 미친 듯 날뛰며 축제를 여는 대상은 죽음의 나라의 왕, 하데스다"라고 말했는데 그는 분명 그 현상의 배후를 꿰뚫어 본 것이다. 바로 그러한 이유에서, 하데스로 인해 닥쳐오는 위험을 물리치기 위해 망아경은 제식으로서의 인가를 얻게 된 것이었다. 그런데 우리의 해결책은 하데스의 문을 활짝 열어젖힐 수 있게 했다.

18. 꿈:

> 정사각형의 공간. 그 안에서는 동물을 인간으로 변신시키려는 복잡한 의식이 거행되고 있다. 상반된 방향으로 움직이고 있는 두 마리의 뱀은 곧 제거되어야 한다. 여우와 개 같은 동물들이 있다. 사람들은 다시금 정사각형 안에서 돌고 있는데 네 모퉁이에서 매번 이 동물들에 의해 장딴지를 물려야 한다(그림 118[『기본 저작집』 제6권] 참조). 거기에서 달아날 경우 모든 것을 잃어버린다. 이제 더 고귀한 동물인 황소와 산양들이 생겨난다. 네 마리의 뱀은 네 모퉁이로 간다. 그런 후 회중會衆은 밖으로 나간다. 제물을 올리는 두 제사장이 거대한 파충류를 나르고 있다. 아직 형태가 없는 동물 혹은 생명 덩어리의 이마가 그 파충류와 닿는다. 거기에서 이제 변용된 형태로 인간의 머리가 생겨난다. 한 목소리가 외친다. "그것은 생성되어가려는 노력이다."

이 꿈은 계속 정사각형의 공간 안에서 일어나는 일을 '설명'하는 것이라고 할 수 있다. 동물이 인간으로 변신하며, 아직 형태가 없는 '생명 덩어리'는 파충류와의 마술적 접촉을 통해 '신성화된'(조명된) 인간의 머리로 변한다는 것이다. 동물 같은 생명 덩어리는 의식과 합일되어야 하는 본래적 무의식의 전체성을 대표할 것이다. 그것은 뱀으로 추측되는 파충류가 제식에 사용되면서 생겨난다. 뱀에 의한 변신과 신생의 관념(그림 70 참조)은 잘 입증된 하나의 원형이다. 그것은 신을

그림 70. 뱀으로 하는 중세 이교異敎의 변환 의식.

표현하는 치유의 뱀(제6권의 그림 203, 204 참조)이다. 사바지오스 비의 Sabazios-Mysterium[사바지오스는 고대 소아시아 프리지아의 식물과 풍요로움의 신. 본질상 디오니소스에 가깝다]는 다음과 같이 전하고 있다. "금빛 뱀 한 마리가 전수자의 무릎에 내려놓이고 아래에서부터 다시 끌어내어진다."[112] 배사拜蛇교도들에게는 그리스도가 뱀이었다. 인격의 신생이란 관점에서 뱀의 상징성이 가장 뜻 깊게 형상화된 것이 쿤달리니[113] 요가에서 발견된다. 따라서 니체의 『차라투스트라』에서의 목자의 뱀 체험은 치명적인 전조일 것이다(더욱이 그러한 양상 중 유일한 것은 아니다. 줄 타는 광대가 죽을 때 한 예언 참조).

'형태 없는 생명 덩어리'는 곧장 연금술적 '혼돈',[114] 즉 창세 이래로 신성한 생명의 싹을 품고 있는 '덩어리'나 '무형의 재료', 혹은 '혼돈'을 연상시킨다. 미드라시Midrasch[단어는 '연구'라는 뜻. 고대 유대교의 문헌 해석 및 성서 주석법]에 따르면 비슷한 방법으로 아담이 창조된다. 즉 신은 처음에 먼지를 모으고 다음에는 거기에서 형태 없는 덩어리를 만들어내며 그 다음에는 팔다리 등을 창조한다.[115] (그림 71 참조)

그림 71. '기본 재료'인 점토 덩어리에서 아담을 창조하다.(1493)

 그런데 이러한 변신이 행해지기 위해서는 '순환적 발전', 즉 창조적 변환의 장소인 중앙으로의 완전한 집중이 반드시 이루어져야 한다. 그때 우리는 동물들에 의해 '물리게' 된다. 다시 말해 무의식의 동물적 충동에 노출되는데 그렇다고 그것과 동일시되지도 않으며 또한 '거기에서 도망치지도' 않는다. 왜냐하면 무의식으로부터의 도피는 이 변환 과정의 목적을 헛된 것으로 만들어버리기 때문이다. 우리는 그대로 머물러 있어야 한다. 앞의 경우에서 보자면, 자기 관찰을 통해 도입된 과정을 그 모든 전환점마다 체험하고 최선의 이해를 통해 의식에 편입해야 하는 것이다. 그러한 일은 물론 의식적 삶과 무의식적 과정 간의 예기치 않은 불협화음으로 인해 흔히 감당할 수 없을 정도의 긴장을 가져온다. 무의식적 과정은 내면 가장 깊숙한 곳에서만 체험할 수 있으며 가시적인 삶의 표면에는 결코 와닿지 않을 것이다. 의식 생활의 원리는 이렇다. 즉, "지각[116]에 이미 존재하지 않는 것은 지성에도 존재하지 않는다." 그러나 무의식의 원리는 정신 자체의 자율성이다. 정신은 비록 자체의 상像을 명료하게 나타내기 위해 감각세계가 부여하는 표상의 가능성을 사용하고 있기는 하지만 그 상들의 활동 속에 세계가 아닌 정신 자체를 반영한다. 여기에서 감각의 자료는 '작용의 원인causa efficiens'이 아니라 자율적으로 선택되고 차용된다. 그로써 우주의 합리성은 극도로 고통스러울 만큼 끊임없이 상처를 입게 된다.

그러나 감각세계는 또한 그것이 '작용의 원인'으로서 정신 내면의 과정 속에 침입할 경우, 그 과정에 파괴적인 영향을 끼치게 된다. 이성이 상처를 입지 않고 다른 한편 상들의 창조적 활동이 어설프고 난폭하게 억압되지 않으려면, 융합할 수 없는 것의 융합(그림 72 참조)이라는 역설을 실현시키는 신중하고도 사려 깊은 합성 방식이 필요하다. 따라서 우리의 꿈에서 연금술과의 유사성을 찾을 수 있다.

이 꿈에서 요구되는, 중앙에 대한 주의와 '달아남'에 대한 경고는 '연금술 작업'에서 뚜렷한 유사성을 찾을 수 있다. 즉, 작업에 대한 집중과 명상의 필요성이 계속 반복적으로 강조되는 것이다. 그와 반대로 달아남의 성향은 조작자에게 있는 것이 아니라 변환의 물질에 있는 것으로 추측된다. 즉, 메르쿠리우스는 도피적 존재여서 '하인servus'이나 '도망치는 사슴'으로 지칭된다. 그 안에 들어 있는 것이 달아나지 못하도록 그릇은 밀봉되어야 한다. 아이레나에우스 필랄레테스Eirenaeus

그림 72. '융합할 수 없는 것의 융합': 물과 불의 결혼. 이 두 형상은 그들이 지닌 다양한 능력을 나타내기 위해 각각 네 개의 손을 갖고 있다. 인도의 한 그림.

Philalethes[117]는 그와 같은 '하인'에 대해 이렇게 말한다. "…그를 어떻게 이끌지 너희는 신중해야 한다. 만일 기회를 찾기라도 한다면 그는 너희를 속수무책으로 만들고 빠져나가 너희를 엄청난 불행에 빠뜨릴 것이다."[118] 물론 이런 철학자들은 그들이 하나의 투사를 추적하고 있었다는 것, 그리고 소재를 신뢰하면 할수록 한층 더 그들이 기대했던 심리학적 근원에서 벗어난다는 것을 생각하지 못했다. 우리는 이 꿈과 그것의 이전 단계에서 나타난 중세적 성격 간의 상이함에서 심리학적 진보를 인식할 수 있다. 즉, 달아난다는 것은 지금은 명백히 꿈꾼 사람의 특성으로서 나타난다. 다시 말하자면 그것은 모르는 소재에 더 이상 투사되지 않는다. 그로써 살아남은 하나의 도덕적 문제가 된다. 연금술사들이 작품을 만들 때 특별한 종교적 헌신을 강조했던 한, 그러한 측면은 당연히 연금술사들에게도 알려져 있었다. 그러나 우리는 그들이 기적을 강행하려는 목적으로 기도와 경건 훈련을 했다는 의구심을 완전히 떨쳐버릴 수 없다. 심지어 성령까지도 '친밀한 존재'가 되기를 열망했던 자들이 있었다![119] 어쨌든 올바르게 판단한다면, 자신의 변환에 대한 인식을 말해주는 적지 않은 증거가 문헌 속에 있음을 묵과해서는 안 될 것이다. 예컨대 누군가는 이렇게 외친다. "그대들은 살아 있는 철학적 돌로 변환할지어다!"

의식과 무의식이 서로 접촉하면 이미 그때는 둘 사이의 대립도 사라진다. 따라서 꿈의 처음 부분에서 상반된 방향으로 달아나는 뱀들은 곧장 제거되어야 한다. 다시 말해 의식과 무의식 간의 갈등이 곧바로 단호하게 지양되며 의식은 '순환적 발전'이 되는 가운데 긴장을 견뎌내지 않을 수 없게 된다. 그런데 그렇게 해서 생겨난 마법의 원 때문에 무의식 역시 밖으로 뚫고 나올 수 없게 된다. 밖으로 뚫고 나온다면 그것은 정신병Psychose 같은 상태가 될 것이다. 우리는 『장미원』의 철학자 말을 빌려 "우리의 작업에서 적지 않은 사람들이 사라졌다"고 말할 수 있다. 탁월한 지성만이 할 수 있는 어려운 조작—말하자면 역설성으로 생각해야 하는—이 성공했음을 꿈은 보여주고 있다. 뱀들은 더 이상 달아나지 않고 네 모퉁이에 배열되며, 변신이나 통합의 과정이 이루어진다. 적어도 꿈이 예견한 바에 의하면, '변용Verklärung'과 규명Erleuchtung, 즉 중심의 의식화가 이루어지는 것이다. 잠재적인 성과가 의미하는 것은—그것을 주장할 수 있다면, 다시 말해 의식이 그러

그림 73. 용의 위력으로부터의 인류의 구원.(15세기)

한 중심과의 연관 관계를 또다시 상실하지 않는다면[120]—인격의 신생新生이다. 이것은 어떠한 외적인 기준에 의해서도 그 실체를 확인할 수 없는 주관적 상태이기 때문에 그것을 기술하고 설명하려는 것은 아무런 소용이 없다. 다만 그것을 체험한 사람만이 그 사실성을 인식하고 입증할 수 있는 것이다. 예를 들자면 '행복'이란 매우 주목할 만한 현실이기 때문에 그것을 열망하지 않는 사람이 없지만, 그러한 상태가 틀림없이 존재한다는 것을 명확히 제시할 객관적 기준은 어디에도 없다. 가장 중요한 일에서 우리는 주관적 판단에 의지할 수밖에 없을 때가 흔히 있는 것이다.

뱀들이 네 모퉁이로 배열된 것은 무의식의 배열을 암시한다. 그것은 마치 미리 주어져 있는 기초 도안, 즉 일종의 피타고라스 정리의 사각형이 놓여 있는 것과도 같다. 이러한 맥락에서 나타나는 넷의 수를 나는 너무나 자주 관찰하였다. 그러한 사실로부터 십자가, 혹은 사등분된 원의 보편적 확장과 마술적 의미가 설명될 수 있을 것이다. 이 꿈의 경우에서는 동물적 본능의 포착과 배열이 문제되는 듯이 보이는데 그것은 무의식화에 빠지는 위험을 불러일으킨다. 아마도 그것은 어둠의 힘을 이기는 십자가의 경험적 토대가 될 것이다(그림 73 참조).

이 꿈에서 무의식은 위협적으로 의식 가까이에 그 내용을 접근시킴으로써 상당한 전진을 이룰 수 있었다. 꿈꾼 사람은 비밀스러운 합성의식儀式에 크게 얽혀들어간 듯이 보인다. 그리고 이 꿈의 중요한 기억을 의식적 삶 속으로 착오 없이 가지고 들어갈 것이다. 경험으로 볼 때 그로 인해 의식은 상당한 갈등을 겪게 된다. 왜냐하면 의식은 항상 역설성을 진지하게 감당할 만한 이례적인 지적·도덕적 능력을 내보일 수도 없고, 또한 그렇게 하려고 하지도 않기 때문이다. 진리만큼 질투심이 강한 것도 없다.

그림 74. 하늘(정신성)이 땅을 수태시켜 인간을 생산한다.(16세기)

중세의 정신사를 일별해보면 알 수 있듯이, 현대의 모든 정신적 특성은 기독교에 의해 미리 형성된 것이다(이러한 사실은 기독교 진리를 믿든 믿지 않든 아무런 상관이 없다). 그렇기 때문에 꿈에서 제안된, 성전에서의 원숭이의 복원은 너무도 자극적이어서 대중의 상당수가 몰이해의 피난처로 달아나버린다. 다른 사람들은 디오니소스적 비밀의 심연을 무관심하게 지나쳐버린 채, 합리적인 다윈Darwin의 핵核을 불가사의한 흥분에서 그들을 구출해준 자로서 환영하게 될 것이다. 극소수의 사람들만이 두 세계의 충돌을 느끼며 근본적으로 중요한 것이 무엇인지를 이해한다. 더욱이 꿈은 옛 전통에 따라 신성이 사는 곳에서 원숭이가 탄생해야 함을 분명하게 말하고 있다. 그러한 치환置換은 검은 미사(악마 숭배자가 속여서 거행하는 악마의 가톨릭 미사 예배)에 필적할 만큼 좋지 않은 것이다.

사각의 공간은 동양적 상징학에서는 땅(중국의)과 파드마(연꽃, 인도의)로서 '요니yoni', 즉 여성성을 지닌다. 남성의 무의식 역시 아니마에 의해 인격화되듯[121] 여성적이다. 아니마는 또한 항상 '열등한 기능'[122]을 대표하며 따라서 도덕적으로 종종 의심쩍은 성격을 가지고 있다. 심지어 그것은 흔히 악을 직접적으로 나타낸다. 그것은 대개 네 번째 인물(꿈 10, 11, 15)이며 그 자체로서 양가적 성질을 지닌 두렵고 어두운 모태母胎(그림 74 참조)다. 기독교의 신성은 세 인물로 이루어진 하나다. 천상의 드라마에서 네 번째 인물은 의심할 여지 없이 악마다. 악의 없이 심리학적으로 해석해보자면 그것은 열등한 기능이다. 도덕적으로 판단하자면, 그것은 남자의 죄이기 때문에 남자에게 부과된 기능이며 따라서 남성적일 것이다. 여성성은 신격 안에 감추어져 있다. 왜냐하면 성령을 소피아 성모Sophia-Mater로 해석하는 것은 이단으로 통하기 때문이다. 기독교의 형이상학적 드라마인 '천상의 서곡'에는 따라서 남성 연기자만 등장하는데 그러한 점은 여러 원시적 비밀 종교 의식과 공통된다. 여성성은 어딘가 틀림없이 존재한다. 그렇기 때문에 아마 어둠 속에서 발견해야 할 것이다. 어쨌든 고대 중국 철학은 여성성을 그곳, 말하자면 '음陰'에 위치시켰다.[123] 남자와 여자는 합일될 수 있음에도 불구하고 심할 경우 치명적인 적대 관계로까지 악화되는 합일 불가능의 대극을 나타낸다. 따라서 그러한 근원적 대극은 상징적으로 우리가 생각할 수 있는, 앞으로 나타나게 될 모든 대극, 즉 온溫-냉

冷, 명명明-암암暗, 남남南-북북北, 건건乾-습습濕, 선선善-악악惡 등을, 또한 의식적-무의식적 등을 표현한다. 기능 심리학에서는 두 기능, 즉 세분화된 기능과 그것의 보조 기능은 일차적으로 의식적, 즉 남성적이다. 그것은 꿈에서 대개 아버지와 아들을 통해 표현된다. 반면 무의식적 기능은 어머니와 딸을 통해 표현된다. 그런데 두 보조 기능 간의 대립이 아무리 크다 해도 분화된 기능과 열등 기능 간의 대립만큼 크지는 않기 때문에 세 번째 기능, 즉 무의식적인 '보조' 기능 역시 의식으로 올라와 남성적인 것으로 될 수가 있다. 그런데 그것은 얼마간 열등 기능에 의해 오염됨으로써 무의식의 어둠을 어느 정도 중재하게 될 것이다. 이러한 심리학적 사실에 따라 성령도 이단적으로 소피아로 해석될 수밖에 없었

그림 75. 트리무르티Trimurti 상(세 겹의 형상, 힌두교의 삼위).
삼각형은 합일의 꼭지점을 향해 결집하려는 삼라만상의 성향을 상징한다. 거북은 비슈누Vishnu를 나타낸다. 또 해골의 두 화염 속에서 솟아나는 연꽃은 시바Shiva다. 배경에는 빛을 발하는 브라만 태양Brahmasonne이 있다. 이 모든 것은 연금술적 '작업'에 상응한다. 여기에서 거북은 '혼돈 덩어리massa confusa', 해골은 변환의 '그릇vas', 꽃은 '자기' 또는 전체성을 상징한다.
인도의 한 그림.

다. 성령이야말로 바로 육체 속에서의 탄생을 중재하는 자이며 그렇게 해서 밝은 신성을 세상의 어둠 속에서 볼 수 있도록 하였기 때문이다. 그러한 관계로 인해 아마 성령이 여성성을 지녔다는 혐의를 받게 되었을 것이다. 왜냐하면 테르툴리아누스가 말한 대로, 마리아는 어두운 농지, 즉 "아직 비에 젖지 않은 미개척지"였기 때문이다.[124]

네 번째 기능은 무의식에 의해 오염되어 있으며 의식화될 경우 무의식 전체를 함께 끌어낸다. 그렇게 되면 무의식과의 대결이 생겨나고, 또한 대극의 합성을 이끌어내려는 노력이 있게 된다.[125] 그러나 처음에는 돌연 격렬한 갈등이 생겨난다. 그것은 가장 불합리한 미신을 참아내야 한다는 것이 분명해질 경우 이성적인 인간이라면 누구나 빠지게 될 갈등이다. 그의 내부에서는 모든 것이 반란을 일으키게 될 것이고, 자신이 끔찍이 불합리한 것으로 여기는 그러한 일에 대해 그는 절망적으로 저항할 것이다. 다음의 꿈들은 이러한 상황에서 해명될 수 있다.

19. 꿈:

두 민족 간의 과격한 전쟁.

이 꿈은 갈등을 그리고 있다. 의식은 자신의 위치를 방어하며 무의식을 억압하려고 한다. 그로 인해 먼저 네 번째 기능이 축출된다. 그런데 그것은 세 번째 기능에 의해 오염되어 있기 때문에 세 번째 기능 역시 사라질 위험에 처해 있다. 그렇게 되면 지금보다 이전에 있었던 상태가 다시 생겨날 것이다. 말하자면 그것은 두 기능만 의식되고 다른 두 기능은 무의식에 속하게 되는 상태다.

20. 꿈:

한 동굴 속에 두 소년이 있다. 또한 세 번째 소년이 마치 관을 통과하듯이 들어온다.

동굴은 무의식의 어둠과 격리 상태를 나타낸다. 두 소년은 무의식 속에 있는 두 기능과 일치한다. 세 번째의 것은 이론적으로 볼 때 분명 보조 기능일 것이며 그러한 상황은 의식이 분화된 기능 속에 병합되었음을 암시한다. 그러므로 일행은 이제 하나에서 셋이 되어 무의식에 크게 유리하게 된다. 따라서 무의식의 새로운 진출과 그 위치의 재현을 기대할 수 있다. '소년들'은 난쟁이 모티프(그림 77 참조)를 가리킨다(이에 대해서는 후에 설명할 것이다).

21. 꿈:

작은 공[球]이 많이 담겨 있는 커다랗고 투명한 공. 그 위에는 녹색 식물 하나가 자라나고 있다.

공은 모든 내용을 담고 있는 하나의 전체성이다. 헛된 투쟁으로 인해 무기력하게 되었던 삶이 그것을 통해 다시금 가능하게 된다. 쿤달리니 요가에서 '녹색 모태'란 잠재 상태로 있다가 출현한 이슈바라 Ishvara(주님. 시바신에게 부여한 칭호)를 지칭한다.

22. 꿈:

미국의 호텔. 꿈꾼 사람은 4, 5층 정도까지 승강기를 타고 간다. 거기에서 많은 다른 사람들과 함께 기다려야 한다. 한 친구(확실한 인물)가 거기에 있는데 이렇게 말한다. 즉, 그(꿈꾼 사람)는 아래에 있는 어두운 미지의 여자를 그렇게 오래 기다리게 해서는 안 된다, 그는 그녀를 꿈꾼 이에게 맡겨두었다는 것이다. 친구는 이제 어둠의 여자에게 쓴, 봉하지 않은 쪽지를 그에게 준다. 거기에는 다음과 같이 적혀 있다. "동행同行의 거부나 도망으로는 구원이 오지 않는다. 또한 결단성 없는 표류에서도 구원은 오지 않는다. 구원은 하나의 소망을 향해 시선을 집중하는 완전한 헌신에서 오는 것이다." 쪽지의 가장자리에는 여덟 개의 살이 달린 수레 혹은 화환이 스케치되어 있었다. 잠시 후 승강기 사환이 와서 그(꿈꾼 사람)의 방이 9층에 있다고 말한다. 그는 승강기를 타고 8, 9층쯤까지 간다. 그곳에는 붉은 머리를 한 미지의 남자가 그에게 친절하게 인사를 한다. 이제 무대가 바뀐다. 즉, 스위스에 혁명이 일어났는데, 군부 정당은 "좌파를 모두 압살할 것"이라고 선전한다. 좌파는 어차피 힘이 약화되었다는 이의가 있자 바로 그렇기 때문에 좌파를 모두 압살하려는 것이라고 답변한다. 잠시 후 구식 군복 차림의 군인들이 오는데 그들 모두 붉은 머리의 남자와 똑같다. 그들은 탄약대가 달린 총을 장전하고 원을 이루고 선 채 중앙을 향해 막 쏘려고 한다. 그렇지만 그들은 결국 쏘지 않고 행군해갈 듯하다. 엄청난 두려움 속에서 깨어나다.

앞의 꿈에서 암시된 전체성을 재현하려는 경향이, 이 꿈에서는 다른 방향을 향하고 있는 의식과 다시금 부딪힌다. 따라서 꿈은 그에 걸맞게 미국을 배경으로 하고 있다. 어떤 것이 '무'의식에서 나와 '위쪽'을 향해 의식 속으로 들어갈 때 당연한 듯이 승강기는 위쪽으로 올라간다. 그런데 여기서 위쪽으로 올라가는 것은 무의식적 내용, 즉 넷의 특징을 지닌 만다라(그림 61, 62 외 참조)다. 그러므로 승강기는 5층까지 가야 한다. 그러나 네 번째 기능은 금기시되어 있기 때문에 그는 4, 5층 근처까지만 갈 뿐이다. 꿈꾼 사람만 그런 것이 아니고, 그처럼 결국 네 번째 기능이 받아들여질 수 있을 때까지 기다려야 하는 다른 많은 사람들도 마찬가지다. 한 선량한 친구는 그가 알 수 없는 여자, 즉 금기시된 기능을 대표하는 '아니마'를 '아래에서', 다시 말해 무의식 속에서 기다리게 해서는 안 된다는 것을 그에게 환기시켜준다. 바로 그것이 그가 다른 사람들과 함께 위에서 기다려야 했던 이유인 것이다. 그것은 실제로 단순히 개인적인 문제가 아니라 하나의 집단적 문제다. 최근에 와서 무의식의 현저한 부활은 이미 프리드리히 실러Friedrich Schiller가 예감한 바와 같은, 19세기엔 꿈꾸지도 못했던 문제를 제기하는 계기가 되고 있다. 니체는 『차라투스트라』에서 뱀과 '가장 추악한 인간'에 대한 배척과 함께 영웅적인 의식의 투쟁을 결단하는데 그러한 투쟁은 결과적으로 『차라투스트라』에서 예언되었던 몰락을 가져오게 되었다.

    쪽지에 적힌 충고는 더 첨가할 것이 전혀 없을 정도로 심오하면서도 탁월하다. 충고가 주어지고 꿈꾼 사람이 그것을 받아들인 후 그는 위쪽으로 운행을 계속할 수 있었다. 우리는 네 번째 기능이 적어도 대체로 받아들여졌다고 여겨야 할 것이다. 왜냐하면 꿈꾼 사람은 이제 8층에서 9층까지 올라가는데, 그로써 네 번째 기능은 더 이상 4분의 1이 아니라 8분의 1로 나타나고 따라서 반으로 줄어들어 보이기 때문이다.

전체성으로 가는 마지막 발걸음인 이러한 망설임은 신기하게도 『파우스트』 제2부에서도 일역을 담당하는 것처럼 보인다. 여기서 말하는 것은 카비렌 장면(그리스 신화에 나오는 카비렌은 불과 대장장이 신인 헤파이스토스의 아들들. 작고 기형이며 신비한 지하계적 신들로, 풍요의 신, 태모를 동반하는 난쟁이들)이다. 즉, '빛나는 자태의 바다 처녀들'이 물을 건너오고 네레이데스Nereiden(해신海神 네레우스의 딸들)와 트리톤들Tritonen(그리스 신화의 바다의 신 포세이돈과 암피트리테의 아들)은 노래한다.

> 우리들이 손에 받쳐 들고 온 것은,
> 여러분 모두를 즐겁게 할 거예요.
> 거대한 거북 첼로네의 등 뒤에서
> 빛나는 엄격한 형상.
> 우리가 모셔온 신들이니
> 거룩한 노래로 맞아주세요.

지레네들Sirenen(요정들):
> 몸집은 작아도
> 힘은 장사.
> 난파한 자들의 구조자,
> 아득한 옛날부터 존경받는 신들이죠.

네레이데스들과 트리톤들:
> 우린 카비렌 신들을 모셔왔어요.
> 평화로운 축제를 벌이기 위해

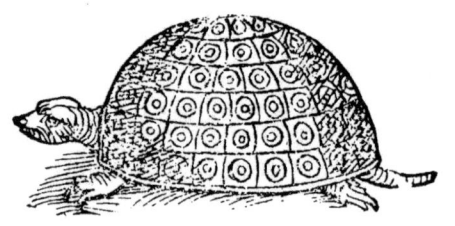

그림 76. 거북: 연금술의 한 도구.(1609)

이분이 성스럽게 다스리는 곳에선
바다의 신 넵튠도 얌전해진답니다.

〔『파우스트』, 정서웅 옮김, 제2부, 8168~8180행 참조.〕

'바다 처녀들'로부터, 즉 어느 의미에서 바다와 파도로서 무의식을 나타내고 있는 여자의 형상(그림 10, 11, 12와 제6권 그림 157 참조)에서 하나의 '엄격한 형상'이 생겨난다. '엄격한'은 낭만적(감정적) 첨가 없이 어떤 특정한 이념을 표현하는 '엄격한' 건축학적 혹은 기하학적 형태를 생각나게 한다. 그것은 원시적 냉혈동물인 뱀과도 같이 무의식의 본능적 성질을 상징하는 거북껍질에서 광택을 없앤다(그림 76 참조).[126] 어쨌든 '형상'은 어두운 상자 속에 숨겨져 있는 창조적이며 보이지 않는 난쟁이 신들과 같다. 그러나 또한 그들은 한 피트 정도의 작은 모습으로 바닷가에 서 있는 존재이며 거기에서 무의식과 동족으로서 항해를, 다시 말해 어둠과 불확실함 속에서 행해지는 모험을 보호해준다. 그렇기 때문에 그들은 손가락 형태를 한 발명의 신으로서 무의식의 움직임처럼 작고 눈에 띄지 않지만 그것만큼이나 강력한 힘을 지닌다. 엘 가비르El gabir는 위대하고 강력한 자다.

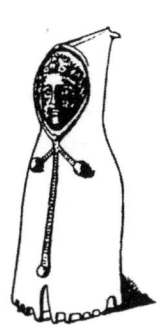 

그림 77a와 b. 텔레스포로스Telesphoros, 카비렌 혹은 아스클레피오스 Asklepios의 '친족'.
77a. St. Germain-en-Laye의 청동상, 77b. 빈의 대리석 입상.

네레이데스들과 트리톤들:
　세 분을 우리는 모셔왔지요.
　네 번째 분은 오려 하지 않았어요.
　자기야말로 모두를 대신하는
　진정한 신이라는 거예요.

지레네들:
　한 신이 다른 신을
　조롱하는 모양이지요.
　하지만 모든 은총을 공경해야죠.
　모든 화禍는 두려워하고요.

〔『파우스트』, 앞의 책, 8194~8205행 참조.〕

괴테의 감정적 성격을 볼 때 네 번째가 바로 사고하는 사람이라는 것은 특이한 일이다. '감정이 전부'임을 최상의 원칙으로 여길 때 사고는 불리한 역할에 만족하고 침몰해버릴 수밖에 없다. 『파우스트』제1부는 그러한 과정을 그리고 있다. 거기에 맞는 모델은 괴테 자신이었다. 이 경우에서 사고는 네 번째 (금기) 기능이 된다. 그것은 무의식에 오염되어 기괴한 카비렌적 형상을 띤다. 난쟁이인 카비렌들은 어둠의 나라의 신이기 때문에 그에 걸맞게 일그러진 모습을 하고 있다("나는 기형아를 질 나쁜 흙으로 만들어진 그릇으로 본다"). 그러므로 그들은 천상적인 것과 마찬가지로 기괴한 대조를 보이면서 이들을 조롱한다 ('신의 원숭이' 참조).

네레이데스들과 트리톤들:
원래는 일곱 분이죠.

지레네들:
나머지 세 분은 어디 계신가요?

네레이데스들과 트리톤들:
우리도 그것은 모르겠으니,
올림푸스산에 가서 물어보세요.
거기엔 아직 아무도 생각지 못한
여덟 번째 신도 계실 거예요.
자비롭게 우리를 돌봐주지만
모두 다 완성된 건 아니지요.
이 비할 바 없는 신들은

언제나 계속해서
이룰 수 없는 것을 동경하며
마냥 허기에 시달리지요.

〔『파우스트』, 앞의 책, 8194~8205행 참조.〕

우리는 그들이 '원래는' 일곱에서 여덟까지라는 것을 안다. 그러나 이전에 넷에 어려움이 있었듯이 다시금 여덟에 어려움이 있다. 이전에 강조되었듯이 아래쪽, 어둠으로부터의 출생과는 모순되게도 실제로 카비렌들은 올림푸스에서 발견된다. 왜냐하면 그들은 영원히 아래에서 위쪽을 향해 가려고 애쓰며 그 때문에 항상 아래, 그리고 위 양쪽 모두에서 우리는 만날 수 있다. '엄격한 형상'은 분명 끊임없이 빛을 향해 밀려드는 무의식적 내용이다. 그것은 내가 다른 곳에서 '얻기 힘든 귀중품'이라고 지칭한 것[127]을 추구하는데, 또한 그 자체가 바로 그 귀중품이기도 하다. 이러한 가정은 곧바로 입증된다.

옛날 영웅들의 명성이
어디서 어떻게 빛났든 간에
이처럼 빛나지는 못했을 거예요.
영웅들은 황금 모피를 얻었지만,
그대들은 카비렌 신들을 모셔왔어요.

〔『파우스트』, 앞의 책, 8212~8217행 참조.〕

'황금 모피'〔그리스 신화에 나오는 황금 털을 가진 마술적인 양〕는 아르고〔그리스 신화에 나오는 영웅 이아손이 명하여 만든, 50명의 선원에 의해 움직이는 배〕 선원들이 간절히 탐내는 항해의 목표다. 즉 도달할 수 없는 곳에의 도달을 뜻하는 수많은 동의어 중의 하나로서 모험적인 '원정'의 절실한 목표다. 탈레스Thales는 이에 대해 현명한 지적을 하고 있다.

> 그것이야말로 사람들이 탐내는 것이라네.
> 동전도 녹이 슬어야 값이 나가는 법이거든.
>
> 〔『파우스트』, 앞의 책, 8222~8223행 참조.〕

무의식은 그야말로 수프 속의 머리카락과 같은 것이다. 그것은 완전무결함 가운데 조심스럽게 숨겨진 불완전함, 즉 모든 이상주의적 요구의 고통스러운 부인否認, Dementi으로서 인간 본성에 달라붙어 그것이 열망하는 완전무결한 순수성을 비통하게 흐려놓는 지상의 잔여물이다. 연금술적 사고에서 볼 때 녹은 녹청綠靑과 마찬가지로 금속의 질병이다. 그러나 바로 이러한 금속의 나병癩病이야말로 철학적 금을 준비하기 위한 토대인 '참된 기본 재료'다. 『현자의 장미원』은 다음과 같이 말하고 있다. "우리의 금은 비천한 금이 아니다. 그런데 너는 그것 자체가 띠고 있는 녹색 때문에 청동이 나병에 걸린 물체라고 생각하며 녹색viriditas(아마도 녹청)에 관해 물었다. 그러므로 네게 말한다. 청동에서 완전한 것은 그 녹색뿐이라고. 왜냐하면 이 녹색은 우리의 감독을 통해 가장 진실한 금으로 곧 변할 것이기 때문이다."[128]

녹이 슬어야 동전이 비로소 진정한 가치를 지니게 된다는 탈레스의 역설적인 말은 일종의 연금술적 의해義解다. 그것은 근본적으로 그림자 없이는 빛도 존재하지 않으며 불완전함 없이는 어떠한 정신적 전체성도 있을 수 없다는 말에 다름 아니다. 삶이 그 완성을 위해 필요로 하는 것은 완전무결함Vollkommenheit이 아니라 온전성Vollständigkeit이다. 이를 위해서는 '육체 속의 가시'〔신약성서「고린도후서」, 12장 17절〕, 즉 결함

그림 78. 마리아 프로페티사. 배경은 상부와 하부의 융합.(1617)

을 감내할 필요가 있으며, 그렇지 못한 경우 어떠한 전진도 비약도 있을 수 없다.

괴테 자신이 이 부분에서 끄집어낸 셋과 넷, 일곱과 여덟의 문제는 연금술의 당혹스러운 점으로서 그 문제는 역사적으로 크리스티아노스Christianos[129]의 것으로 여겨지는 원전으로 거슬러 올라간다. '신비의 물'의 생성에 관한 논문에는 다음과 같은 말이 있다. "그러므로 히브리의 여女선지자는 거리낌 없이 외쳤다. '하나는 둘이 되고 둘은 셋이 된다. 셋으로부터는 넷인 하나가 생겨난다.'"[130] 이 여선지자는 연금술 문헌에서 유대 여자, 모세의 누이, 혹은 콥트 여인(고대 이집트의 기독교도)이라는 별명이 붙은 마리아 프로페티사[131](그림 78)로 여겨지고 있다. 그녀가 그노시스의 전통에 나오는 마리아와 연관이 있다는 말이 터무니없지는 않은 듯하다. 에피파니우스Epiphanius(315~403, 초기 기독교 역사에서 이단이라고 판단한 신조들에 맞서 싸운 것으로 유명한 팔레스타인 주교)는 마리아의 글들이 있다는 사실을 입증하고 있다. 그것은『큰 물음 *Interrogationes magnae*』과『작은 물음*Interrogationes parvae*』인데, 거기에는 그리스도가 산 위에서 어떻게 자기의 옆구리에서 여자를 들어내게 했고 또 어떻게 스스로 이 여자와 섞였는지에 대한 그리스도 자신의 환상이 기술되어 있다.[132] 그런데 마리아의 논문이 철학자 아로스Aros[133]와의 대화에서 '연금술적 혼인matrimonium alchymicum'에 관한 주제를 다루고 있는 것은 우연이 아닐 것이다. 후에 자주 반복된 "진정한 혼인으로 고무와 고무를 결합시켜라"[134]라는 말은 거기에서 유래한다. 원래는 '아라비아의 고무'인 것이 그 접착성 때문에 여기에서는 변환의 물질에 대한 비약秘藥의 이름으로 사용된 것이다. 그래서 예컨대 쿤라트[135]는 '붉은' 고무를 '현자賢者의 수지樹脂'로 설명하는데 그것은 바로 변환의 물질과 동의어다. 한 다른 주석자는 생명력vis animans인 그러한 물질을 정신과 육체의 중간물을 이루며 그 둘을 결합시키는 '세계의 아교'에 비유하고 있다.[136] 고대의 논문『결합의 권고*Consilium coniugii*』에는 '철학적 인간'은 '돌의 네 가지 성질'로 이루어져 있다고 설명되어 있다. 그중 셋은 지상적 성질을 지니거나 지상에 존재하며 "네 번째 성질은 돌의 물, 즉 붉은 고무로 지칭되는 접착성 금으로서 세 가지 지상적 성질이 그것으로써 물들여진다."[137] 우리가 여기서 살펴본 바대로 고무는 비판적인 네 번째 성질이다. 즉 그것은 이중적, 즉 남성적이고 동시에 여성적이다. 그리고 또한 오로지 '메르쿠리우스의 물'일 뿐이다. 둘의 융합은 따라서 일종의 자가수정授精(Selbstbefruchtung)인데 그것은 바로 메르쿠리우스 용에 의한 것으로 여겨진다.[138] 이러한 암시에서 철학적 인간이란 어떤 사람인지 쉽게 알 수 있다. 즉 그것은 양성적 원인原人, 혹은 그노시스 설에서의 안트로포스[139](그림 64, 82, 제6권의 그림 117, 195 등을 참조)로서 인도의 경우 그와 유사한 것은 아트만이다.

『브리하다라냐카 우파니샤드 Bṛhadāraṇyaka Upaniṣad』는 이에 대해, "그것은 말하자면 서로 껴안고 있는 한 여자와 한 남자만큼이나 컸다. 그는 이러한 자기 Selbst (아트만)를 두 부분으로 나누었다. 거기에서 남편과 아내가 생겨난 것이다. 그는 그녀와 결합하였다"[140]는 등의 말을 하고 있다. 이러한 생각의 공통된 근원은 양성을 지닌 근원적 존재에 대한 원시적 관념에 있다.

네 번째 성질은—『결합의 권고』의 원전으로 돌아가자면—인간이 있기 전부터 존재했으며 동시에 인간의 목표를 표현하는 인간의 전체성의 표상인, 안트로포스 이념으로 직접 연계된다. 그는 네 번째로서 셋에 합류하며 그로써 통합을 향한 넷의 합성 Synthese을 만들어낸다.[141](제6권의 그림 196 참조) 일곱과 여덟의 경우에 어느 정도 비슷한 문제가 다루어지는 것 같다. 그러나 문헌 속에서 그러한 모티프는 훨씬 드물게 나타난다. 그런데 괴테가 접근해갔던[142], 파라켈수스의 『천문학 전체에 대한 또 다른 설명 Ein ander Erklärung der gantzen Astronomey』에는 "하나는 강력하다 / 여섯은 주체다. 여덟 역시 강력하다"[143]는 말을 찾아볼 수 있으며, 심지어는 첫 번째보다 더 강력한 것도 있다는 것이다. 하나는 왕이고, 여섯은 종이며 아들이다. 즉, 1546년에 나온 야누스 라시니우스 Janus Lacinius의 『고가의 새 진주 Pretiosa margarita novella』[1546년 베네치아에서 발간된 연금술 저서]에 나오는 묘사가 입증하고 있듯이,[144] 그것은 왕인 태양 Sol이며 여섯 행성 내지는 금속제 작은 인간 Metallhomunculi이다(그림 79 참조). 여기서 물론 여덟 번째는 나타나지 않는다. 파라켈수스는 그것까지도 만들어낸 것 같다. 그런데 그것은 첫

그림 79. 여섯 행성 아들들과 함께 있는 태양왕Sol.(1546)

번째보다도 더 '강력'하기 때문에 영광은 그에게 주어져야 할 것이다.

괴테가 말하는 올림푸스에 '존재하는' 여덟 번째 것은 괴테가 '올림푸스의 점성술'(다시 말해 '성좌의 몸체corpus astrale')의 구조를 설명하는 한, 바로 파라켈수스의 원전을 가리키는 것이다.[145]

이제 다시 꿈으로 되돌아오자면, 우리는 결정적인 곳, 말하자면 8층과 9층에서 뾰족한 턱수염의 동의어인 붉은 머리의 남자, 즉 영리한 메피스토를 보게 된다. 메피스토에게는 파우스트가 결코 보지 못한 것, 말하자면 최고의 보물, 즉 '불멸의 것'을 의미하는 '엄격한 형상'이 중요하기 때문에 그는 마술로 장면을 변화시킨다.[146] 그는 스스로 획일성, 즉 목적에 맞지 않는 일을 감수하기를 전적으로 거부하는 집단적 의견의 대표자인 군인들로 변신한다. 집단적 의견 중 셋과 일곱은 최

그림 80. 메르쿠리우스가 연금술 작업 과정을 상징하는, 여덟 개의 살이 달린 바퀴를 돌리고 있다. 그는 한 손에 '열정이라는 무기telum passionis'를 들고 있다. (17세기)

고의 권위 속에서 신성하며 넷과 여덟은 악하다. 그것은 각양각색의 색조를 지닌 청동의 엄격한 판단 앞에서 존속하지도 못하는 열등한 것에 '다름 아닌' '질 나쁜 흙으로 된 그릇'이다. '왼쪽'은 '완전히 압살' 되어야 하는데, 다시 말해 그것은 무의식적 측면과 왼쪽, 즉 무의식으로부터 오는 모든 의심스러운 것을 말한다. 이러한 생각이 진부하고 또 진부한 방법에 의한 것이긴 하지만, 그러나 '전장총前裝銃'도 아직은 명중할 수 있는 것이다. 알려지지 않은, 다시 말해 꿈속에서 거론되지 않은 이유로 인해, (충고에 따라) '시선을 항상 두어야' 하는 '중앙'을 거부하는 이러한 파괴적 살상은 점차 사라져가고 있다. 그러한 중앙은 종이쪽지 가장자리에 여덟 개의 살이 달린 바퀴(그림 80 참조)로 그려져 있다.

III. 만다라의 상징성 —— 207

23. 꿈:

정사각형의 공간. 꿈꾼 사람의 맞은편에 미지의 여자가 앉아 있는데, 그는 그녀의 초상화를 그려야 한다. 그런데 그가 그리는 것은 얼굴이 아니고 붉은색, 노란색, 녹색, 그리고 푸른색의 네 가지 다양한 색깔을 지닌 세 잎 클로버 혹은 일그러진 십자가들이다.

이 꿈에 이어 꿈꾼 사람은 자발적으로 하나의 원을 그리는데, 그 원의 4분의 1은 위의 색깔들로 칠해져 있다. 그것은 여덟 개의 살이 달린 바퀴다. 가운데에는 네 잎으로 된 푸른 꽃이 있다. 이제 짧은 간격을 두고 수많은 그림들이 이어지는데, 그것들은 모두 특이한 '중앙' 구조를 다루고 있다. 그것은 '중앙'의 본질을 적합하게 표현하는 형태를 찾아내려는 욕구에서 우러나온 것이다. 각각의 그림들은 일부는 시각적 인상에서 나온 것이며 일부는 감정이입적(공감적) 직관에서, 또 일부는 꿈에서 나온 것이다.

바퀴에 대해 말하자면, 그것은 연금술에서 흔히 사용하는 표현으로 '순환 과정circulatio'을 지칭한다. 그로써 한편으로는 '상승ascensus'과 '하강descensus', 예컨대 날아오르고 낙하하는 새(침전하는 수증기)[147]이며, 다른 한편으로는 작업의 전범이 되는 우주의 진화와 또한 작업이 성립되는 해[年]의 주기周期를 말한다. 연금술사는 '회전rotatio'과 그의 원圓 그림의 관련을 의식 못하는 것이 아니다. 바퀴에 대한 동시대의 도덕적 비유는 무엇보다도 신의 인간으로의 하강과 인간의 신으로의 상승을 말하는 '상승'과 '하강'을 강조하고 있다(성 베른하르트Bernhard의 설교에 의하면, "그는 하강함으로써 우리가 즐겁고 유익한 상승을 하도록 해주었다."[148]). 그 외에도 바퀴는 작업에서 중요한 '불변성', '순종', '절제', '태연함' 그리고 '겸손'을 표현한다.[149] 또한 바퀴의 신비적 관계는 야코프 뵈메Jakob Böhme(1575~1624, 독일 프로테스탄트 신비주의자)에게도 적지 않은 역할을 한다. 연금술사들과 마찬가지로 그도 역시 에제키엘Ezechiel의 바퀴를 가지고 작업하는데, 다음과 같이 말하고 있다. "… 그러니 우리는 정신생활이 자체의 내면을 향해 있고, 자연의 생활은 그 자체로부터 나와 스스로를 대면하고 있다는 사실을 인식한다. 따라서 그러한 것을 통틀어, 에제키엘의 바퀴가 보여주듯 모든 방향으로 향해가는 하나의 둥근 바퀴에 비교할 수 있다."[150] 계속해서 그는 이렇게 설명한다. "자연의 바퀴는 외부에서 자체의 내부로 감겨 들어온다. 왜냐하면 신성神性은 신 자신의 내면에 머물러 우리가 그려낼 수 없는 형상을 하고 있기 때문이다. 자연의 바퀴는 마치 신이 이 세계의 형상 속에서 그려지는 것과 똑같이 하나의 자연스러운 비유일 뿐이다. 왜냐하면 신은 모든 곳에 존재하며 따라서 자신 속에 머무르고 있기 때문이다. 주목하라. 외부의 바퀴는 성좌로 된 12궁이며 그 다음에 일곱 행성이 뒤따른다."[151] "그러한 형상이 충분히 만들어져 있지 않다고 할지라도 그것은 숙고 끝에 나온 것이다. 그래서 이해력이 부족한 사람도 깊이 생각할 수 있도록 그것을 커다란 원 위에 섬세하게 그릴 수 있을 것이다. 그러니 주목하라, 열망은 자신의 내부로, 심장을 향해 가며 심장은 바로 신이라는 것" 등을. 그런데 뵈메에게 바퀴는 또한 영원한 의지의 '인상'(연금술 용어로는 '인포르마치오informatio'(선천적으로 존재하거나 후천적으로 얻은 표상))이다. 그것은 어머니의 본성, 또는 "어머니의 정서이며 / 그것을 바탕으로 하여 항상 그녀는 창조하고 작업을 한다. 그것은 / 영원한 성좌를 따라 만들어진 / 행성 바퀴를 지닌 별로서 / 영원한 자연으로서 / 단 하나의 정신이고 / 또한 신의 지혜 안에

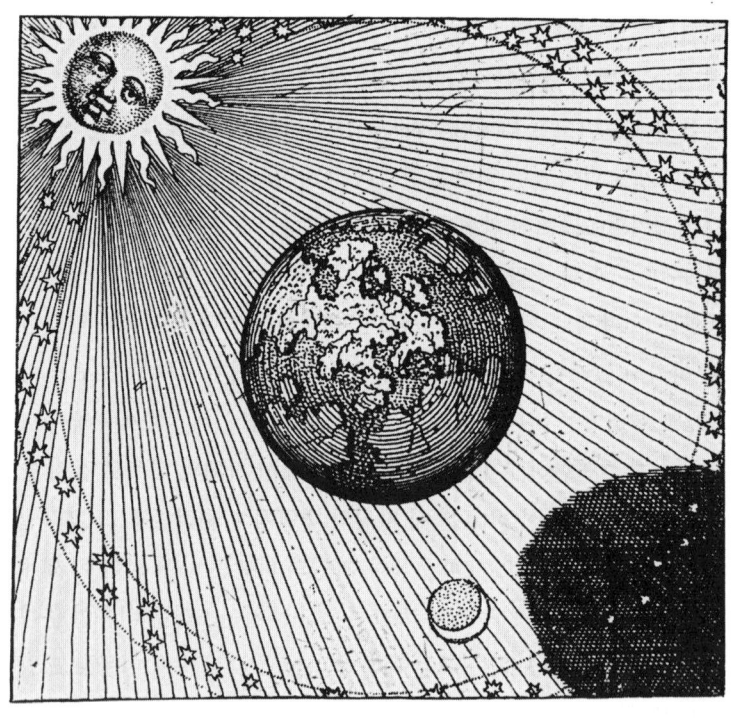

그림 81. '태양과 그 그림자 Sol et ejus umbra.'
지구는 빛과 어둠의 가운데에 놓여 있다.(1687)

있는 영원한 정서다. / 거기에서 영원한 신령들이 나와 피조물 속으로 들어가게 되었다."¹⁵² 바퀴의 '특질'은 '산모인 어머니의 내부에서 다스리는' '네 명의 관리' 모습으로 이루어지는 삶이다. 그것은 네 요소인데 "정서의 바퀴가 … 거기에 의지와 욕망을 가져다준다. 그러므로 이 전체 존재는 단 하나의 유일한 것이다." '심혼과 육체 안에 있는 인간의 정서'처럼 말이다. 왜냐하면 인간은 이 '전체 존재'의 상에 따라 창조되었기 때문이다. 따라서 자연 역시 네 요소 안에 있는 충만한 혼을 지닌 '전체 존재'¹⁵³다. 이러한 '유황 바퀴'는 또한 선과 악의 근원이 되기도 하며, 또한 그러한 원리 속으로 들어가거나 나오도록 유도한다.¹⁵⁴

뵈메의 신비주의는 고도로 연금술의 영향을 받았다. 그러므로 그는 이렇게 말한다. "탄생의 형식은 돌아가는 바퀴와 같다. / 그것은 메르쿠리우스가 유황 속에서 만드는 것이다."¹⁵⁵ '탄생'은 '황금 아이'('철학자의 아들 = 신성한 아이의 원형'¹⁵⁶)인데, 그의 '직공장'은 메르쿠리우스다.¹⁵⁷ 메르쿠리우스 스스로가 뱀의 모습으로 나타나는 '정수의 불-바퀴이다'. (깨우치지 못한) 심혼 역시 '그러한 불의 메르쿠리우스'다. 그런 심혼이 신에게서 '단절'될 때 화산은 심혼 속에 있는 '본질의 불-바퀴'에 불을 붙인다. 거기에서 '신의 분노'인 욕망과 죄악이 생겨나는 것이다. 그래서 심혼은 '불뱀'이나 '애벌레', 혹은 '괴물'과 같은 '벌레'가 된다.¹⁵⁸

바퀴에 관한 뵈메의 해석은 연금술의 신비적 비밀을 드러내기 때문에, 그러한 관점에서 보거나 심리학적 관점으로 보면 적지 않은 의미를 지닌다. 즉, 바퀴는 여기서 만다라의 상징성에서 핵심을 나타내고 있으며 따라서 '악의惡意의 신비 mysterium iniquitatis'까지도 포함하는 전체성의 표상으로서 나타난다.

이러한 사실은 무의식으로부터 항상 반복하여 의식으로 접근해오던 '중앙'의 표상이 확고한 발판을 얻고 꿈꾼 이의 의식에 대해 독특한 매혹적 영향을 발휘하기 시작한다는 것을 입증한다. 다음의 그림은 다시금 푸른 꽃(그림 85 참조)을 내보이는데 그러나 이번에는 여덟 부분으로 나뉘어 있다. 이어서 하나의 화구호火口湖를 에워싼 네 개의 산을 그린 그림들이 뒤따른다. 그리고 하나의 붉은 원이 땅 위에 있는데 그 안에는 한 마리의 녹색 뱀(그림 13 참조)이 왼쪽 방향으로 휘감겨 있는

가느다란 나무 한 그루가 서 있다.

이 분야를 잘 모르는 사람은 진지하게 이 문제를 탐구하는 것을 보고 조금은 당황할지 모른다. 그러나 요가와 라피스lapis(돌)에 관한 중세의 철학을 어느 정도 알면 이해에 도움이 될 것이다. 원의 사각형 만들기에서 이미 말했듯이, 이것은 돌을 만들기 위한 방법 중의 하나이며, 또한 다음의 문장이 확실하게 입증하듯이 '상상imaginatio'의 적용이기도 하다. "그 안에 있는 것이 도망칠 수 없도록 너의 문을 단단히 잘 닫도록 주의하라. 그리고—신의 뜻에 따라—그렇게 해서 너는 목표에 도달하게 될 것이다. 자연은 점차로 자신의 조작을 완성해간다. 그런데 나는 네가 똑같이 행하기를 원한다. 아니 너의 상상을 자연의 인도에 온전히 맡기기를 원한다. 자연과 똑같이 바라보아라, 자연을 통해 육체는 지구의 내장 속에서 회생할 것이다. 그리고 공상이 아닌 진실한 상상을 통해 상상하라."[159]

'잘 밀폐된 그릇vas vene clausum', 빈번하게 등장하는 연금술의 이러한 예방책은 마법의 원과 동일한 의미를 지닌다. 이 두 경우에서 내부의 것은 외부의 것의 침입과 혼합에서 보호되어야 하며[160] 또한 소실되지 않도록 해야 한다. '상상'은 여기서 말 그대로의 이미지를 창조하는 실제적인 힘Einbildungskraft으로 이해된다. 이것은 이 단어의 고전적인 사용과 일치하며 '공상phantasia'과는 반대되는데, 공상은 기껏해야 실체가 없는 사고라는 의미에서의 '착상着想'을 말한다. 페트로니우스 Petronius(1세기의 로마 사회를 문학적으로 묘사한 『사티리콘Satyricon』의 저자로 알려진, 고대 로마의 시인)는 심지어 "그는 인간이 아닌 공상이다"라는 말에서 그 의미를 강화시켜 그것을 우스꽝스러움이란 뜻으로 여겼다.[161] '상상'은 (내적인) 상을 '자연에 적합하게' 적극적으로 불러내는 것이다. 그것은 계획성 없이, 또는 아무런 근거 없이 허공을 향해 '공상을 쫓다가', 그래서 그 대상과 유희하는 것이 아니라—자연을 충실하게 모방한—내적 소여所與를 표상 속에서 포착하고자 하는 독자적인 사고, 혹은 표상 작용이다. 그러한 활동은 '작업opus'이라 부른다. 무의식에서 의식 속으로 밀려 들어가는 내용을 성실하게, 정확하고도 신중하게 기술하고 형상화하는 것을 고려해볼 때, 꿈꾼 사람이 내적 체험의 이와 같은 대상을 다루는 방식 역시 올바른 작업이라고 말할 수밖에 없다. 연금술에 능통한 사람이라면 아마 누구나 '작업'과의 유사성을 알게 될 것이다. 그 외에도 꿈은 유비 관계를 증명하고 있는데 (다음의) 꿈24가 그것을 보여줄 것이다.

지금 막 거론된 그림들이 등장했던 이 꿈 23은 왼쪽이 이른바 '압살' 되었다는 것을 전혀 보여주지 않는다. 그와 반대로 꿈꾼 사람은 다시금 네 번째의 '열등한' 기능이 인격화된 미지의 여자와 대면하는 테메노스(성역) 안에 있다.[162] 그의 그림은 꿈에 예시되어 있다. 꿈이 인격화시켜 표현하는 것을 꿈꾼 사람은 다시금 추상적인 표의表意 기호로 제시한다. 그것은 아마도 인격화의 의미가, 완전히 다른 형상으로도 그려질 수 있는 무엇인가에 대한 한 상징이라는 것을 암시하는 것이다. 이 '다른 형상'은 [II장] 꿈 16의 클로버 에이스로 거슬러 올라가는데, 변의 길이가 다른 십자가와 클로버 에이스의 유사성이 거기에서 강조되었다. 그 유사성은 여기에서 입증된다. 당시의 상황을 나는 다음의 공식으로 파악하고자 했다. 그것은 즉 기독교의 삼위이지만 네 가지 (색)에 의해 조색調色 또는 채색되거나 어둡게 한 것이다. 색들은 여기에서 수의 합 4(Tetrakty: 피타고라스 학파가 최초의 4개의 수의 합(1 + 2 + 3 + 4 = 10)에 붙인 호칭)의 구체화로서 나타난다. 『장미원』은 비슷한 말을 『금에 관한 논고Tractatus aureus』에서 인용하고 있다. "독수리[163]는 … 큰소리로 외치며 말한다. '나는 흰 검정색이며 붉은 노란색이다.'"[164] 이와는

그림 82. 네 요소와 함께 있는 안트로포스.(18세기)

반대로 돌에서는 그것이 '모든 색'을 자체 내에서 융합시킨다는 사실이 강조된다. 그렇기 때문에 여기서 색을 통해 나타난 넷의 수가 말하자면 하나의 전 단계를 표현하고 있음을 짐작할 수 있을 것이다. 그러한 사실은 『장미원』에 입증되어 있다. "우리의 돌은 네 요소에서 유래한다."[165] (그림 64, 82와 제6권의 그림 117, 기타 참조) '현자의 금'도 마찬가지다. "금金 속에는 네 요소가 균일하게 배분되어 존재하고 있다."[166]

사실상 꿈에 나타난 네 가지 색 역시 셋에서 넷으로, 그로써 사각으로 된 원(그림 59와 60 참조)으로 넘어가는 과정을 그리고 있다. 연금술적 사고에 따르면 사각으로 된 원은 그것의 둥근 형태(완벽한 단순성)로 인해 라피스(돌)의 성질과 가장 가까운 것이다. 그러므로 라이문두스Raymundus Jordanus의 것으로 여겨지는, 라피스의 준비를 위한 처방은 이렇다. "아들아, 가장 단순하고 둥근 물체를 취하라. 삼각형이나 사각형을 취하지 말고 둥근 것을 취하라. 둥근 것은 삼각형보다 단순성에 근접하기 때문이다. 단순한 형체에 모서리가 없다는 것은 확실하다. 태양이 성좌 중에서 그렇듯, 단순한 형체는 행성 중 으뜸이며 마지막이기 때문이다."[167]

24. 꿈:

두 사람이 수정水晶에 대해, 특별히 다이아몬드에 대해 말하고 있다.

여기에서 돌Lapis의 이념을 생각하지 않을 수 없다. 오히려 이 꿈은 역사적 기초를 들추어내며 여기서 실제로 문제되고 있는 것이 사람들이 찾던 돌, 즉 '얻기 힘든 보배로운 것'임을 암시한다. 꿈꾼 사람의 '작업'은 연금술적 철학의 시도를 무의식적으로 반복하는 것과 같다('다이아몬드'에 대한 그 외의 내용은 꿈 37, 39, 50 참조).

25. 꿈:

한 중심점의 구성과 그 점에 반사됨으로써 생겨난 형상의 대칭화 문제가 나타난다.

'구성Konstruktion'이란 말은 '작업'의 합성적 성질과, 꿈꾼 사람의 노동력을 요구하는 이른바 힘겨운 건축 과정을 말해준다. '대칭화'는 꿈 22에서의 갈등('왼쪽을 완전히 압살하는 것')에 대한 하나의 회답이다. 한쪽은 다른 한쪽의 영상으로서 그것과 완전히 일치해야 한다. 더욱이 이 영상은 '중심점' 안에서 생겨난다. 따라서 중심점은 반영하는 특성을 지닌 유리,[168] 수정, 혹은 수면이다. 반영한다는 것은 라피스, 즉 '현자의 금', 영약靈藥, '우리의 물' 등의 근간을 이루는 표상을 암시하는 것처럼 보인다(제6권의 그림 265 참조).

의식의 '오른쪽'이 의식의 세계와 원리를 표현하듯이, '반영Spiegelung (거울상)'에 의해서는 세계상이 왼쪽 방향으로 반전되어 정반대의 의미에서 일치가 이루어져야 한다. 마찬가지로 또한 '반영'에 의해 '오른쪽'은 '왼쪽'의 반전으로서 나타난다고 할 수도 있다. 그렇기 때문에 '왼쪽'은 '오른쪽' 또는 무의식과 동등한 자격으로 나타나며 대부분 이해할 수 없는 그것의 질서는 의식과 그 내용에 대해 대칭적 보완이 된다. 그때 무엇이 반영되는지, 무엇이 반영된 영상인지 처음에는 아직 모호한 상태에 있다(그림 55 참조). 그러므로 결론을 이끌어내자면, '중심점'은 거울에 의해 정반대로 되긴 했지만 서로 일치하는 두 세계의 교차점이라고 생각해볼 수 있을 것이다.[169]

그러므로 대칭화의 이념은 무의식을 인정하고 그것이 보편적 세계상 속으로 편입해 들어가는 것을 받아들이는 극점이 될 것이다. 무의식은 여기서 '우주적' 특성을 얻게 된다.

26. 꿈:

밤이다. 별이 총총한 하늘이 있다. 한 목소리가 "이제 시작될 것이다"라고 말한다. 꿈꾼 사람이 묻는다. "무엇이 시작되는 것입니까?" 목소리가 여기에 대답한다. "순환이 시작될 수 있다." 유성 하나가 왼쪽 방향으로 독특한 곡선을 그리며 떨어진다. 장면이 바뀌는데, 즉 꿈꾼 사람은 의심스러운 유흥업소에 있다. 양심 없는 착취자로 보이는 주인과 몰락한 모습의 소녀들이 거기에 있다. 오른쪽과 왼쪽에 대해 논쟁이 붙는다. 그런 다음에 꿈꾼 사람은 나가서 택시를 타고 어느 정사각형의 둘레를 따라 돈다. 그런 후 다시 술집으로 돌아온다. 술집 주인이 말한다. "사람들이 왼쪽과 오른쪽에 대해 말하는 것은 내 감정에 와 닿지 않았소. 도대체 인간 사회에서 오른쪽 부분과 왼쪽 부분이 정말 존재한단 말이오?" 꿈꾼 사람이 대답한다. "왼쪽이 존재하는 것은 오른쪽이 존재하는 것과 상치되지 않습니다. 모든 사람의 안에 그 둘이 존재합니다. 왼쪽은 오른쪽의 거울 영상입니다. 그것이 내게 거울 영상으로서 느껴질 때면 항상 나는 나 자신과 일치됩니다. 인간 사회에는 왼쪽 부분도 오른쪽 부분도 없습니다. 그렇지만 아마도 대칭적 인간과 한쪽으로 기울어진 인간이 존재할 것입니다. 기울어진 인간이란 자신 안에 왼쪽이든 오른쪽이든 한쪽만을 실현할 수 있는 사람들이지요. 그들은 아직도 어린아이의 상태 속에 있는 것입니다." 주인은 생각에 잠긴 채 "그 말이 훨씬 더 좋군" 하고 말하고 나서 다시금 자신의 일에 몰두한다.

이 꿈은 꿈 25에서 암시된 이념이 꿈꾼 사람에 의해 어떻게 받아들여지는가를 탁월하게 보여주고 있기 때문에 나는 이 꿈을 여기에서 상세히 소개하였다. 대칭 관계의 표상은 사회적 상징을 통해 표현되면서

그림 83. 단테가 천상의 장미 속에서 신 앞으로 인도된다.
단테, 「천국Paradiso」.(15세기)

그것의 우주적 특성을 벗고 심리학적인 것으로 옮겨진다. '오른쪽'과 '왼쪽'은 이때 마치 정치적인 구호처럼 사용되고 있다.

꿈의 처음 부분은 아직 우주적 측면을 지닌다. 꿈꾼 사람은 유성이 그리는 독자적인 곡선이, 여덟 갈래의 꽃[170] 그림을 스케치했을 때 자신이 그린 선 하나와 정확히 일치한다는 것을 알았다. 곡선은 꽃잎의 가장자리를 형성한다. 그러므로 유성은 말하자면, 별이 총총한 하늘 전체에 퍼져 있는 꽃의 가장자리를 따라 움직인다. 그것은 여기에서 시작되는 빛의 순환이다.[171] 이 우주적 꽃은 단테의 「천국」(그림 83 참조)에 나오는 장미와 어느 정도 일치한다.

체험의 '우주적' 성격은, 오로지 심리적으로만 이해할 수 있는 '내적' 체험의 측면이기 때문에 거부감을 주며 곧바로 '아래의 것'의 반작용을 불러일으킨다. 우주적 측면은 분명 너무 '높기' 때문에 '아래쪽'으로 보상된다. 그러므로 대칭이란 더 이상 두 세계상의 대칭이 아니며 바로 꿈꾼 사람 자신인 인간 사회의 대칭일 뿐이다. 주인이 그러한 심리학적 이해에서 "그 말이 훨씬 더 좋군" 하고 말한다면 자신이 그러한 것을 인정했음을 말하는 것이다. 그 다음 문장은 "그러나 아직 충분치는 않아"이어야 할 것이다.

처음에 술집에서 벌어진 오른쪽과 왼쪽에 대한 논쟁은 대칭을 인정해야 할 때 꿈꾼 사람 자신의 내부에서 터져나오는 갈등이다. 그러나 다른 쪽이 너무 미심쩍게 보여 그 상을 더 가까이 관찰하려 들지 않기 때문에 그는 대칭을 인정할 수 없다. 그렇기 때문에 마술적인 '순환적 발전(사각형의 둘레를 돌기)'이 이루어지는데, 그로써 그는 달아나지 않고 내부에 남아 자신의 영상을 견뎌내는 것을 배운다. 이제 그는 최선을 다해 그렇게 하지만 다른 쪽이 원하는 만큼은 아직 아니다. 그러므로 자신의 업적을 인정하면서도 어느 정도 냉담한 태도다.

27. 시각적 인상:

하나의 원; 중앙에는 녹색 나무 한 그루가 있다. 원 안에서 야만인들이 사나운 싸움을 벌인다. 그들은 나무를 보지 않는다.

오른쪽과 왼쪽의 갈등은 분명 끝나지 않은 상태다. 그는 침착하게 길을 간다. 왜냐하면 야만인들은 아직 '어린아이의 상태'에 있기 때문에 '기울어진 자들'로서 오른쪽이나 왼쪽 하나만을 알며 갈등을 넘어서는 세 번째를 알지 못하기 때문이다.

28. 시각적 인상:

하나의 원; 내부에는 계단이 위로 수조水槽에 이어져 있고 그 안에 분수가 있다.

그림 84. 담장이 둘러진 정원 안의 분수는 '거부적 환경에서의 내구성constantia in adversis'을 의미한다. 바로 연금술을 두고 지칭할 수 있는 상황!(1702)

무의식적 내용의 본질적 측면이 결여되어 어떤 상태가 만족스럽지 못할 경우 무의식 과정은 초기의 상징으로 거슬러 올라간다. 이 사례가 그렇다. 상징적 의미는 우리가 '우리의 물'의 분수가 있는, 철학자들의 만다라 정원을 만나는 꿈 13(그림 84, 또한 25, 26, 56 참조)으로 되돌아간다. 원과 연못은 중세의 상징적 의미에서 '장미'[172]인 만다라를 강조하고 있다. '현자의 장미원'은 즐겨 사용하는 상징이다.[173]

29. 시각적 인상:

장미 꽃다발, 그리고 ≢의 기호, 그러나 그것은 ✳이어야 한다.

장미 꽃다발은 사방으로 퍼지는 분수와도 같다. 첫 번째 기호(나무?)의 의미는 불분명하다. 반면 정정된 기호는 여덟 갈래의 꽃(그림 85 참조)이다. 여기에서 어쨌든 '장미'의 총체성을 침해한 오류가 확실하게 정정된다.

그러므로 기호를 다시 그린 것은 의식으로 하여금 다시금 만다라의 문제, 말하자면 '중심점'에 대한 올바른 평가와 해석을 하도록 하기 위한 것이다.

30. 꿈:

그는 어두운 미지의 여자와 함께 둥근 탁자 앞에 앉아 있다.

어느 정도 명확성이 고조되거나 결론에 대한 광범위한 가능성이 생겨날 때면 항상 거기에서 약간의 퇴행이 행해진다. 여기에 인용된 꿈

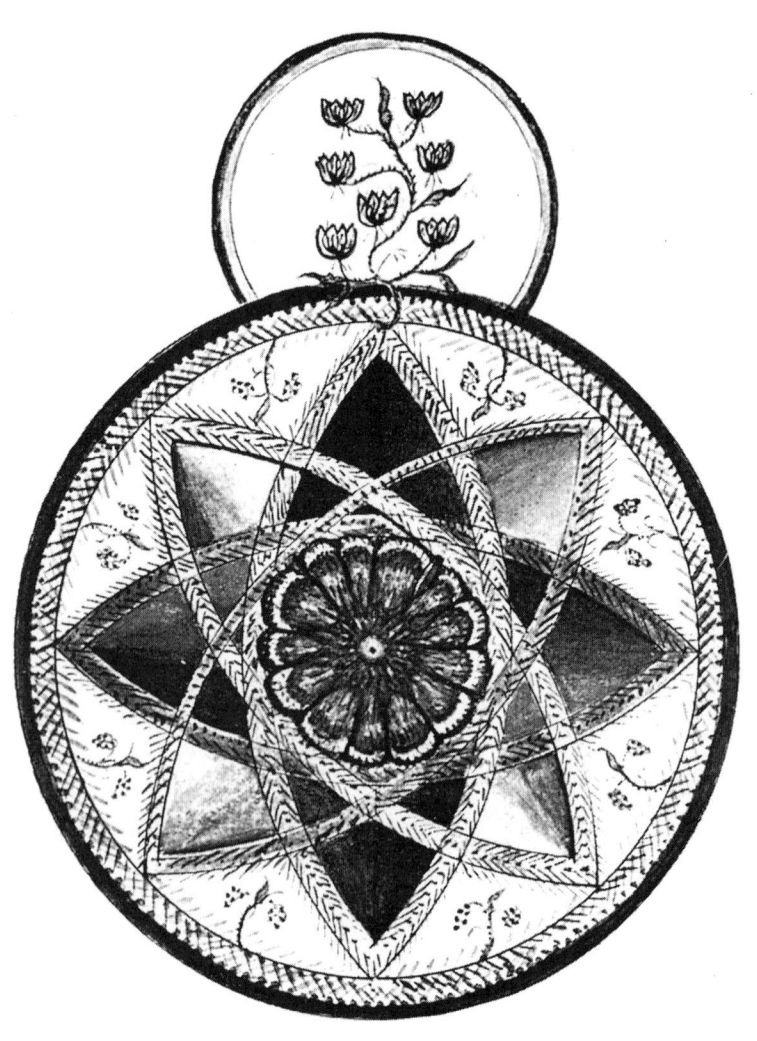

그림 85. 여덟 번째 혹은 일곱의 첫 번째인 여덟 갈래의 꽃.(18세기)

들 사이에 나타나는 꿈은, 꿈꾼 사람에게 밀어닥치는 전체성에의 요구가 어느 정도는 고통스럽다는 사실을 보여준다. 왜냐하면 그러한 요구가 실현됨으로써 광범위한 실제적 결과들이 그에게 생겨나기 때문이다. 그 개인적 성질에 관한 것은 우리의 연구 범위를 벗어난다.

탁자의 둥근 모양은 다시금 전체성의 원을 가리킨다. 거기에 속하는 것이 네 번째 기능을 대표하는 아니마 특히 그것의 '어두운' 변종인데, 그것은 언제나 무엇이 구체화될 경우, 다시 말해 현실적 존재로 옮겨지거나 혹은 스스로 옮겨가고자 하는 경우, 특히 모습을 드러낸다. '어두운' 것이란 지하계적이며 현세적-실제적이다. 그것은 또한 퇴행을 야기하는 두려움의 원인이기도 하다.[174]

31. 꿈:

그는 부정적 자질을 지닌 어떤 남자와 함께 둥근 탁자 앞에 앉아 있다. 그 위에는 아교 덩어리가 담긴 잔이 놓여 있다.

'어두운 것'이 자신의 고유한 '어둠'으로 받아들여지고 그로부터 꿈꾼 사람에게 개인적으로 소속된 진정한 '그림자'[175]가 생겨나는 한, 이 꿈은 이전의 꿈에 비해 진일보한 것이다. 그로써 아니마는 도덕적 열등 상태의 투사로부터 벗어나 아니마 고유의 기능, 즉 창조적 활력[176]으로 될 수 있다. 후자는 아마도 우리가 꿈꾼 사람과 함께 꿈 18에서 분화되지 않은 '생명 덩어리'와 비교한 진기한 내용물이 담긴 유리잔을 통해 대변된다. 거기서 문제되었던 것은 원시적이고 동물적인 것에서 인간적인 것으로의 점진적 변화다. 그러므로 우리는 여기에서 어떤 비슷한 것을 기대할 수 있는데, 내적 발전 과정의 나선형은 비록 보다 높은

그림 86. 연금술의 증류 단지, '우눔 바스unum vas'.
이 중 메르쿠리우스의 뱀이 있다.(1676)

차원에 도달했다 할지라도 다시금 똑같은 지점으로 돌아온 것처럼 여겨지기 때문이다.

유리잔은 연금술의 '증류 단지unum vas'(그림 86 참조)와 같으며 그 내용물은 살아 있는 반유기적 혼합물에 상응하는데, 거기에서 정신적 능력과 생명을 지닌 돌Lapis의 몸체가 생겨난다. 혹은 그것은 괴테의 『파우스트』 제2부에서 세 번씩이나 분해되는 저 기억할 만한 인물, 갈라테아Galathea의 옥좌에 부딪쳐 산산조각 나는 호문쿨루스Homunculus와 에우포리온Euphorion('중앙'의 무의식으로의 소멸)인 수레 모는 소년이다. 라피스(돌)는 알려져 있다시피 단순히 '돌'에 그치는 것이 아니라, '동물과 식물, 그리고 광물과 관계된 것'으로 구성되어 있고 또 몸과 심혼, 정신으로 이루어져 있음이 분명히 확인된다.[177] 그것은 살과 피에서 자라나는 것이다.[178] 그렇기 때문에 철학자(『에메랄드 서판 Tabula smaragdina』의 헤르메스)는 "바람이 그것을 배에 넣고 날랐다"고 말한다(『기본 저작집』 제6권의 그림 210 참조). 그러므로 명백히 "바람은 공기며 공기는 생명이다. 그리고 생명은 심혼이다." 또한 "라피스는 완전한 물체와 불완전한 물체의 중간 물질이며, 자연 자체에 의해 시작된 것이 기술을 통해 완성된다."[179] 이 라피스는 "보이지 않는 돌 lapis invisibilitatis로 불린다."[180]

꿈에서 문제되는 것은 아마도 '중앙'에 생명(현실성)을 부여하는 것, 말하자면 그것의 탄생이다. 그러한 탄생이 무형의 덩어리에서 생겨난다는 사실은, 생명의 씨앗에 의해 수태된 혼란한 '무형의 덩어리 massa informis'(제6권의 그림 162와 163 참조)인 '원질료'의 연금술적 표상과 유사성을 지닌다. 우리가 살펴본 바와 같이, 아라비아 고무와 아교는 그러한 무형 덩어리의 특성을 지닌다. 혹은 그러한 특성은 '끈끈함'과 '점액질'로 일컬어진다(파라켈수스에게 '노스톡Nostoc'은 비법의 실체Arkansubstanz). 비옥토와 젤라틴류의 식물 등에 대한 현대적 사고에서 '아교질'이란 말이 나왔긴 하지만, 그 말은 훨씬 더 오래된 연금술적 이념과 다시 결합되기도 한다. 이미 여러 번 강조했듯이 그러한 연금술 이념은 의식된 상태로 존재하는 것은 아니지만 무의식적으로 상징의 선택에 막강한 영향을 끼친다.

32. 꿈:

그는 한 미지의 여자에게서 편지를 받는다. 그녀는 자궁에 통증이 있다고 적고 있다. 편지에는 대충 다음과 같아 보이는 그림이 첨부되어 있다[181]:

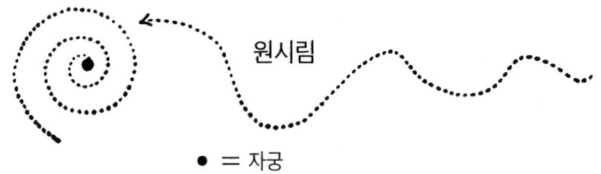

원시림 속에 많은 원숭이들이 있다. 그리고 흰 빙하의 전망이 펼쳐진다.

아니마는 생명을 창조하는 중심 속에 고통스러운 과정이 진행 중이라는 소식을 전한다. 그러한 중심은 여기에서 더 이상 생명 덩어리가 담긴 '유리잔'이 아니라 '자궁'의 특징을 지닌 중심점으로서, 나선이 암시하는 바와 같이 그곳은 순환적 발전을 통해 도달될 수 있다. 어떤 경우든지 나선은 중심점과 함께 자궁을 강조한다. 자궁은 또한 동양 만다라의 기본 의미를 나타내는바, 연금술의 그릇에 대해 흔히 사용하는 동의어다.[182] 뱀이 그리는 선은 그릇으로 이어지는데, 그것을 통해 아스클레피오스Asklepios(의약·의술의 신)(제6권의 그림 203, 204 참조)의 치유의 뱀과의 유사성을 볼 수 있다. 그것은 또한 잠재적이고 팽창되지 않는 창조의 신, 시바 빈두Shiva bindu(시바 점點. 에너지가 집적되어 하나의 점에 흡수, 창조를 준비하는 점)의 탄트라적 상징과도 유사하다.[183] 이 신은 점이나 남근Lingga(시바 신의 상징)의 형상 속에서 쿤달리니Kundalini 뱀에 의해 세 바퀴 반이나 휘감겨 있다. 꿈 16과 18, 또 22에서 원시림과 함께 원숭이가 나타나 같은 꿈 22에서 '모든 것을 다스려야 하는 빛'으로, 꿈 18에서는 '변용되어 빛나는' 머리로 되듯이, 마지막에서는 흰 '빙하'의 전망이 펼쳐진다(여기서는 언급하지 않았다). 꿈꾼 사람은 그러한 전망을 보고서, 은하가 보이고 불멸성에 관한 대화가 이루어지는 이전의 꿈을 떠올린다. '빙하'의 상징은 따라서 다시금 우주적인 측면으로, 즉 퇴행의 계기가 된 측면으로 이끌어가는 다리다. 그러나 거의 대부분이 그렇듯이, 이전의 것은 처음에 나타난 것처럼 그렇게 간단하게 되돌아오지 않으며 바로 새로운 착종을 가져온다. 그것은 논리적으로 예측할 수 있는 것이지만 바로 우주적 측면 못지않게 지성적 의식에 거부감을 주는 것이다. 불멸성에 관한 대화를 기억하는 것이 그것이다. 이러한 주제는 바로 꿈9에서 항상 움직이는 추시계를 통해 이미 암시되었다. 불멸성은 멈추지 않는 시계이며 창공과도 같이 영원히 순환하는 만다라다. 그러므로 우주적 측면은 되돌아오고 또 되돌아오는 것이다. 그러한 것은 꿈꾼 사람에게 쉽사리 부담이 될 수 있을 것이다. 학문적인 위胃란 매우 제한된 소화 능력을 지니고 있기 때문이다.

무의식이 그러한 어두운 것을 위해서 이끌어내는 것과 우리가 만다라니 '자기'니 부르는 것은 사실 혼란스러울 정도로 많은 규정어들이다. 마치 이렇게 보일 수도 있을 것이다. 즉, 우리가 이제 막 무의식과 더불어 연금술의 꿈을 꾸어 나가면서 새로운 동의어를 산더미 같은 옛 동의어들 위에 쌓아 올려 결국 정도야 어떻든 그에 대해 고대 사람만큼이나 똑같이 알려고 하듯이 말이다. 우리의 선조에게 돌이 어떤 의미를 지니는지, 또 라마교도와 탄트라 신봉자에게는 만다라가 어떤 의미이며 아즈텍 인디언과 푸에블로 인디언에게는 어떤 의미인지, 또한 도교道敎도들에게는 '황금 알약'[184]이 어떤 의미이며 '황금 씨앗'이 인도인들에게 어떤 의미를 지니는가에 관해서는 여기서 더 논의하지 않을 것이다. 우리는 그것에 관한 생생한 상像을 보여주는 원전原典들을 알고 있다. 그러나 무의식이 유럽의 문화인에게 그처럼 불분명한 상징성을 끊임없이 끈질기게 제시한다면 그것은 무슨 의미인가? 여기에서 내가 적용할 수 있는 유일한 시각은 심리학적인 것이다(아마도 내가 잘 알지 못하는 또 다른 시각도 있을 것이다). 이러한 입장에서 볼 때 내게는, 만다라라는 보편 개념으로 집약되는 모든 것은 하나의 특정한 태도를 의미하는 총체 개념으로 보인다. 우리가 알고 있는 의식의 입장에는 제시할 수 있는 목표와 의도가 있다. 그러나 자기Selbst에 대한 입장은 제시할 수 있는 어떠한 목표도, 어떠한 명백한 의도도 지니지 않

그림 87. 신의 아기를 품은 그릇인 동정녀.
베네치아의 성처녀 마리아 영광의 묵주Rosario dela gloriosa vergine Maria.(1524)

은 유일한 것이다. 물론 우리는 '자기'라고 말할 수 있다. 그러나 그것이 무슨 의미인가 하는 것은 '형이상학적' 어둠에 싸여 있다. 나는 '자기'를 의식적 정신과 무의식적 정신의 전체성이라고 정의한다. 그러나 그러한 전체성은 조망할 수 없다. 그것은 실제적인 '보이지 않는 돌'이다. 왜냐하면 무의식이 존재하는 한 자기는 진술될 수 없고, 실존적으로 단순한 명제에 지나지 않아 그것이 지니고 있을 만한 내용은 전혀 표명할 수 없기 때문이다. 전체성이 오직 부분적으로만 경험되는 한 그 부분들은 바로 의식의 내용이다. 그러나 전체성으로서 그것은 필연적으로 의식을 초월한다. 따라서 '자기'는 이른바 칸트가 말한 '물자체Ding an sich'와 같이 완전히 하나의 경계 개념이다. 그것은 우리의 꿈들이 밝혀주는 것처럼, 경험에 의해 점차 명백해지는 이념이지만 그로 인해 그것의 초월성을 상실하지는 않는다. 우리는 알지 못하는 것의 경계를 알아낼 수 없기 때문에 자기에 대해서도 어떤 경계를 설정할 입장에 있지 않다. 자기를 개인적 정신의 경계에 한정시켜놓는 것은 횡포이며 따라서 비과학적인 일이 될 것이다. 그러한 경계 역시 무의식 속에 놓여 있어 우리가 그것을 전혀 알지 못한다는 근본적 정황을 전적으로 도외시한다 하더라도 말이다. 우리는 물론 의식의 경계를 제시할 수 있을 것이다. 그러나 무의식은 그저 알려지지 않은 정신이며 따라서 규정 불가능한 것이기 때문에 또한 무제한적이다. 그러므로 무의식적 내용의 경험이 바로 무제한적인 것, 시공時空 속에서 규정 불가능한 것이라는 특성을 제시할 때, 그러한 사정에 대해 조금도 놀랄 필요가 없다. 정확하게 경계 지은 개념의 가치를 알고 신중하게 사려하는 사람에게 무의식의 그러한 특질은 신성numinos하며, 따라서 충격적인 것이다. 철학자도 신학자도 아니어서 직업적으로 그러한 '누멘noumena'과 만나지 않아도 된다는 것은 다행스러운 일이다. 그런데 '누멘'이 밤마다 꿈속에서 독자적으로 이루는 철학을 통해 의식에 밀려드는 정신적 '존재entia'라는 사실이 명백해질수록 상황은 점점 나빠진다. 더 심한 경우는, 이러한 '누멘'으로부터 벗어나려고 애쓰면서 무의식이 주는 연금술적 황금을 신경질적으로 쳐부수어버릴 때 경험상 그의 상태는 나빠지며, 이성의 모든 저항에도 불구하고 그에게는 어떠한 증세가 나타나기까지 한다. 그러나 다시금 장애물을 대면하여 그가 그것을—역시 가정일 뿐이지만—모퉁이 돌로 만드는 순간 그 증세

그림 88. 성배의 환상.
랑슬로 뒤 라크Lancelot du Lac의 소설에서.(15세기)

는 사라지며, 그는 '이유를 모르는 채' 좋은 상태가 된다. 그렇게 당황스러운 상황에서 우리는 최소한 다음과 같은 생각으로 위로를 받을 수 있다. 즉, 무의식이란 바로 우리가 고려해야 하는 필요악이며, 그렇기 때문에 몇 가지 무의식의 기이하고 상징적인 움직임을 따라가보는 것이 더 현명하다고 생각한다. 비록 그러한 움직임의 의미가 극도로 의심스러운 것이긴 하지만 말이다. '초기 인류의 과제'(니체)를 다시 한 번 충분히 검토해본다면 아마도 건강에 유익할 것이다.

내가 그러한 지적 미봉책을 반대하는 이유는 다만, 실제 사건에 직면했을 때 그러한 미봉책이 견뎌내지 못하는 경우가 많기 때문이다. 다시 말해서 우리는 그런 비슷한 경우에서 의식이 무의식과 보조를 맞추기 위해서는, 시간이 지남에 따라 자기의 엔텔레키Entelechie(아리스토텔레스에 의해 사용된 개념으로 유기체의 자기 발전을 가져오는 내적 원리, 즉 영성의 완성 작용)가 관철되어 의식이 전혀 다른 능력을 발휘해야 한다는 사실을 관찰하는 것이다.

오늘날 우리가 만다라 상징에 관해 알아낼 수 있는 것은, 그것이 언제나 반복되며 어디에서나 동일한 현상학적 특징 속에서 정신의 자율적 사실을 묘사하고 있다는 것이다. 그것은 마치 그 심층 구조와 최종적 의미가 아무것도 알려진 바 없는 일종의 원자핵 같다. 또한 그것은 하나의 의식 태도의 실질적인(다시 말해 효과적인) 영상으로 볼 수도 있는데, 그것은 목표도 의도도 제시할 수 없고, 이러한 포기로 인해 자체의 활동력을 만다라의 잠재적인 중심점에 완전히 투사하는 것이다.[185] 이렇게 될 수밖에 없는 필연성은, 항상 자신을 도울 수 있는 다른 길을 더 이상 알지 못하는 개인의 상황 때문이다. 그런데 만다라가 단순히 하나의 심리학적 반영물이라는 사실과 모순되는 것이 한편으로는 상징의 자율적 성질인데, 그러한 성질은 때때로 압도적인 자발성을 지닌 꿈과 환상을 통해 드러난다. 다른 한편으로는 무의식 전반의 자율적 성질인데, 무의식이란 정신의 근원적 형태일 뿐만 아니라 우리가 어린 시절에 통과했으나 또한 밤마다 되돌아가는 상태이기 때문이다. 정신이 단지 반응적인(혹은 반사적인) 활동이라는 주장에는 어떠한 증거도 없다. 기껏해야 그 타당성에 한계가 있는 생물학적 연구의 가설이 있을 뿐이다. 보편적 진리로 말하자면 그러한 것은 유물론적 신화일 뿐이다. 그러한 가설은 어쨌든 일찍이 존재하는 심혼의 창조적 능력을 간과하기 때문이다. 그러한 능력 앞에서 모든 '원인'은 단순한 계기가 될 뿐이다.

33. 꿈:

야수의 잔인성이 드러나는 야만인들 간의 싸움.

예견한 바대로 새로운 착종('불멸성')은 광적인 갈등을 불러일으켰다. 그것은 곧 꿈 27의 유사한 상황과 똑같은 상징적 의미를 띠고 나타난다.

34. 꿈:

한 친구와의 대화. 꿈꾼 사람이 그에게 말한다. "나는 피 흘리는 그리스도 앞에서 참고 견디어서 구원을 받도록 계속 힘써야 한다."

이 꿈은 꿈 33과 같이 비범하고 미묘한 고통을 암시하는데(그림 89 참조), 그것은 낯설고 받아들이기 힘든 어떤 정신적 세계의 침입으로 생긴 것이다. 따라서 그것은 "나의 왕국은 이 세상의 것이 아니다"라는 그리스도의 비극과 유사성을 지닌다.

이 꿈은, 이제 자신의 임무를 계속 이루어가는 일이 꿈꾼 사람에게 '피나게' 진지한 것이 되었다는 사실을 드러낸다. 그리스도에 대한 언급은 단순한 도덕적 상기가 아니라 좀더 심오한 의미를 지닌다. 즉, 여

그림 89. 새끼들에게 자신의 피를 먹이고 있는 펠리컨. 그리스도의 비유. (1702)

기에서 문제되는 것은 개성화로서 도그마적이고 제의적인 그리스도의 삶의 표현으로 서구인의 눈앞에 늘 되풀이하여 제시된 과정인 것이다. 여기서 강조된 것은 물론 구원자의 존재에 대한 '역사적 사실성'이었다. 그로써 구원자의 상징적 성격은 어둠 속에 남았다. 신의 인간화가 '신앙고백Symbolon'〔그리스어로 상징Symbol에 선행하는 말; 화폐나 가락지를 둘로 쪼개 지니고 있다가 후에 맞추어 봄으로써 우정을 확인하던 표식을 말함〕의 아주 본질적인 부분을 차지했음에도 불구하고 말이다. 그러나 도그마의 영향력은 단 한 번의 역사적 사실에서 기인하는 것이 아니고 그것의 상징적 성격에서 기인한다. 그러한 상징적 성격으로 인해 구원자의 존재는 도그마의 존재 여부에 상관없이 상대적으로 편재하는 심적 전제의 표현이 된다. 그렇기 때문에 '전前기독교적' 그리스도와 '비非기독교적' 그리스도가 존재한다. 후자가 본래 그 자체로 존재하는 심적 사실을 말하는 한에서 말이다. 그 외에 선결 형상의 교리도 이러한 사고를 근거로 하고 있다. 따라서 종교적으로 '아무 전제도 없는' 현대인에게 심리적으로 존재하는 안트로포스와 포이멘 형상Anthropo und

Poimenfigur이 나타나는 것은 당연한 논리적 귀결이다. 왜냐하면 그 형상은 현대인의 심리에 있기 때문이다(제6권의 그림 117, 195 등 참조).

35. 꿈:

한 배우가 자기의 모자를 벽에 내팽개친다. 그때 모자는 다음의 모습으로 보인다:

배우는 (여기에서는 언급되지 않은 자료가 보여주는데) 꿈꾼 사람의 개인적 삶에서 하나의 특정한 사실을 암시한다. 그는 이때까지 자기 자신에 대한 어떠한 허구적 상상을 계속해왔다. 그것은 그가 자신을 진지하게 여기는 데 장애가 되었다. 허구적 상상은 이제 그가 지니게 된 진지한 태도와 양립할 수 없게 되었다. 그는 배우의 역할을 포기해야 한다. 왜냐하면 그것은 자기를 배척하는 것이기 때문이다. 모자는 꿈 1과 관련이 있는데, 거기에서 그가 쓰고 있는 것은 낯선 모자다. 배우는 모자를 벽에 내던진다. 여기서 모자는 하나의 만다라임이 드러난다. 따라서 '낯선' 모자는 자기自己다. 그가 아직 허구적 역할을 하고 있었을 때 그것은 낯설게 보였던 것이다.

36. 꿈:

택시를 타고 시청 광장으로 간다. 그런데 그곳은 '마리아 궁정 Marienhof'이라 불린다.

이 꿈은 그저 부차적으로 언급할 뿐이다. 바로 '장미의 신비'가 라우렌티우스Laurentius 연도連禱〔로마의 순교자 라우렌티우스를 숭배한 고대 로마 최대의 제전〕에서 처녀의 속성 중 하나이듯(그림 26), 이 꿈은 테메노스의 여성적 성질을 보여주고 있기 때문이다.

37. 꿈:

> 어두운 중앙을 둘러싼 곡선, 그 주위를 빛이 회전한다. 그 후 꿈꾼 이는 어두운 동굴 안에서 배회한다. 그곳에서는 선과 악 사이에 투쟁이 벌어진다. 그런데 그곳에는 모든 것을 알고 있는 한 군주가 있다. 군주는 그에게 다이아몬드가 박힌 반지를 선물하는데 그의 왼손 네 번째 손가락에 그것을 끼워준다.

III장 꿈 26에서 시작된 빛의 순환은 여기에서 더 뚜렷하게 되풀이된다. 빛은 언제나 의식을 가리키는데 처음에는 주변을 따라서만 움직인다. 중앙은 아직 어둡다. 그곳은 어두운 동굴이며 거기에 발을 들여놓는다면 분명 또다시 갈등을 일으키게 될 것이다. 그런데 그것은 모든 것을 다스리고 모든 것을 알고 있으며 값비싼 돌을 소유하고 있는 군주와도 같다. 선물은 꿈꾼 사람의 자기自己에 대한 서약만큼이나 많은 것을 의미한다. 왜냐하면 왼손의 약지에는 대개 결혼반지가 끼워지기 때문이다. 왼쪽은 물론 무의식이다. 상황이 대부분 무의식 속에 은폐되어 있음을 거기에서 유추할 수 있다. 군주는 왕의 수수께끼를 대표하는 자인 듯하다(III장 꿈 10에 대한 주석, 그림 54 참조). 어두운 동굴은 서로 투쟁하는 대립을 담은 그릇과도 같다. 자기는 대극과 그것의 갈등 속에서 표명된다. 그것은 '대극의 일치coincidentia oppositorum'다.

그러므로 자기로 가는 길은 갈등으로 시작된다.

38. 꿈:

원형 탁자, 그 둘레에는 네 개의 의자가 있다. 탁자와 의자는 비어 있다.

이 꿈은 위의 추측을 증명해준다. 만다라는 아직 '사용되지' 않고 있다.

39. 시각적 인상:

그는 심연 속으로 떨어진다. 아래에는 곰 한 마리가 있는데, 그 눈은 붉은색, 노란색, 녹색, 그리고 푸른색의 네 가지 색깔로 바뀌며 빛나고 있다. 그는 실제로 네 가지 빛으로 변하는 네 개의 눈을 지니고 있다. 곰은 사라졌다. 꿈꾼 사람은 길고 어두운 통로를 지나간다. 그 끝은 어슴푸레하게 빛나고 있다. 거기에는 보물이 놓여 있고 그 위에는 다이아몬드가 박힌 반지가 있다. 그것이 그를 동쪽 멀리 이끌어갈 것이라고 사람들은 말한다.

이 백일몽은 꿈꾼 사람이 아직도 계속 어두운 중앙에 몰두하고 있음을 말해준다. 곰은 그를 덮칠 수도 있을 지하계적 요소를 나타낸다. 그러고 나서 동물은 네 가지 색의 전前 단계라는 사실이 드러나는데, 네 가지 색은 돌로, 말하자면 색의 유희 속에서 무지개의 온갖 색을 지닌 다이아몬드로 옮겨간다(III장의 꿈 23). 동쪽으로 가는 길은 아마 정반

그림 90. 곰은 용이나 사자와 마찬가지로 '기본 재료'의 위험스러운 측면이다.
(1520)

대 성질의 무의식을 가리킬 것이다. 전설에 의하면 성배聖杯의 돌은 동쪽에서 오며 다시금 그쪽으로 되돌아가야 한다. 연금술에서 보면 곰은 '원질료'의 '니그레도nigredo(암흑)'와 같은데, 그 속에서 '공작 꼬리'와 같은 색의 유희가 생겨난다.

40. 꿈:

미지의 여자에 의해 인도되는 가운데 그는 극도의 생명의 위험을 무릅쓰고 극極을 발견해야 한다.

극極은 그것을 중심으로 모든 것이 회전하는 점이다. 따라서 다시금 자기의 상징이다. 연금술은 물론 이러한 유사성을 포착하였다. "극의 내부에는 진정한 불인 메르쿠리우스의 심장이 있다. 그 안에 그것의 주인이 자리 잡고 있는 것이다. 그는 그 거대한 바다를 항해하면서 북극성을 바라보며 자신의 행로를 정한다."[186] 메르쿠리우스는 세계혼 Weltseele이며 극은 그것의 심장이다(『기본 저작집』 제6권의 그림 149 참조). '세계혼anima mundi'(그림 91과 8 참조)의 이념은 자기를 중심으로 하는 집단적 무의식 개념과 일치한다. 바다의 상징은 무의식의 또 다른 동의어다.

41. 시각적 인상:

원 안에서 왼쪽 방향으로 돌고 있는 노란색의 공[球]들이 있다.

중앙을 에워싸고 이루어지는 순환에 대한 묘사. 이것은 꿈 21을 상기시킨다.

42. 꿈:

한 노스승이 그에게 바닥의, 붉은색으로 빛나는 한 점을 가리킨다.

'철학자'는 그에게 '중앙'을 가리켜주는 것이다. 붉은색은 일출을 암시할 것이다. 그것은 연금술에서 대개 작업이 완성되기 바로 직전에 생겨나는 '루베도rubedo(붉어짐Rötung)'의 현상과 통하는 것이다.

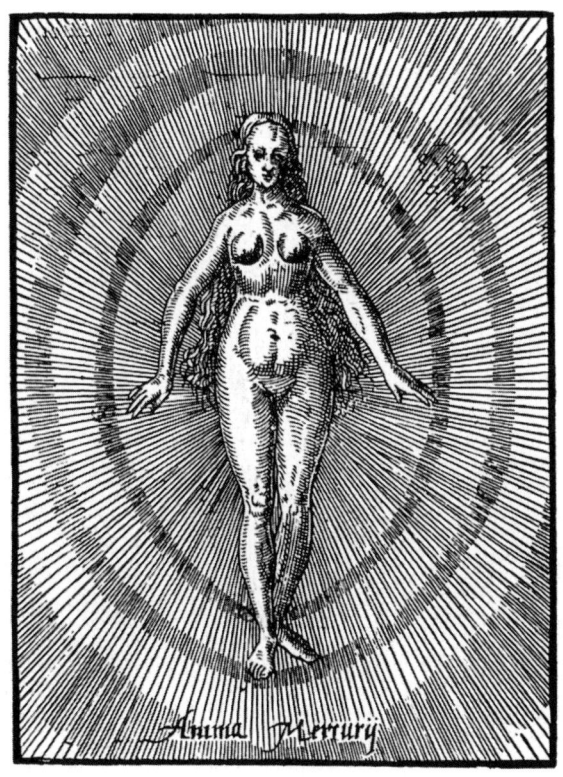

그림 91. 세계혼 Anima Mundi.(1574)

43. 꿈:

안개 속에 마치 태양과도 같이 노란색 빛이 보인다. 그러나 그것은 희미하다. 중심점에서 여덟 개의 광선이 나온다. 그것은 관통점이다. 빛이 관통되어야 하는 것이다. 그러나 아직 그러한 일이 완전히 이루어지지는 않았다.

꿈꾼 사람 스스로가 관통점이 극과 동일하다는 것(꿈 40)을 깨닫고 있다. 따라서 문제되는 것은 짐작하는 바와 같이, 태양의 출현인데 그것은 여기서 노란 빛으로 된다. 그러나 빛은 아직 희미하다. 그것은 이해의 부족을 의미할 것이다. '관통'은 결단을 위한 긴장의 필요성을 암시한다. 치트리니타스citrinitas(노래짐)는 흔히 루베도(붉어짐)와 일치한다. '황금'은 노란색이거나 적황색이다.

44. 꿈:

정사각형의 공간, 그 안에서 그는 가만히 있어야 한다. 그곳은 소인국 주민들이나 어린이들의 감옥이다(?). 한 악한 여자가 그들을 감시한다. 어린이들은 움직이게 되고 공간의 주변을 따라 돌기 시작한다. 그는 달려나가고 싶지만 그래서는 안 된다. 한 아이가 동물로 변신하여 그의 장딴지를 물어뜯는다(『기본 저작집』 제6권의 그림 118 참조).

명확한 이해의 부족으로 인해 집중을 위한 계속적인 긴장이 요구된다. 그렇기 때문에 그는 아직 어린아이의 상태로 나쁜 어머니, 아니마의 감독 속에서 테메노스 안에 갇혀 있다(그림 95와 96, 즉, '잘못된' 꿈 26 참조). 꿈 18에서와 같이 동물이 나타나고 그는 물린다. 즉, 그는 몸을 내맡기고 어느 정도 희생되어야 하는 것이다. '순환적 발전'은 늘 그렇듯이 중앙으로의 집중을 의미한다. 그는 이러한 긴장 상태를 거의 견딜 수 없다고 생각한다. 그런데 '마치 그가 손에 다이아몬드를 들고 있는 것처럼' 그는 뭔가를 해결한 듯한 강렬하면서도 쾌적한 감정을 갖고 깨어난다. '어린이들'은 난쟁이 모티프를 가리키는데, 그러한 모티프는 아마도 '카비렌적' 요소, 즉 무의식적인 상像의 힘, 혹은 그에게 아직도 남아 있는 어린아이다운 점을 표현한다.

45. 꿈:

한 연병장, 군부대들이 있다. 그런데 그들은 더 이상 전쟁을 위해 무장하지 않고, 왼쪽 방향으로 순환하고 여덟 방향으로 빛을 발하는 별 모양을 이루고 있다.

여기에서 중요한 것은 갈등이 극복된 것으로 보인다는 사실일 것이다. 별은 창공에 있지 않다. 또한 그것은 다이아몬드가 아니라 인간들로 이루어진 지상의 한 형성체다.

46. 꿈:

정사각형의 공간 안에 붙잡혀 있다. 사자들과 악한 마녀가 나타난다.

그는 원래 해야 할 일을 실현할 준비가 아직 되어 있지 않기 때문에 지하계의 감옥은 그를 풀어주지 않는다(여기서 문제되는 것은 어떤 중요한 개인적인 일, 심지어 의무인데 이것은 여러 가지 생각을 하게 된 원인이다). 사자들은 야수들처럼 잠재적 정감을 암시한다. 사자는 연금술에서도 중요한 역할을 하며 그 의미도 비슷하다. 그것은 '불 같은' 동물이며, 또한 악마의 표상이기도 하다. 그래서 그것은 무의식에 의해 잡아먹힐 위험성을 표현한다.

47. 꿈:

노현자가 특별한 표시가 있는 땅 위 한 부분을 그에게 가리킨다.

그것은 꿈꾼 사람이 그의 자기를 실현시키고자 할 때 속하게 되는 지상의 한 부분일 것이다(꿈 42와 유사함).

48. 꿈:

한 지인知人이 상을 받는다. 그가 땅속에서 도자기 원반을 발굴했기 때문이다.

원반은 땅 위를 돌며(꿈 45) 비유적으로 인간의 몸이라고 말할 수 있을 흙으로 된('현세적') 그릇을 생산한다. 둥근 모양인 원판은 자기를 가리키며 또한 그것의 창조적 행위를 가리킨다. 그 행위 속에서 자기가 출현한다. 녹로는 마찬가지로, 우리가 이미 여러 번 맞닥뜨린 바 있는 순환을 상징한다.

49. 꿈:

순환하는 별의 형상. 원의 중심점 안에는 계절을 나타내는 그림들이 있다.

장소가 정해졌듯이 이제는 시간도 정해진다. 장소와 시간은 가장 보편적이고 필수 불가결한 결정 요소다. 시간과 장소의 결정은 이미

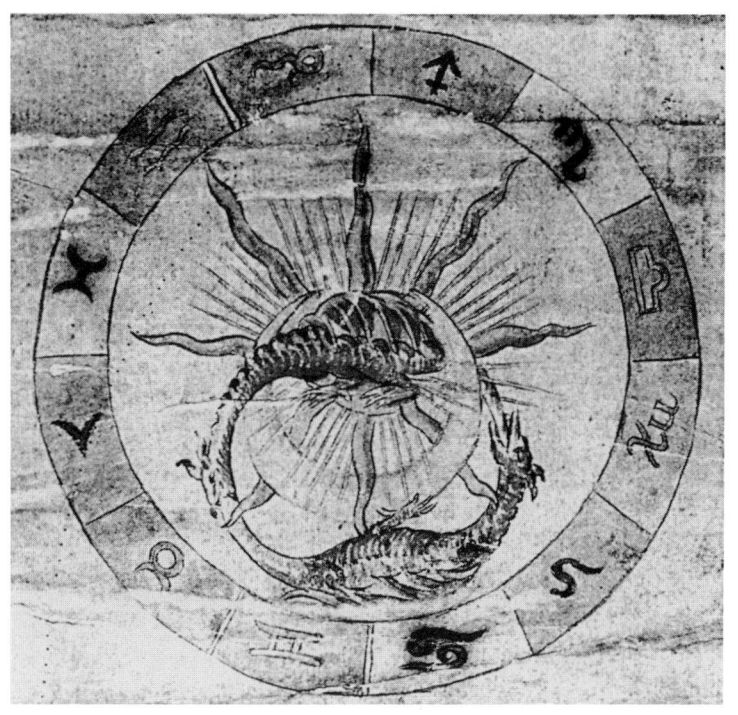

그림 92. 황도대 안에서 이루어지는 연금술 과정.(1588)

초기에 꿈에서 강조되었다(꿈 7~9 참조). 공간과 시간 속의 특정한 위치는 현실에 속하는 것이다. 계절은 원의 네 구분을 말해주며 원은 해[年]의 순환에 해당된다(그림 92 참조). 해는 근원 인간의 한 상징이다.[187](그림 99, 100, 104 참조) 회전의 주제는 원의 상징이 정적인 것이 아니라 동적인 것이라는 점을 말해준다.

Ⅲ. 만다라의 상징성 —— 243

50. 꿈:

한 미지의 남자가 그에게 보석 하나를 준다. 그러나 부랑배들이 그를 기습한다. 그는 도망한다(악몽). 그래서 자신을 구할 수 있게 된다. 그 후 미지의 여자가 그에게, 항상 그렇게 되지는 않을 것이라고, 즉 그는 더 이상 도망해서는 안 되며 멈춰 서야 한다고 말한다.

특정한 장소에 특정한 시간이 주어지면 우리는 빠른 속도로 현실성을 얻게 된다. 그렇기 때문에 보석이란 선물이 있다. 또 한편 결정에 대한 두려움도 있다. 그러한 두려움이 그에게서 결단력을 앗아간다.

51. 꿈:

엄청난 긴장이 감돈다. 수많은 사람들이 중앙에 있는 하나의 커다란 직사각형과 그것의 측면에 붙어 있는 네 개의 작은 직사각형을 에워싸고 돈다. 즉, 큰 직사각형을 에워싼 순환은 왼쪽으로 이루어지며 작은 직사각형들을 에워싼 순환은 오른쪽으로 이루어진다. 중앙에는 여덟 방향으로 빛을 발하는 별이 있다. 네 개의 작은 직사각형의 중앙마다 붉은색, 노란색, 녹색, 무색의 물이 놓여 있다. 물은 왼쪽으로 회전하고 있다. 물이 충분할까 하는 불안한 의문이 생긴다.

색은 다시금 전 단계를 암시한다. '불안한' 의문이란 별에 도달하기에 충분한 생명수, '우리의 물 aqua nostra', 에너지, 리비도가 있는가 하

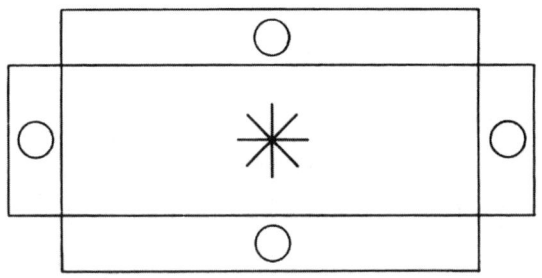

는 것이다. 중앙에는 아직 왼쪽 방향으로의 순환, 따라서 무의식을 향해가는 의식의 움직임이 진행되고 있다. 그러므로 중앙은 아직 충분히 규명되지 않은 상태다. 넷을 나타내는 작은 직사각형들을 에워싼 순환이 오른쪽 방향으로 이루어지는 것은 네 기능의 의식화를 암시하는 듯하다. 넷은 대개 네 가지 무지개 색깔로 특징지어져 있다. 푸른색이 빠져 있다는 사실이 여기서 눈에 띈다. 따라서 정사각형의 기본 형태도 갑자기 사라졌다. 수평선이 수직선을 망가뜨리며 뻗친다. 따라서 여기서 문제되고 있는 것은 '흐트러진' 만다라[188]다. 독자적 대극성이 인식될 수 있을 정도로 아직 기능들의 대조적 배열이 의식되지 않고 있다는 점을 비판적으로 언급해야 한다.[189] 수직선에 대한 수평선의 우세는 자아의식의 지배를 말해주는데, 그로써 높이와 깊이가 희생된다.

52. 꿈:

직사각형의 무도장, 모든 사람들은 가장자리를 따라 왼쪽 방향으로 가고 있다. 갑자기 명령 소리가 들린다. "핵으로!" 꿈꾼 사람은 그러나 호두 몇 알을 까기 위해 먼저 옆방으로 가야 한다. 그런 다음 사람들은 밧줄사다리를 타고 물이 있는 곳으로 기어

내려간다.

원래는 '핵'으로 밀려들어가야 할 시간이 되었을 것이다. 그러나 그는 작은 직사각형('옆방'), 다시 말해 네 기능 중의 하나 속으로 들어가 아직 문제의 호두 몇 알을 까야 한다. 그러는 사이에 행렬은 '물'이 있는 깊은 곳으로 내려가고 있다. 그로써 수직선은 길어진다. 그 결과 잘못된 직사각형에서부터 다시금 정사각형이 생겨난다. 왜냐하면 정사각형은 의식과 무의식의 대칭화가 심리학적으로 의미하는 모든 것으로서 의식과 무의식의 완전한 대칭을 표현하기 때문이다.

53. 꿈:

회전하고 있는 텅 빈 정사각형 공간 안에 있다. 한 목소리가 "그를 내보내지 마라, 그는 세금을 내려고 하지 않는다"라고 외친다.

이것은 이미 언급한 개인적 문제에서 불충분한 자기 실현과 관련된다. 그러한 개인적 문제는 이 경우에 개성화의 중요한 조건이며 따라서 절대적으로 필요한 것이다. 기대된 바대로 앞의 꿈에서 미리 수직선이 강조됨에 따라 정사각형이 다시 만들어졌다. 장애의 요인은 무의식(수직선)의 요구를 충분히 평가하지 않은 것이었는데, 그 결과 인격(가로놓여 있는 직사각형)의 평면화가 이루어진 것이다.

이 꿈 이후에 꿈꾼 사람은 여섯 개의 만다라를 만들어냈다. 이때 그는 수직선들의 올바른 길이와 순환, 색의 분배를 확정하려고 애를 썼다. 이 작업의 마지막에서 다음의 꿈이 생겨났다.

54. 꿈:

나는 특이하고도 경건한 집, 즉 '집중의 집' 안으로 들어간다. 배후에는 수많은 양초가 있는데, 그것들은 위를 향한 네 개의 첨두尖頭를 지닌 특별한 형태로 배열되어 있다. 대문 밖에 한 노인이 서 있다. 사람들이 안으로 들어간다. 그들은 마음을 집중하기 위해 아무런 말도 하지 않은 채 꼼짝하지 않고 서 있다. 문 앞에 있는 남자가 집의 방문객들에 대해 말한다. "다시 나올 때 그들은 정결한 상태가 된다." 이제 나 자신이 집 안으로 들어가는 데 완전히 집중할 수 있다. 그때 한 목소리가 말한다. "네가 하는 일은 위험하다. 종교란 여자의 상이 없이도 지낼 수 있도록 네가 지불해야 하는 세금이 아니다. 왜냐하면 그러한 상은 없어서는 안 되는 것이기 때문이다. 화를 입을지어다, 종교를 심혼의 삶이 지닌 다른 측면의 대체물로 이용하는 자들이여. 그들은 오류에 빠져 있으며 저주를 받을 것이다. 종교란 대체물이 아니다. 그것은 최후의 완성으로서 심혼의 다른 활동에 첨가되어야 한다. 삶의 충만함으로 너는 너의 종교를 산출시켜야 한다. 그럴 때만 너는 축복받을 것이다!" 마지막 문장이 특별히 큰소리로 얘기될 때 나는 멀리에서 들려오는 음악을 듣는다. 그것은 오르간의 단순한 화음이다. 음악의 어떤 점이 바그너의 불의 마법 모티프를 상기시킨다. 이제 집 밖으로 나가면서 나는 불타고 있는 산을 본다. 나는 "끌 수 없는 불은 신성한 불이구나"(조지 버나드 쇼, 『세인트 조앤』) 하는 느낌을 갖는다.

꿈꾼 사람은 이 꿈이 그에게 '강렬한 체험'이었음을 깨닫는다. 이 꿈은 실제로 신성한 특성을 지닌다. 그러므로 그것이 다시금 통찰과 이해의 최고 상태를 나타내고 있다고 여겨도 틀리지 않을 것이다. '목소리'야말로 흔히 절대 권위적인 특성을 지니며, 또한 대개 결정적인 순간에 등장한다.

집은 '집중'의 장소인 정사각형에 해당할 것이다(그림 93 참조). 배후에서 빛나고 있는 네 개의 첨두는 다시금 넷을 암시한다. 정결에 대한 언급은 금기의 공간이 지닌 변화시키는 기능과 관련이 있다. 전체성을 만들어내는 일은 '탈세'로 인해 방해를 받고 있는데, 그 일은 당연히 '여성의 상'을 필요로 한다. 여성상은 아니마로서 네 번째의, '열등한' 기능을 표현하기 때문이다. 그것은 무의식으로 오염되기 때문에 여성적이다. 이 '세금'이 어떤 의미로 지불될 수 있는가 하는 것은 열등한 기능과 그것의 보조 기능의 존재, 그리고 또 태도 유형에 달려 있다.[190] 성과는 구체적이거나 상징적인 성질을 띨 수 있다. 어떤 것이 유효한 형태인가를 결정하는 일은 의식의 상태에 좌우되지 않는다.

종교가 '심혼의 삶이 지닌 다른 측면'의 대체물일 수 없을 것이라는 꿈의 생각은 많은 사람들에게 확실히 단호한 개혁처럼 생각될 것이다. 그러한 견해로 보면 종교는 전체성과 일치한다. 정말로 그것은 '삶의 충만함' 속에서 이루어지는 자기의 통합을 표현한 것으로 보인다. '불의 마법', 로게Loge(바그너의 오페라 「라인골트」에 나오는 반신半神, 불의 지배자, 북유럽 신화의 거인이며 불의 인격화인 로기Logi에서 유래됨) 모티프가 나지막이 울리는 것은 부적절하지 않다. '삶의 충만함'이란 무엇이란 말인가? '전체성'이란 무엇인가? 내가 보기에는 얼마간의 두려움이 생기는 이유가 여기에 충분히 있다. 왜냐하면 전체로서 인간은 하나의 그림자를 던지기 때문이다. 네 번째가 세 번째와 분리되어 영원한 불의 나라로 추방된 것은 헛된 일이 아니었다. 하지만 교회법에 맞지 않은 비

그림 93. '연금술 대가들Adepten의 산.'
태양과 달이 비치는 현자賢者의 사원('집중의 집')이 일곱 계단 위에 있다. 그 위에는 불사조가 있다. 사원은 산 속에 숨겨져 있는데, 그것은 현자의 돌이 땅 속에 놓여 있으며 그로부터 추출되고 정련되어야 함을 시사한다. 배경 속의 황도대는 시간을 상징하는데, '작업'은 시간의 순환에 맞추어져야 한다. 구석에 있는 네 요소는 전체성을 가리킨다. 오른쪽 아래에는 눈을 가린 인간이 있으며 왼쪽에는 자연의 본능을 따르는 탐구자가 있다.(1654)

III. 만다라의 상징성 —— 249

정경非正經적인 주님의 말씀은 "나와 가까운 자는 불에 가깝다"[191]고 말하고 있지 않은가?(그림 58 참조) 그러한 무서운 이중 의미성은 성장한 어린이들에게는 아무런 의미도 없다. 그렇기 때문에 사람들은 일찍이 늙은 헤라클레이토스를 '어둠'이라고 불렀다. 왜냐하면 그는 너무 분명한 일을 말했고 삶 자체를 '영원히 살아 있는 불'이라고 불렀기 때문이다. 그렇기 때문에 들을 귀가 있는 자에게 비정경적 말씀이 있는 것이다.

우리는 불타는 산(그림 94 참조)의 모티프를 「에녹 묵시록」에서 만날 수 있다.[192] 에녹은 일곱 개의 별이 불타는 커다란 산처럼 천사를 처벌하는 곳에 결박되어 있는 것을 본다. 일곱 개의 별은 원래 위대한 일곱 바빌론 신이지만 「에녹 묵시록」 시대에는 이미, '이 세상'의 지배자인 일곱 아르콘Archon〔고대 그리스 도시 국가의 집정관〕, 즉 심판받은 추락한 천사들이다. 그러나 다른 측면에서 보면 또한 시나이산에서 행해진 야훼의 기적과도 관계가 된다. 또한 서역의 일곱 번째 산 위에 생명을 부여하는 과일이 달린 나무, 즉 '지혜의 나무'[193]가 있는 것으로 보아 일

그림 94. 에트나산. '빙하와 불Gelat et ardet.' (1702)

곱이라는 수 또한 그리 뚜렷하게 불길한 것은 아니다(『기본 저작집』 제 6권의 그림 188과 기타 참조).

55. 꿈:

사방위四方位 점에 네 개의 깐 호두가 은접시에 놓여 있다.

이 꿈은 꿈 52의 문제가 해결되었음을 알려준다. 물론 완전하게 해결된 것은 아니다. 우선 도달한 목표는 꿈꾼 사람의 그림 속에서 각각의 부분이 네 가지 색으로 칠해진 4등분된 원에 의해 표현된다. 순환은 왼쪽 방향으로 이루어진다. 그로써 대칭은 만족스럽게 이루어진다. 그러나 많은 것을 해명해주는 꿈 54에도 불구하고, 붉은색과 푸른색, 그리고 노란색과 녹색이 마주 놓여 있지 않고 나란히 놓여 있음으로써 기능들의 모순론은 아직 인식되지 않고 있다. 그러한 상황을 볼 때, '실현'이 내적 저항에 부딪히는 것이라고 유추할 수밖에 없다. 그러한 저항은 한편으로는 철학적이고 다른 한편으로는 윤리적인 성격을 지니는데 그것의 역사적 정당성은 쉽게 무시할 수 없다. 모순론에 대한 인식이 부족하다는 사실은 첫째, 호두가 실제로 '깨지는' 것이라는 것과, 둘째 각각의 호두는 다른 것과 교체될 수 있다는 것, 다시 말해 그것들은 아직 분화되지 않았다는 사실로 분명해진다.

56. 꿈:

네 명의 어린이들이 어두운 색의 고리를 나르고 있다. 그들은 원 안에서 움직인다. 어두운 미지의 여자가 나타나서 말한다.

그림 95. '아이들의 놀이Ludus puerorum.'(1582)

그림 96. 난쟁이Pataeken(도움을 주는 어린이 신들).
이집트의 놀이 기계의 부분.

그녀는 다시 올 것이다, 이제 하지夏至 축제가 열리기 때문이다.

여기서 꿈 44의 요소들, 즉 어린이들과 어두운 자들(옛날에는 마녀였던)이 다시 융합된다. '하지夏至'는 전환점을 말해준다. 연금술 작업은 가을에 완성된다(헤르메스의 수확vindemia Hermetis). 어린이들(그림 95 참조), 즉 난쟁이 신들은 고리를 가져온다. 다시 말해 전체성의 상징은 아직 어린이다운 창조적 상의 힘의 영역 속에 존재하고 있다. 어린이들이 '연금술 작업'에서 일역을 담당한다는 것은 주목할 만하다. 작업, 혹은 작업의 어떤 부분은 '아이들 놀이'로 지칭된다. 작업이 '아이들 놀이'처럼 쉽다는 말 이외에는 나는 이에 대해 아무런 설명도 발견할 수가 없었다. 그런데 모든 연금술사들이 하나같이 증거한 바에 의하면 작업은 엄청나게 어렵다. 그렇기 때문에 그것을 정의하는 데 완곡하면서 또 상징적이기도 한 표현이 사용될 수밖에 없을 것이다. 그것은 '유

그림 97. '대항해peregrinatio'.
두 마리의 독수리가 서로 반대 방향으로 지구 주위를 날고 있다.
이로써 전체성을 내포하는 이 여행의 특성을 암시한다.(1651)

아적인' 힘, 다시 말해 바로 카비렌과 호문쿨루스들homunculi(작은 인조 인간)(그림 96 참조)로서 표현되는 무의식적 힘의 협력 작용을 가리킬 것이다.

57. 시각적 인상:

어두운 색의 고리. 중앙에는 하나의 알이 있다.

58. 시각적 인상:

한 마리의 검은 독수리가 알에서 나와 금으로 변한 고리를 부리로 낚아챈다. 꿈꾼 사람은 배 위에 있는데 새가 앞서 날아간다.

독수리는 높이를 의미한다(이전에 그것은 깊이, 즉 물이 있는 곳으로 내려가는 사람들이었다). 그것은 만다라 전체와 배에 몸을 실은 채 새를 뒤쫓아가는 꿈꾼 사람까지도 조종하는 것이다(그림 97). 새는 생각이며 생각의 비상을 나타낸다. 그것은 일반적으로 환상, 혹은 환상으로 표현되는 (날개 달린 메르쿠리우스, 모르페우스Morpheus(잠든 자에게 인간의 모습으로 나타나는 꿈의 신), 수호신, 천사) 직관적 이념을 말한다. 배는 바다와 무의식의 심연 위로 그를 이끌어가는 운송 수단이다. 인간이 만든 구조물로서 그것은 하나의 체계나 방법(혹은 하나의 길. Hīnayāna und Mahāyāna = 작은 수레(소승小乘)와 큰 수레(대승大乘), 즉 불교의 두 형태)을 의미한다. 생각의 비상이 앞서며 그 뒤에 방법적인 완성 작업이 이루어진다. 인간은 신처럼 무지개다리 위로 걸어갈 수 없다. 그가 뜻대로 할 수 있는 숙고熟考라는 수단을 가지고 그 아래를 통과해야 한다.

그림 98. 현자의 알, 영적 왕관과 세속적 왕관을 쓴 쌍두雙頭독수리가 알에서 빠져 나오고 있다. (15세기)

독수리(불사조, 대머리수리, 까마귀의 동의어)는 잘 알려진 연금술의 상징이다. 돌, 레비스Rebis(둘로 조합되었기 때문에 흔히 태양과 달의 융합으로서 양성 인간적 성질을 지닌다)조차도 흔히 날개가 달린 모습으로, 말하자면 예감(직관) 또는 영적 (날개 달린!) 가능성으로 표현된다. 이 모든 상징은 결국 우리가 자기라고 지칭하는 사상事象의 의식 초월성을 묘사하고 있다. 이러한 시각적 인상은 발전 중에 있는 하나의 과정이 바로 다음 단계로 넘어갈 때 찍은 스냅 사진과도 같다.

연금술에서 알은 술사術師에 의해 포착된 혼돈, 즉 그 안에 세계혼을 묶어둔 '원질료'를 의미한다. 둥근 솥으로 상징되었던 알에서부터 독수리 또는 불사조, 즉 이제는 자유로워진 심혼이 솟아난다. 그것은 육체 속에 갇혀 있던 안트로포스와 결국 다시 동일시된다(그림 98 참조).

C. 우주 시계의 환상

59. '위대한 환상'[194]:

같은 중심점을 지닌 수직 원과 수평 원이 있다. 그것은 우주 시계다. 검은 새가 그것을 떠받들고 있다.
수직 원은 흰색 테두리가 있는 푸른색 원판으로서 $4 \times 8 = 32$ 부분으로 나누어져 있다. 하나의 바늘이 그 위에서 돌아가고 있다.
수평 원은 네 가지 색으로 되어 있다. 그 위에는 네 명의 난쟁이들이 추를 들고 서 있으며, 전에는 어두웠으나 지금은 황금빛을 띤 고리가 그 둘레에 놓여 있다(이전에 네 어린이들에 의해 운반되었던).

'시계'에는 세 가지의 리듬 혹은 박자가 있다.
빠른 박자: 푸른색 수직 원의 바늘이 1/32만큼 껑충 뛴다.
중간 박자: 바늘이 완전히 한 바퀴 거꾸로 돈다. 그와 동시에 수평 원은 1/32가량 앞으로 나아간다.
느린 박자: 32개의 중간 박자가 황금빛 고리를 한 번 회전시킨다.

이 독특한 환상은 꿈꾼 사람에게 가장 깊고 긴 여운을 남겼다. 그의 표현에 의하면, '최고로 조화로운 인상'을 주었다. 우주 시계는 카비렌들(그림 77 참조), 즉 추를 나르는 네 어린이들, 혹은 네 난쟁이와 동일시되는 '엄격한 형상'일 것이다. 따라서 그것은 구체적 형태 속에서 마침내 구현된 3차원의 만다라다(의사로서 비밀을 엄수해야 하기 때문에 유감스럽게도 나는 개인생활사를 전달할 수 없다. 이러한 구현이 또한 '실제로' 이루어졌음을 확인시켜주는 것으로 만족할 수밖에 없다). 누군가가 실제로 어떤 일을 행하면 그 자신이 바로 그 일 자체가 된다.

이 기이한 형상에 관한 환상이 '최고로 조화로운' 인상을 불러일으키는 원인은 한편으로는 정말 이해하기 힘들지만, 다른 한편으로 역사적인 비교 자료를 생각해본다면 쉽게 납득할 수 있다. 그 형상의 의미는 극히 모호하기 때문에 그러한 사실에 공감하기란 어렵다. 그런데 의미를 납득할 수 없고 형태와 색깔도 미적 요구와는 전혀 상관없는 것이라면 그것의 이해도, 또 미적 감각도 충족되지 못한다. 그러한 형상 속에서 서로 달라 일치할 수 없는 요소들이 아주 다행스럽게 융합되고 동시에 무의식의 '의도'를 고도로 구현시키는 상을 만들어냈다고 억측하지 않는 이상, 어떻게 거기에서 '최고로 조화로운' 인상이 생겨나는지 공감하기 힘들다. 따라서 그 상이, 이전에는 알려지지도 않았고 그때까지는 서로 무관해 보이는 측면을 통해서만 표현되었던 하나의 정신적 사실을 특별히 뛰어나게 표현한 것이라고 추측할 수밖에 없다.

이 꿈의 인상은 극도로 추상적이다. 근저에 놓인 이념 중의 하나는, 중심점을 공유하는 가운데 이질적인 두 체계가 교차한다는 것이다. 그러므로 지금까지처럼 '중앙'과 그것의 범위가 정신적 존재의 전체성, 즉 자기를 묘사하고 있다는 가정에서 출발한다면, 그 형상은 기능적으로 '세 가지 리듬'에 의해 조절된 규칙적인 연관 관계 속에 있는 두 이질적 체계가 자기 안에서 교차되고 있음을 우리에게 말해준다. 정의하자면, 자기란 중앙이며 의식적 체계와 무의식적 체계를 모두 포함한다. 그러나 '세 가지 리듬'에 의한 그 기능의 조절은 내가 증명할 수 없는 그 무엇이다. 리듬이 무엇을 암시하는지 나는 알지 못한다. 하지만 물론 암시하는 바가 있다는 것을 한 순간도 의심하지 않는다. 내가 거기에 끌어들일 수 있는 유일한 비유는 서론에서 언급한 세 가지 '방식'일 것이다. 그것을 통해 네 요소는 서로 변화되거나, 합성되어 진수에 이른다.

1 '방식' : 흙이 물로
2 '방식' : 물이 공기로
3 '방식' : 공기가 불로

이 만다라가 최대한 대극의 완벽한 합일을 추구하고 따라서 또한 연금술적 양성 인간과 유사성을 지니는 가운데 남성적인 삼위성과 여성적인 사위성의 합일을 추구한다고 생각하면 틀리지 않을 것이다.

그 형상이 우주적 측면을 지니고 있으므로(우주 시계!) 그것은 시공時空의 한 축소 형태이며 심지어는 그 근원일 수도 있다. 어쨌거나 그것은 시공의 화신化身이다. 따라서 수학적으로 볼 때 4차원의 특성을 지니며 3차원적 투사를 통해서만 보이게 될 것이라고 추측할 수밖에 없다. 그 형상에 대한 이러한 해석은 내가 증명할 수 있는 한계를 벗어나기 때문에 이러한 결론에 커다란 비중을 두고 싶지 않다.

32회의 박동은 넷을 곱해서(8 × 4) 생겨난 듯하다. 경험에 따르면 만다라의 중심에 있는 넷은 주변으로 나감에 따라 흔히 8, 16, 32, 그리고 그 이상의 수로 되는 것이다. 32란 숫자는 카발라Kabbala(숫자와 문자 풀이를 중심으로 한 중세 유대교의 비설)에서 중요한 역할을 한다. 「예지라 Jezirah(Sepher Yetsirah)」서 1장 1절에는 다음과 같이 씌어 있다. "여호와, 만군의 주, 이스라엘의 신, 살아 계신 신이며 세상의 왕 … 은 32개의 비밀스러운 지혜의 길에 자신의 이름을 새겨놓았다." 이 숫자는 '그 자체로 완전한 10의 수Sephiroth와 22개의 기본 철자'로 이루어져 있다(1장 2절). 10의 수가 지닌 의미는 다음과 같다: '1. 살아 계신 신의 혼Geist 2. 혼으로 이루어진 혼 3. 혼으로 이루어진 물 4. 물로 이루어진 불 5.~10. 높이, 깊이, 동, 서, 남, 북'(1장 14절)[195] 코르넬리우스 아그립파Cornelius Agrippa(1486~1535, 신성 로마 제국 신학자, 철학자, 웅변가. 저서 『신비 철학에 관하여』에서 히브리 문자와 피타고라스 수점술數占術에 대한 유대 신비주의적 분석에 기초를 두고 세계를 설명했다)는 다음과 같이 말한 바 있다. "히브리의 지식인들은 32의 수에 지혜가 있다고 생각한다. 왜냐하면 아브라함에 의해 기술된 지혜의 수가 그렇기 때문이다."[196] 프랑크는 32를 카발라적인 삼위인 케테르Kether, 호크마Chochma, 비나Bina와 관련짓고 있다. "이 세 인물은 스스로의 내부에 모든 것을 품고 그것을 합일시킨다. 그런데 그들은 다시금 지극히 높은 포괄자weißer Haupt(흰 두목), 즉 상제上帝

그림 99. 라피스(돌)의 시간 상징.
십자가, 인간(천사의 대표자인)과 함께 있는 세 복음자 상징은
그리스도와의 비유를 말해준다.(1520)

안에서 합일된다. 왜냐하면 그는 모든 것이며 모든 것은 그이기 때문이다. 그는 때로는 단 하나의 머리를 이루는 세 개의 머리로 표현되기도 하고, 때로는 단일성이 손상되지 않은 채 세 부분으로 나뉘어 마치 신성神性이 32개의 경이로운 길을 통해 우주로 퍼지듯이 32개의 신경 쌍에 의해 몸 전체에 퍼지는 두뇌와 비교되기도 한다."[197] 크노르 폰 로젠

III. 만다라의 상징성 ─ 261

로트Knorr von Rosenroth(1636~1689, 독일 복음주의 신지학자, 시인, 연금술사)도 이 32개의 '비밀 통로'에 대해 언급하고 있다. 총괄적 단일성을 그는 호크마Chochmah('모든 것을 포괄하는, 모든 길 중 최고의 길')로서 칭하며 이것을 "그 길은 독수리도 알지 못하고 매의 눈도 보지 못한다"[198]는 「욥기」 28장 7절과 관련시킨다. 수의 상징에 대해 매우 유익한 설명을 해주는 르네 알랑디René Allendy는 다음과 같이 말하고 있다. "32는 … 유기적 세계에 나타나는 분화 현상으로서, 창조적 세대가 아니라 8 × 4의 산물로서 오히려 창조자가 빚어낸 피조물의 다양한 형태의 계획과 배열이다.…"[199] 아이-부처Bddhakind의 행운의 기호mahāvyanjana(산스크리트어 Maha(큰, Great)와 Vyanjana(징표, Sign)의 합성어, 전륜성왕 또는 부처가 지닌 32개의 신체적 특징을 가리킨다. 즉, 태어난 아이가 장차 전륜성왕 또는 부처가 될 것을 예지하는 상서로운 표징이다)가 카발라의 숫자 32에 비교될 수 있을지는 잘 모르겠다.

그런데 비교 역사적 해석을 고려해보자면 우리는 최소한 이 형상의 일반적인 점에서는 유리한 입장에 있다. 우리는 첫째 세 대륙의 만다라 상징 전체를, 둘째 특별히 만다라의 시간적 상징성, 즉 그것이 특히 서양 점성술의 영향 속에서 어떻게 발전해왔는가를 마음대로 다룰 수 있다. 점성도(그림 100 참조) 자체가 어두운 중심점을 지닌 하나의 만다라(시계),[200] 즉 집과 행성 계단으로 이루어진 왼쪽 방향으로의 '순환'이다. 교회 예술의 만다라, 특히 대제단 앞이나 십자형 건물의 중앙 교차부 아래에 있는 마룻바닥의 만다라는 흔히 12궁이나 계절을 이용하고 있다. 그리스도를 교회 역년曆年과 동일시하는 사고도 그와 비슷한데, 그리스도는 바로 교회 역년의 안정된 극極이며 동시에 생명이다. 사람의 아들은 자기自己의 관념을 선취한 것이다(그림 99 참조). 그러므로 히폴리토스Hippolytos(170~235년경, 최초의 대립 교황, 신학자)가 말

그림 100. 집과 12궁, 행성 그림이 있는 점성도占星圖. 용의 천궁도.
라이만Leonhard Reymann의 운수력Nativität-Kalender에 있는
쇤Schön의 표제 목판화.(1515)

그림 101. 네 복음자 상징에 에워싸여 있는 타원형의 후광Mandorla 속 그리스도.
생 자크 데 게레St. Jacques des Guérets(루아르 에 셰르Loire-et-Cher)에 있는
로마네스크풍의 벽화.

하는 배사교도拜蛇敎徒(뱀을 숭배하는 교도)들이 사용한 자기의 다른 동의어들과 그리스도는 그노스시적 혼합을 이루고 있는 것이다. 그와 비슷한 것이 호루스의 상징성(호루스는 매의 형상을 한 이집트의 신)이다. 즉, 한편으로는 네 복음자 상징을 지닌, 왕좌에 오른 그리스도와 세 마리의 동물, 그리고 천사(그림 101 참조), 다른 한편으로는 네 아들들과 함께 있는 아버지 호루스, 혹은 네 호루스의 아들들과 함께 있는 오시리스Osiris다(그림 102 참조).[201] 호루스는 바로 떠오르는 태양[202]이기도 한

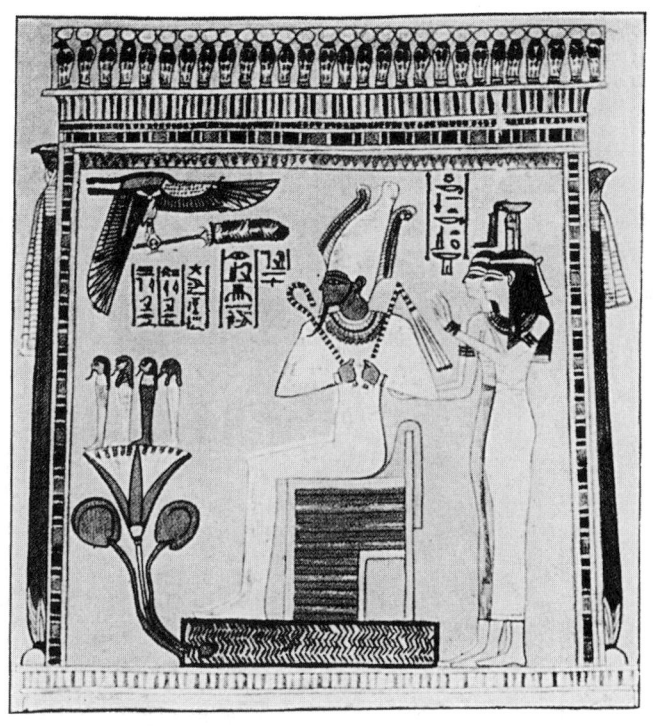

그림 102. 연꽃 위의 네 호루스 아들들과 함께 있는 오시리스.
사자死者의 서書(후네페르Hunefer 파피루스).

데, 초기 기독교도들은 그리스도를 떠오르는 태양으로 경배했다.

샬리스의 시토 수도원장이었고 단테와는 무관하게 1330년부터 1355년까지 세 편의 '순례'를 쓴 노르만의 시인 기욤 드 디귈빌Guillaume de Digulleville의 『인생과 영혼과 예수 그리스도의 순례Le Pèlerinage de la vie humaine ; Le Pèlerinage de l'âme ; Le Pèlerinage de Jésus-Christ』[203]에서 특별한 유례를 볼 수 있다. 『영혼의 순례』의 마지막 노래는 낙원의 환상을 담고 있다. 낙원은 각각 일곱 개의 더 작은 영역을 내포하는 일곱 개의 커

그림 103. 신랑과 신부.
스테파노 다 상트 아그네제Stefano Da Sant'Agnese의 「대관식 하는 정치가Politico con l'Incoronazione」의 한 단면.(15세기)

다란 영역으로 이루어져 있다.[204] 모든 영역은 회전한다. 그리고 그러한 움직임은 '세기世紀'라고 명명된다. 천상의 '세기'는 지상 세기의 전형이다. 시인을 안내하는 천사는 그에게 말한다. "성聖 교회가 기도 끝에 '세세에 영원히'를 첨가할 때 그것은 이 세상의 시간이 아니라 영원을 가리킨다."[205] '세기'는 또한 구원받은 자들이 거주하는 공간적 영역이기도 하다. '세기'와 '하늘'은 동일하다. 순수한 황금으로 이루어진 최고의 하늘에서 왕은 태양보다 더 밝게 빛나는 둥근 옥좌에 앉아 있다. 값비싼 돌로 된 왕관이 그를 에워싸고 있다. 그의 옆 갈색 수정으로 이루어진 둥근 옥좌에 죄인들을 위해 기도하는 왕비가 앉아 있다(그림 103 참조).

"황금 하늘을 바라보면서 순례자는 지름이 3피트나 되어 보이는 신기한 둥근 원을 발견한다. 그것은 황금 하늘의 한 지점에서 나와 다른 지점으로 다시 들어간다. 그것은 황금 하늘 전체를 여행한다." 이 원은 사파이어 색, 즉 푸른색을 지니고 있다. 그것은 회전하는 원판과도 같이 하나의 커다란 원 위에서 분명하게 움직이고 있는 직경 3피트의 작은 원이다. 커다란 원은 하늘의 황금 원과 교차된다.[206]

기욤이 이러한 광경에 몰두해 있는 동안 갑자기 자줏빛 옷을 입고 금관과 금 허리띠를 두른 세 정령이 나타나 황금 하늘 안으로 들어간다. 그러한 순간은 지상의 교회 축제와 같은 '축제une fête'라고 천사가 그에게 가르쳐준다.

> 그대가 보는 원은 달력,
> 그것은 완전히 한 바퀴 도는 가운데
> 성인들의 날을 알려준다,
> 언제 축제가 열려야 하는가를.

그림 104. 12궁을 창조하고 있는 삼위일체의 신.(14세기)

한 해는 원을 한 바퀴 완전히 도는 것,

각각의 별은 하루를 나타내고,

매번의 태양은 삼십 일의 시공,

혹은 황도 12궁을 표시한다.[207]

Ce cercle que tu vois est le calendrier,

Qui en faisant son tour entier,

Montre des saints les journées

Quand elles doivent être fêtées.

Chacun an fait le cercle un tour,

Chacune étoile y est pour jour,

Chacun soleil pour l'espace

De jours trente ou zodiaque.

세 인물은 성인들이며 바로 그들을 위한 축제가 현재까지도 거행되는 것이다. 3피트란 황금 하늘로 들어가는 작은 원이며, 또한 갑자기 하늘 속으로 들어가는 자들도 세 형상이다. 그들은 달력 원과도 같이 영원성 속의 순간을 의미한다(그림 104 참조). 그런데 '달력'의 지름이 왜 하필 3피트이고 또 왜 하필 세 형상인지는 설명하지 않고 있다. 우리는 물론 우리의 환상에 나타났던 세 박자를 생각할 수 있다. 그 세 박자는 푸른색 원 위에서의 바늘의 움직임에 의해 생겨나며, 달력 원(12궁)이 황금 하늘 안으로 들어갈 때와 마찬가지로 불가해하게 체계 속으로 들어간다. 안내자는 이제 기욤에게 계속 구원사의 관점에서 본 12궁의 의미에 대해 가르쳐준다. 그리고 물고기 표지 속에서, 삼위三位 앞에 나타나게 될 열두 어부들의 축제가 거행될 것이라는 설명으로 말을 마친다. 그때 기욤은 그가 애당초 삼위의 본질을 제대로 이해한 적

그림 105. 별이 총총한 하늘의 의인화인 동정녀.(15세기)

이 없었다는 생각을 불현듯 떠올린다. 그래서 그는 천사에게 설명을 청한다. 천사는 대답한다. "이제 녹색, 붉은색, 황금색의 세 주요 색깔이 있소. 이 세 가지 색을 나뭇결 무늬의 비단으로 된 여러 수공품과 공작 같은 여러 새의 깃털에서 볼 수 있지요. 세 가지의 색을 하나로 만드는 전능한 왕이 하나의 물질을 셋으로 만들 수도 있지 않겠소?"[208]

왕의 황금빛은 성부聖父에 속하는 것이다. 성자聖子는 피를 흘렸기 때문에 붉은빛이며 성령聖靈은 초록빛으로 '푸르러지고 원기를 더해주는 색'이다. 이어서 천사는 더 이상 묻지 말도록 그에게 경고한 다음 사라진다. 그러나 기욤은 잠에서 깨어 자신이 침대 속에 있음을 알게 되고 '영혼의 순례'는 그렇게 끝이 난다.

그러나 우리는 무엇인가를 더 물어야 한다. "셋이 있는데—네 번째는 어디에 있는 것인가?" 왜 **푸른색**은 없는 것인가? 그런데 이 색은 우리 꿈의 '흐트러진' 만다라에도 빠져 있었다. 푸른색은 신기하게도 황금 원을 나누는 '달력'이며 또한 3차원의 만다라에 나타나는 수직 원이다. 우리가 짐작할 수 있는 것은 푸른색이 수직선으로서 높이와 깊이를 의미하며(위쪽이 푸른 하늘, 아래쪽이 푸른 바다를) 수직선의 축소가 정사각형을 직사각형으로 만든다는 것, 따라서 의식의 팽창[209]과 같은 현상이 일어난다는 것, 그에 따라 수직선은 무의식에 상응한다는 사실이다. 그런데 남자의 무의식은 여성적 징후다. 즉, 푸른색은 전통적으로 동정녀의 거룩한 망토(그림 105 참조)를 나타내는 색이다. 기욤은 '왕Roy'의 삼위와 삼중적인 면에 열중한 나머지 '여왕Reyne'에 대해 잊어버렸다. 파우스트는 다음과 같은 말로 그녀에게 기도한다.

세상 최고의 지배자여!
푸르게 펼쳐진 천상의 장막에서 내게
당신의 비밀을 보여주소서.

기욤에게는 부득불 무지개의 네 가지 색 중 푸른색이 빠져 있다. 푸른색은 여성적 성질을 지니기 때문이다. 그런데 아니마는 여자와 마찬가지로 남자의 높이와 깊이를 의미한다. 푸른색의 수직 원이 없으면 황금색 만다라는 형체 없는 2차원적 성격, 즉 단순히 추상적인 상으로 남게 된다. 시간과 공간이 서로 개입할 때에만 즉각적으로 현실성이

그림 106. '달의 영약靈藥(Mondelixir)'.(17세기)

생겨나는 것이다. 전체성이란 순간적으로만, 즉 파우스트가 평생 동안 추구했던 그 순간에만 실현된다.

시인 기욤은 아마도 흑갈색의 수정 위에 앉아 있는 왕비를 왕에게 데려다주었을 때 이교도적 진리를 예감했을 것이다. 그도 그럴 것이 여성인 대지가 없이 어떻게 하늘이 있겠는가! 그리고 여성인 왕비가 어두운 심혼을 위해 기도하지 않는다면 남자는 어떻게 자신의 성취를 이룰 수 있겠는가! 그녀는 바로 어둠을 알고 있다. 물론 지극히 은근한 암시 속에서이지만 그녀는 자신의 옥좌인 대지 자체를 하늘로 가져왔던 것이다. 그녀는 빠져 있던 푸른색을 황금색, 붉은색, 녹색에 첨가하여 조화로운 전체를 만들어낸다.

D. 자기의 상징에 대하여

'우주 시계'의 환상은 객체적 정신의 상징을 발전시키는 데 최종적인 것도, 최고의 것도 아니다. 그러나 그것은 400편가량의 꿈과 환상으로 이루어진 자료의 대략 3분의 1을 차지한다. 주목할 일은 이 일련의 꿈과 환상이 내가 오래전에 이미 수많은 개인들에게서 관찰했던 하나의 심리적 사실[210]을 드물게 완벽한 형태로 기술하고 있다는 점이다. 그 꿈이 우리로 하여금 무의식의 합성적 작업을 단계적으로 추적할 수 있도록 해준 것은, 객관적 재료의 완벽성뿐 아니라 꿈꾼 사람의 철저함과 세심함 덕택이다. 여기에서 다룬 59편의 꿈 사이에 생긴 340편의 꿈까지 더 관찰 대상에 포함시켰다면, 의심할 바 없이 그러한 합성적 과정에서의 국면의 급전急轉을 더욱 완벽하게 설명할 수 있었을 것이다. 그러나 유감스럽게도 그러한 일은 불가능했다. 그 꿈들은 때로는 개인적 삶의 은밀한 부분을 파고드는 것이어서 공개해서는 안 되는 것이었기 때문이다. 그렇기 때문에 개인적 성격을 띠지 않은 한정된 자료로 만족할 수밖에 없었다.

발전 과정에 있는 자기의 상징을 좀더 이해시키고 그러한 체험 재료에서 나타나는 적지 않은 어려움을 최소한 어느 정도나마 극복하는 일에 성공했기를 바란다. 그러한 일을 하면서 설명과 보충을 위해 꼭 필요한 비교 자료가 엄청나게 불어났음을 나는 절실히 의식하고 있다. 그러나 의미를 지나치게 난해하게 만들지 않기 위해서 최대한 자제하였다. 따라서 많은 것들이 단순히 암시되는 데 그쳤는데, 그것을 경박함으로 파악하지 않기를 바란다. 그렇다고 내가 극도로 복잡한 이러한 주제에 대해 결론적인 것을 말했다는 인상을 주고 싶지는 않다. 더욱이 내가 무의식의 자발적인 표명을 나타내는 일련의 꿈과 환상을 다룬 것이 이번이 처음은 아니다. 나의 저서 『리비도의 변환과 상징 *Wandlungen und Symbole der Libido*』(『기본 저작집』, 제7권과 제8권 참조)에서 이미 그러한 것이 다루어진 바 있다. 그러나 거기에서는 어떠한 신경

그림 107. 구세주를 안고 있는 동정녀.(15세기)

증적(사춘기의) 문제가 더 많이 다루어져 있는 반면 여기에서는 개성화에 이르기까지의 문제의식이 확대되었다. 게다가 문제 삼은 인격들 간에는 아주 현저한 차이가 있다. 내가 개인적으로 만난 적이 없는 전자의 경우는 일종의 정신적 파국(정신병)으로 끝을 맺었지만, 지금의 경우는 고도의 정신적 수준에 있는 사람들에게서 이미 내가 자주 관찰한 바와 같이 정상적인 발전을 보여주고 있다.

그런데 후자의 경우에서 특히 주목할 만한 것은 핵심적 상징의 전개가 논리 정연하다는 사실이다. 무의식적 과정이 서서히 접근해가고 있는 하나의 중심부 주변을 나선형으로 움직이고 있고 그때 '중앙'의 특성이 점점 뚜렷하게 부각되는 듯한 인상을 부인할 수 없다.

또한 그와 반대로, 그 자체로는 인식될 수 없는 중심점이 자석처럼 무의식의 서로 일치하지 않는 재료들과 과정들에 영향을 끼쳐서 그것들을 차츰 수정 창살 같은 곳으로 사로잡아 넣는다고 말할 수도 있을 것이다. 그러므로 (다른 사례들에서는) 드물지 않게 중앙이 거미줄 속의 거미(그림 108 참조)로 그려지는 경우도 적지 않다. 말하자면 무의식적 사건에 대해 두려워하는 태도가 의식 속에서 아직 우세한 경우에 그러하다. 그러나 우리의 사례에서처럼, 이루어지는 대로 과정을 내버려둘 때, 항상 스스로를 계속 갱신하는 중심적인 상징이 시종일관 개인적 심리의 극적인 혼잡을 뚫고 밀려든다. 위대한 베르누이Bernoulli[211]

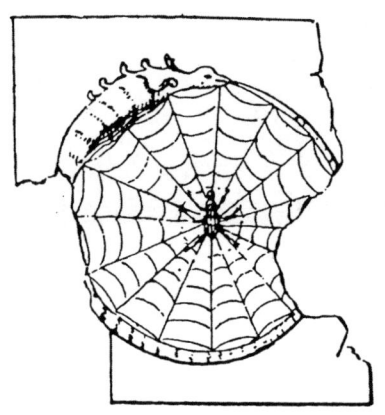

그림 108. 우로보로스에 에워싸인 마야, 현혹적인 감각세계를 짓는 영원한 직녀織女. 브라만의 한 격언집 표지의 손상된 그림.

그림 109. 네 복음자들과 그들의 상징, 그리고 천국의 네 개의 강; 중앙에는 '생명의 정spiritus vitae'이 담긴 에제키엘Ezechiel의 수레바퀴(「에제키엘」, 1:21)가 있다. 아샤펜부르크 도서관에 있는 성복음집의 축소화.(13세기)

의 묘비명에는 나선형Spirale이 "에아뎀 무타타 레주르고Eadem mutata resurgo, 그것이 변한다면 나는 되살아날 것이다"라고 새겨져 있다. 중앙을 나선형으로 묘사한 그림은 많이 있다. 예를 들어 창조적 점點인 알을 감고 올라가는 뱀이 그것이다.

실제로, 마치 삶의 모든 강렬함을 만들어내는 개인적 착종, 주관적이고 극적인 급전은, 이 희한하고 섬뜩한 결정結晶 과정(수정水晶이 이루어지는 과정, 핵화核化)의 최종성에 대항하는 단순한 망설임과 소심한 회피, 혹은 자질구레한 착종이나 지나치게 소심한 변명처럼 보인다. 종종 마치 개인적 정신이 겁먹은 동물처럼 매혹을 느끼면서도 동시에 두려움에 싸여, 늘 달아나면서도 계속 더 가까이 다가가면서 중심점 주변을 미친 듯이 배회하는 듯한 인상을 준다.

나는 내가 '중앙'의 본질을 어떻게든 인식하고 있다는 오해를 남기고 싶지 않다. 왜냐하면 그러한 중심은 결코 인식할 수 없으며 따라서 오직 그것의 현상을 통해 상징적으로 표현할 수 있을 뿐이기 때문이다. 체험하는 모든 객체가 그렇듯이 말이다. 중앙의 특수한 성질 가운데서 오래전부터 나의 주의를 끈 것은 넷의 현상이다(그림 109 참조). 이 넷은 예컨대 네 방위라든가 그런 유의 단순한 '넷'이 아니다. 셋과 넷의 경쟁이 적지 않게 생기는 상황으로 미루어 그 사실을 추론할 수 있다.[212] 마찬가지로, 더 드물긴 하지만 넷과 다섯의 경쟁도 있는데, 그런 경우에는 다섯 갈래 방사형의 만다라가 대칭의 결함 때문에 비정상적인 것이라는 딱지를 얻고 있다.[213] 따라서 마치 통상적으로 넷에 대한 뚜렷한 고집이 있는 것 같기도 하고 아니면 통계적으로 넷의 확률이 더 큰 것 같기도 하다. 그런데—이런 소견은 더 이상 억제하지 않아도 좋을 듯하다—몸체를 지닌 유기체의 주요 화학적 구조물질이 4원자가原子價의 특징을 지닌 탄소이며, 또 알려져 있다시피 '다이아몬드'가 일종의 탄소 결정이라는 사실은 진기한 '자연의 놀이'다. 탄소는 검고 (석탄, 흑연), 반면 다이아몬드는 '가장 순수한 물'이다. 넷의 현상에서 의식의 단순한 허구적 발상만이 문제시되고 객체 정신의 자발적 생산이 중시되지 않는다면, 이와 같은 방식의 유추는 유감스러운 지적 몰취미의 한 부분이 되어버릴 것이다. 자기 암시에 의해 꿈이 상당한 정도 영향을 받을 수 있고 그럴 경우 당연히 형식보다 의미가 중시된다고 가정하더라도, 이 경우에는 꿈꾼 사람의 의식이 넷의 이념을 무의식에 떠오르게 하기 위해 엄청나게 애를 썼다는 사실이 입증되어야 할 것이다. 그러나 내가 관찰하고 여기에서 거론한 사례나 그 밖의 다른 많은 사례의 경우에서 그러한 가능성은 전혀 얘기되지 않는다. 역사적이고 민족학적인 수많은 유례를 전적으로 도외시한다면 말이다(그림 110, 또한 그림 50, 61, 62, 63, 64, 65, 82, 109 등을 참조).[214]

이러한 사정을 전체적으로 조망할 때 적어도 내 생각에는, 넷을 통해 표현되는 어떠한 정신적 요소가 존재한다는 필연적 결론에 이르게 된다. 그러한 결론에 이르는 데에는 어떠한 대담한 억측도, 또 무절제한 공상도 필요 없었다. 내가 중심을 '자기'로 지칭한 것은 경험적이고도 역사적인 자료들에 대한 충분한 성찰과 신중한 검토 속에서 이루어진 것이다. 유물론적인 해석을 한다면 어렵지 않게 '중앙'이란, 정신이 육체와 융합하기 때문에 인식할 수 없는 바로 그곳 '외에 어느 곳도 아니'라고 할 수 있을 것이다. 반대로 심령론적으로 해석한다면, 자기는 심혼과 신체를 일깨우고 바로 그 창조적 지점에서 시간과 공간 속으로 뚫고 들어가는 '정신' '외에 아무것도 아니'라고 주장할 수 있을 것이다. 나는 그러한 정신적이고 형이상학적인 억측을 분명히 자제하고 있으며 경험적 사실을 확인하는 것으로 만족한다. 인간의 인식의 진보를 고려할 때, 나는 이와 같은 경험적 사실의 확인이 극단적인 지성주의

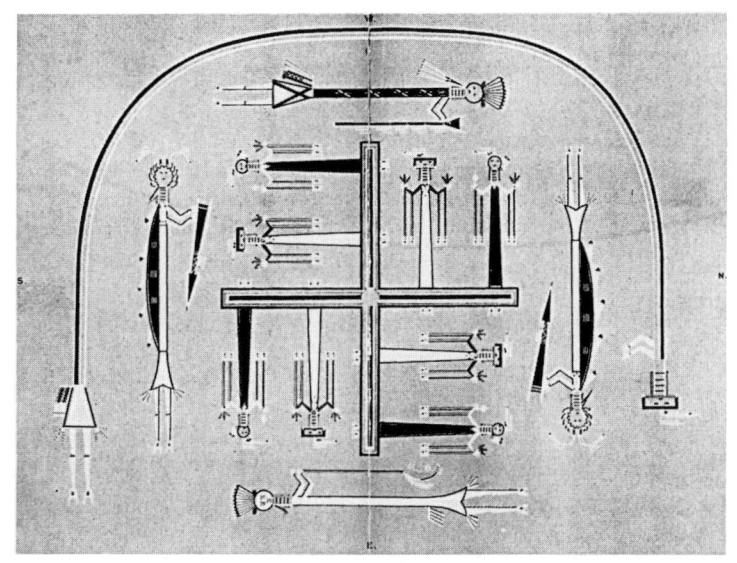

그림 110. 나바호Navajo 인디언(북아메리카)의 모래 그림.

적 유행의 어리석음이나 이른바 '종교적인' 신앙의 오만함을 추종하는 것보다 무한정 중요하다고 생각한다.

　나의 체험이 닿는 한, 여기서 다루어지는 것은 객체적 정신 안에서의 중요한 '핵심 과정', 즉 외적인 암시에 의해 영향을 받지 않고 '목표를 향한' 정신적 과정에 스스로 내맡겨진 듯이 보이는, 일종의 목표의 상像이다.[215] 물론 외부적으로 어떠한 정신적 곤경은 항상 존재한다. 즉, 굶주림과 같은 것인데, 그러나 그럴 때는 잘 알려지고 선호하는 음식을 목표로 삼아 상상하며, 결코 의식이 알지 못하거나 더욱이 불합리한 요리를 상상하지는 않는다. 정신적 곤경이 제공하는 목표, 즉 '치유하며', 전체를 만드는 효과가 있는 상은 처음에는 의식에 상당히 낯설기 때문에 그것을 받아들이는 데는 엄청난 어려움이 따른다. 그런데 그러한 목표의 상이 도그마적 효력을 발휘하는 시대와 환경에서 살아가는 인간일 경우는 상황이 물론 다르다. 그럴 경우 그러한 상은 의식에 뚜렷이 제시된다. 그와 함께 무의식에는 하나의 비밀스러운 영상이 나타나는데, 그 가운데 무의식이 재차 인식됨으로써 다시금 의식에 접속된다.

이제 만다라 모티프의 생성에 관해 말하자면, 일단 피상적으로 보아, 그것은 연속된 꿈이 진행됨에 따라 점차적으로 생겨나는 것처럼 보인다. 실제로 그것이 점점 뚜렷하게 분화되어 나타난다는 사실만은 의심할 여지가 없다. 그러나 그것은 항상 존재했으며 처음부터 첫 번째 꿈에 이미 등장하였다("우리는 정말 늘 있어왔다. 네가 그것을 깨닫지 못했을 뿐이지" 하고 '요정들'이 말하는 것처럼). 그렇기 때문에 선험적으로 존재하는 유형, 즉 집단적 무의식에 내재되어 있고 그로써 개인적 생성과 소멸로부터 벗어나 있는 원형이 여기서 문제가 될 가능성이 더 크다. 원형이란 말하자면 '영원한' 현존이다. 다만 의식이 그것을 인지하는가 그렇지 않은가 하는 것이 문제일 뿐이다. 연속된 꿈이 계속 진행됨에 따라 만다라 모티프가 더욱 뚜렷하고 빈번하게 등장하는 것은 바로 선험적으로 존재하는 유형을 더욱 정확하게 포착한 결과라고 가정할 수 있다. 나는 그것이 연속된 꿈이 진행되어서야 비로소 만다라가 생겨난다는[216] 생각보다 더 개연성이 있고 관찰 결과를 더 잘 설명해 주는 가설이라고 생각한다. 예컨대 인격을 가리는 모자와 주변을 선회하는 뱀, 그리고 끊임없는 움직임과 같은 본질적인 사상이 바로 처음에 등장하는 상황(II장의 꿈 1, 5와 III장의 꿈 9)은 그러한 생각을 입증하고 있다.

만다라 모티프가 하나의 원형이라면 그것은 분명 집단적 현상일 것이다. 다시 말하자면 이론상 그것은 모든 사람에게서 나타나야 한다. 그러나 실제로는 상대적으로 극소수의 경우에만 뚜렷한 형태로 나타난다. 그러나 그러한 상황 때문에 만다라가 하나의 은밀한 극점의 역할을 하여 궁극적으로 모든 것이 그 주변을 선회하는 사실을 부인하지는 못한다. 개개의 삶은 결국 하나의 전체, 다시 말해 자기의 실현이다. 따라서 또한 그러한 실현을 개성화라고 지칭할 수 있다. 왜냐하면 모든 삶은 그것을 짊어지고 실현하는 개인들과 결부되어 있으며 그들 없이는 생각할 수 없기 때문이다. 그런데 삶을 짊어진 모두에게는 또한 개인적인 숙명과 목적이 주어져 있으며, 그것의 실현이 살아 있는 존재의 의미를 만들어낸다. 물론 '의미' 있다는 것은 흔히 '무의미'하다고도 말할 수 있기는 하다. 그러나 존재의 비밀과 인간적 이성 사이에는 어떤 비가측성非可測性(헤아릴 수 없음)이 있다. '의미'와 '무의미'는 적절한 하나의 방향 설정을 위해 인간이 만든 새로운 해석일 뿐이다.

역사적 유례가 보여주듯이, 만다라의 상징성에서 중요한 것은 결코 유일무이한 특이성이 아니라 일반적으로 일어난다는 것이라고 말할 수 있다. 만일 그렇지 않다면 비교할 수 있는 자료도 있을 수 없다. 그러나 지구의 곳곳에서 모든 시대를 걸쳐 나온 정신적 산물에 의한 비교 가능성이야말로 바로 '일반적 동의'가 객체적 정신에서 일어나는 사건에 얼마나 막대한 의미를 부여하는지를 가장 명확하게 보여준다. 그것을 가볍게 무시해버리면 안 되는 이유는 이로써 충분하다. 나의 의료 경험은 다만 그러한 가치 평가를 확인하고도 남음이 있다. 무엇인가를 진지하게 여기는 것을 비과학적이라고 생각하는 사람들도 있다. 그들은 진지함에 의해 자신들의 지적 유희의 공간을 침해받지 않으려고 한다. 그러나 인간적 감정이 지닌 가치를 무시해버리는 의사는 심각한 과오를 범하는 것이다. 그가 비밀스럽고 이해하기 어려운 자연의 영향력을 이른바 과학성으로 바로잡고자 한다면 자연에 의한 치유 과정의 자리에 자신의 하찮은 궤변만을 끌어댈 것이다. 고대 연금술의 지혜를 마음에 새기도록 하자. "가장 자연스럽고 완벽한 작업은 그것과 같은 것을 만들어내는 데 있다."

그림 111. 모든 색의 융합인 '공작 꼬리cauda pavonis'는 전체성의 상징이다.(1702)

주석

연금술의 종교 심리학적 문제 서론

1 어느 개신교 신학자가 설교학에 관해 쓴 저서에서 나의 심리학에 근거하여 윤리적 입장에서 설교자의 전체성을 장려한 용기는 주목할 만하다(Otto Händler, *Die Predigt*, Berlin, 1949).
2 신의 인간과의 상사성Gottebenbildlichkeit을 천명한 도그마는 인간적 요소를 평가하는 데도 매우 중요한 의미를 지닌다. 신의 육화Inkarnation에 대해서는 말할 필요도 없다.
3 악마도 심혼을 지닐 수 있다는 사실이 심혼의 의미를 전혀 감소시키는 것은 아니다.
4 그러므로 심리학적으로 볼 때, 신이 전적으로 '완전히 다른 존재'여야 한다고는 전혀 생각할 수 없다. 왜냐하면 '완전히 다른 존재'란 바로 신 자체이기도 한, 심혼과 내면적으로 가장 친밀한 존재가 결코 아니기 때문이다. 심리학적으로 타당한 것은 오로지 신상에 관한 역설적이거나 이율배반적인 진술뿐이다.
5 Tertullian, "Anima naturaliter christiana", *Apologeticus*, XVII.
6 여기에서 문제되는 것은 인간의 노력에 관한 것이기 때문에, 나는 인간의 권한 밖에 있는 은전恩典은 도외시한다.
7 [*De carne Christi*, V; 라틴어 원문은 『전집』 참조.]
8 Otto Zöckler(Probabilismus, *Realencyklopädie* XVI, p. 67)는 다음과 같이 정의한다. "'개연론Probabilismus'이란 일반적으로 학문적 질의에 답할 때 고도의, 또는 미미한 개연성의 정도로도 만족하는 사고방식을 말한다. 여기서 우리의 고려 대상이 되는 도덕적 개연론은 윤리적인 자기 규정의 행위에서 양심에

따라 하지 않고 개연성으로 보아 옳은 것, 다시 말해 어떤 전범적典範的 교리의 권위가 권하는 바를 따르는 것을 기본 원칙으로 한다." 예컨대 예수회 개연론자 에스코바르Antonio Escobar y Mendoza(1669년 사망)는 다음과 같은 견해를 피력한다. 즉 고해자가 개연적 견해를 자기 행위의 근거로 삼는다면, 고해 신부는 고해자의 확신에 공감하지 않더라도 면죄해야 할 의무가 있다는 것이다. 에스코바르는 일련의 예수회 권위자들을 인용하여 평생 동안 얼마나 자주 신에 대한 사랑의 의무를 짊어졌는가라는 질문에 답한다. 신에 대한 사랑은 죽음 직전에 한 번이면 족하다는 견해가 있고, 일 년에 한 번, 또는 삼 년 내지 사 년에 한 번이면 된다는 견해도 있다. 에스코바르는, 신을 사랑하는 일은 이성의 첫 각성 시에 한 번, 그 후로 5년마다 한 번, 마지막으로 임종할 때 한 번 하면 된다고 결론을 내린다. 그의 견해에 따르면, 수많은 다양한 도덕적 학설을 통해 그리스도의 멍에가 가벼워지기 때문에 다양한 학설들은 신의 자비로운 섭리에 대한 결정적 증거가 된다(앞의 책, p. 68). 이에 대해서 Adolf von Harnack, *Lehrbuch der Dogmengeschichte* III, Tübingen, 1931, p. 748ff.도 참조.

9 「창세기」, 1장 2절 참조. J. B. Lang, *Hat ein Gott die Welt erschaffen?*, Bern, 1942에 신화 모티프들이 나타난다. 문헌학적으로 비판하면 유감스럽게도 이 글은 많은 점에서 비난받을 것이다. 그럼에도 이 글이 지닌 그노시스적 경향 때문에 주목할 만하다.

10 [영어판(1953)에서 저자는 다음과 같은 주를 달았다. "연금술에 관한 글에서 메르쿠리우스라는 단어는 매우 다양하게 변형되는 의미로 사용되어서, 화학적 요소인 메르쿠리우스(Hg.)나 수은水銀, 그리고 신神 메르쿠리우스(헤르메스Hermes), 또한 행성 메르쿠어Merkur를 지칭할 뿐만 아니라 모든 생물에 내재된 '영Geist'인 비밀스러운 '변환된 물질'이기도 하다. 이러한 다양하고 부수적인 의미는 글이 계속되면서 나타나게 될 것이다."]

11 Erich Przywara, *Deus semper maior* I, Freiburg im Breisgau, 1938, p. 71ff.

12 R. Wilhelm und C. G. Jung, *Das Geheimnis der Goldenen Blüte*, Olten, 1971 (『전집』 제11권)에 실린 그림들 참조.

13 contritio는 '완전한 참회(통회)'고, attritio는 '불완전한 참회'다(그것은 '불완전한 참회contritio imperfecta'로서 '자연적 참회contritio naturalis' 역시 거기에 속한다). 전자는 죄를 최고의 선에 대한 대립으로 여기며, 후자는 악과 혐오, 징계의 두려움 때문에 죄를 비난한다.

14 사람들이 어쩔 수 없이 전체성의 비극적 운명에 직면했을 때 유일무이하게 적합한 것으로 종교적 용어를 사용하는 것은 매우 자연스러운 일이다. '내가 피할 수 없는 운명'이란 말은 바로 운명에 대한 악마적 의지만큼이나 많은 것을

의미하는데, 악마적 의지는 반드시 나의 의지(자아의지)와 일치하지는 않는다. 그러나 그러한 의지가 자아와 대면하면, 사람들은 하나의 '위력', 즉 어떤 신적인 것이나 악마적인 것을 감지할 수밖에 없다. 운명에 복종한다면 신의 뜻이라고 부를 것이고, 숙명에 대항하여 가망 없는 소모적인 투쟁을 벌인다면 오히려 악마를 만나게 될 것이다. 어떤 경우일지라도 이 용어는 보편적으로 이해할 수 있으며 의미심장하기까지 하다.

15 파라켈수스까지도 "mysterium magnum"에서 신들에 대해 말하고 있다 (*Philosophia ad Athenienses*, Karl Sudhoff, XIII, p. 387ff.). 그의 영향을 받은 Abraham Eleazar의 글(*Uraltes chymisches Werk*, 18세기)도 마찬가지다.

꿈에 나타난 개성화 과정의 상징

I. 서론

1 여기서 말하는 교육이란 역사학, 문헌학, 고고학, 인류학이 아니라는 것을 분명히 말해야겠다. 꿈꾼 사람은 그러한 영역에서 나온 어떠한 자료도 의식하고 있지 않다.
2 만다라Mandala(산스크리트어)는 원을 말하는데, 마법의 원을 말하기도 한다. 그것의 상징성으로 나타나는 양태 중 가장 중요한 것은, 집중적으로 배열된 모든 형상들, 하나의 중심을 에워싸고 이루어지는 순환, 둥근 혹은 정사각형의 순환, 그리고 방사형 혹은 구형의 모든 배열이다.
3 이 개념에 대해서는 나의 논문 "Das Grundproblem der gegenwärtigen Psychologie"(『전집』 제8권)와 Toni Wolff, "Einführung in die Grundlagen der komplexen Psychologie", in *Die kulturelle Bedeutung der komplexen Psychologie*, 융의 60회 생일 축하 기념집, Berlin, 1935, p. 36ff. 참조.
4 여기서 광범위하게 이끌 수 있는 보완적komplementär, 보상적kompensatorisch이라는 개념에 관한 논의는 의식적으로 생략한다.

II. 최초의 꿈

5 바다는 환상vision이 잘 일어나는 장소다(즉 무의식적 내용의 밀려듦). 그러므

로「느헤미야」11장 1절의 위대한 환상의 독수리는 바다에서 솟아오르고, 13장 3절, 25절, 51절의 "사람"도 바다 가운데서 나온다. 또한 13장 52절에 이르기를 "깊은 바다 안에 있는 것들을 네가 찾아낼 수도 알 수도 없듯이, 그러하더라도 땅 위의 사람은 나의 아들을 볼 수 없다…."

6 Gustave Flaubert, *La Tentation de Saint Antoine*, Paris, 1874.
7 『오디세이아*Odyssee*』의 열한 번째 노래의 제목인 '네키야Nekyia(νεκυια)와 시신νέκυς은 죽은 자를 하데스Hades로부터 불러내기 위해 영전에 바치는 제물이다. 네키야는 그러므로 '하데스로의 여행', 즉 저승으로 하강하는 것에 대한 적합한 지칭이다. 디테리히Albrecht Dieterich도「베드로 복음서」의 묵시록 부분을 담고 있는 Akhmim 고사본古寫本에 관한 주석에서 그러한 의미로 이 말을 사용하였다(*Nekyia: Beiträge zur Erklärung der neuentdeckten Petrusapokalypse*, Leipzig, 1913). 전형적인 것은『신곡』,『파우스트』제2부의「고전적 발푸르기스의 밤」, 성서 외전에 나오는 그리스도의 지옥행 등이다.
8 Colonna, *Le Songe de Poliphilie*(hg. von Béroalde De Verville. 이 책의 그림 4)의 프랑스판 비교.
9 이에 대해 더 자세한 것은 나의 글「정신적 현상인 파라켈수스Paracelsus als geistige Erscheinung」(『전집』제13권, Paragr. 179f. und 214ff.)를 참조.
10 E. F. Knuchel, *Die Umwandlung in Kult, Magie und Rechtsbrauch*, Basel, 1919.
11 신에게 헌정된 고립된 부분의 땅, 흔히 작은 숲이다.
12 '아니마anima'의 개념에 대해서는 Jung, Die Beziehungen zwischen dem Ich und dem Unbewußten [『기본 저작집』제3권, 2부 2장] 참조.
13 초시모스Zosimos는 서기 300년경에 살았다. R. Reitzenstein, *Poimandres*, Gießen, 1923, p. 8ff.와 M. Berthelot, *Collection des anciens alchimistes grecs*, III, 1, 2 [『기본 저작집』제9권] 참조.
14 꿈 12와 13에 이 사다리 모티프의 인용이 확인된다. 또한 야곱의 사다리(그림 14) 참조.
15 "그것은 영Geist이 태양 궤도를 타고 내려옴을 말한다."(De errore profanarum religionum. 라틴어 원문은『전집』참조)
16 Apuleius, *Der goldene Esel*(황금 당나귀).
17 J. Ruska, *Die Turba Philosophorum*, Berlin, 1931 참조.
18 Jung, *Psychologische Typen*에서 내린 집단적 무의식 개념에 관한 정의 ("Unbewußte, Das",『전집』제6권) 참조.
19 기독교의 양羊의 상징성에 관한 직접적 근원은「에녹Henoch」89장 10절 이

하의 환상에서 찾아볼 수 있다(「에녹 묵시록」은 기원전 마지막 세기 초에 나온 것이다(*Die Apokryphen und Pseudoepigraphen des Alten Testaments*, Tübingen, 1921, p. 291 이하).

20 「에녹」에서도 지도자와 군주가 암양 내지는 숫양으로 등장한다(앞의 책, 89장 48절).

21 Berthelot, 앞의 책, III, I, 2. 이에 대해서는 나의 논총「초시모스의 환상에 대한 몇 가지 논쟁Einige Bemerkungen zu den Visionen des Zosimos」(『기본 저작집』제9권에 증보 형태로 나와 있음) 참조.

22 윌리스 버지E. A. Wallis Budge(*The Gods of the Egyptians* I, London, 1904, p. 87)는 그것을 '신들의 동아리company of the gods'로 칭하고 있다.

23 Gaston Maspero, *Etudes de mythologie* II, p. 245.

24 Dialogus(*Theatrum chemicum*, 1613, IV, p. 509 이하)에서의 연금술사와 메르쿠어Merkur 간의 흥겨운 대화 비교.

25 괴테, *Dichtung und Wahrheit*.

26 *Geheime Figuren der Rosenkreuzer*에 인쇄되어 있음.

27 *Probleme der Mystik und ihrer Symbolik*, Wien/Leipzig, 1914.

28 원천으로서의 물. 예컨대 이집트의 우주생성론 참조.

29 A. Wirth, *Aus orientalischen Chroniken*, Frankfurt a.M., 1894, p. 199.

30 앞의 책, pp. 4, 12.

31 이것은 원래 정상적인 삶의 과정이지만 보통은 완전히 무의식적으로 이루어진다. 아니마는 항상 존재하는 원형이다. Jung, *Psychologische Typen*에서의 정의, 'Seele', 'Seelenbild'[『전집』제6권]와 *Die Beziehungen zwischen dem Ich und dem Unbewußten*[『기본 저작집』제3권] 참조. 어머니는 아들에게 매혹적 의미를 부여하는 상을 첫 번째로 지닌 자다. 누이와 또 그와 유사한 인물들을 거친 후 그 상은 사랑하는 여자에게로 간다.

32 여기서 내가 인용한 비유는 주로 12세기에서 17세기까지의 라틴 문헌에 나오는 것이다. 가장 흥미 있는 원문 중의 하나는 『현자의 장미원*Rosarium philosophorum*』이다. 저자는 익명이다. 그는 확실한 '철학자'이며, 금을 만드는 범속한 일이 문제가 아니라 어떠한 '철학적' 비밀이 문제가 된다는 사실을 분명히 의식하고 있다. 『장미원』은 처음에 *Rosarium philosophorum. Secunda pars alchimiae de lapide philosophorum vero modo praeparando, continens exactam eius scientiae progressionem*이란 제목으로 인쇄되었다. 그것은 *Bibliotheca chemica curiosa*(hg. von Manget[us]) II, p. 87 이하와, 또 *Artis auriferae* II, p. 204 이하에 게재되어 있다. 나는 대부분 후자에서 인용하

였다.
33 (III장의) 꿈 23을 참조[208~215쪽].
34 연금술의 '황금 꽃金華, Goldblume'(그림 30 참조)에서도 마찬가지다. Senior Adolphus, *Occulta philosophia*. 황금 꽃은 그리스의 크뤼산티온χρυσάνθιον (Berthelot, 앞의 책, III, XLIX, 19)과 χρυσάνθεμον = 황금 꽃, 즉 연금술자들에 의해 다양하게 인용된 호메로스의 몰리μῶλυ 같은 마법의 식물에서 유래한다. 황금 꽃은 금 가운데에서 가장 고상하고 순수한 것이다. 황철광Pyrit에도 그러한 명칭이 붙어 있다(Edmund von Lippmann, *Entstehung und Ausbreitung der Alchemie* I, Berlin, 1919, p. 70 참조). '영원한 물aqua permanens'의 힘은 '꽃'으로 지칭된다(*Turba*, hg. von Ruska, pp. 204, 220). 후세 사람들은 신비적인 변환의 물질을 표현하는 데 'flos'를 사용한다(*Aurora consurgens*에서의 '노란 꽃 gelbe Blume'; *Consilium coniugii*, in *Ars chemica*, p. 167에서의 '대기의 황금 꽃 goldene Blume der Luft'; *Allegoria sapientum*, in *Theatrum chemicum*, V, p. 81에서의 "꽃은 풍요로운 물이다die Blume ist das reiche Wasser"[mercurius]; Mylius, *Philosophia reformata*, p. 30에서의 "작업의 꽃은 돌이다die Blume des Werkes ist der Stein" 참조. 라틴어 원문은 『전집』 참조).
35 "우리의 금은 천박한 금이 아니다"라고 『장미원』에서는 말하고 있다(*Artis auriferae*, II, p. 220. 라틴어 원문은 『전집』 참조).
36 앞의 책, 221(223?)쪽.
37 앞의 책, 239쪽. 헤르메스의 『장미원』 인용의 독자적인 성격에 관해서는 (이 책의) 「만다라의 상징성Die Mandala-symbolik」, 주 72 참조.
38 *Epistola ad Hermannum Archiepiscopum Coloniensem*, in *Theatrum chemicum*, V, p. 899.
39 Hermes의 *Tractatus aureus*에는 심지어 "분뇨 속에 내던져진 … 왜소하고 그야말로 경멸할 만한, 평지와 산, 물 속에 있는"(라틴어 원문은 『전집』 참조)이라고까지 표현되어 있다.
40 Jung, *Psychologische Typen*(『전집』 제6권, p. 189ff.)와 비교.
41 이러한 표현은 자기Selbst가 삶의 과정 중에 어느 정도 만들어진다는 말이 아니다. 자기는 단지 의식될 뿐이다. 이전부터, 맨 처음부터 이미 그것은 존재한다. 그러나 잠재적으로, 즉 무의식적인 상태에 있다. 이에 대해서는 나중의 설명을 참조.
42 P. F. Foucart, *Les Mystères d'Eleusis*, Paris, 1914.
43 [Herodot, *Neun Bücher der Geschichte* II, 58.]
44 이 개념에 대해서는 Jung, *Psychologische Typen*에서의 개념 설명(『전집』 제6

권, 'Einstellung')을 참조.
45 Heinrich Leberecht Fleischer, *Hermes Trismegistus an die menschliche Seele*, Leipzig, 1870, p. 6. 또한 플라톤적 근원인간의 둥근 형상과 엠페도클레스Empedokles의 스파이로스σφαῖρος와 비교. 플라톤의 『티마이오스*Timaios*』에 따르면 연금술사들에게 '세계혼anima mundi'과 '물체의 심혼Seele Der körper'은 공의 형태를 지닌다. 금도 마찬가지다(『기본 저작집』 제6권, 그림 209). Maier, *De circulo physico quadrato*, p. 11 이하 참조. '둥근 요소'와 해골 또는 머리의 관계에 대해서는 『미사에서의 변환의 상징*Das Wandlungssymbol in der Messe*』(『기본 저작집』 제4권)에서의 나의 해설 참조.
46 태양이 신이 아니고 그것을 만든 자가 신이라는 아우구스티누스의 논거(*In Ioannis evangelium*, XXXIV, 2)와 아직도 '기독교의 태양 숭배'를 보았던 유세비우스Eusebius의 논증(*Constantini oratio ad sanctorum coetum*, IV) 참조.
47 Linda Fierz-David, *Der Liebestraum des Poliphilo. Ein Beitrag zur Psychologie der Renaissance und der Moderne*, Zürich, 1947 참조.
48 1600년의 *Hypnerotomachia* 프랑스판의 앞에 실린 Béroalde de Verville의 서문은 이러한 견해를 매우 명확하게 드러내고 있다. 이에 대해서는 "Paracelsus als geistige Erscheinung"(『전집』 제13권)에서의 나의 해설 참조.
49 Ruska, *Die turba philosophorum*, Berlin, 1931.
50 이것은 피타고라스의 권위와 관계되었다.
51 이에 대해서는 Liber Platonis quartorum in *Theatrum chemicum*, V. p. 149 이하와 p. 174 참조. 이 논문은 아랍어와 라틴어 판으로 존재하는, 연금술의 역사에서 중요한 하란의harranitisch 원문이다. 유감스럽게도 라틴어 판은 훼손되었다. 원본이 작성된 시기는 10세기로 추정된다. M. Steinschneider, *Die europäischen Übersetzungen aus dem Arabischen*, Wien, 1904/05, p. 44 참조.
52 "Paracelsus als geistige Erscheinung"(『전집』 제13권, 214절)에서의 나의 해설에 주의.
53 이 부분은 1935년 봄에 쓴 것이다.
54 이 개념에 대해서는 『자아와 무의식의 관계』(『기본 저작집』 제3권) 참조.

III. 만다라의 상징성

55 *Kunstform und Yoga im indischen Kultbild*, Berlin, 1926에 밝힌 Heinrich Zimmer의 설명과, R. Wilhelm und C. G. Jung, *Das Geheimnis der Goldenen Blüte*, Zürich, 1938, Olten, 1971(『전집』 제11권) 참조.

56 다즐링Darjeeling 근처에 있다.
57 [A. Avalon, *The Serpent Power*, London, 1919, VII.]
58 Richard Reitzenstein, *Die hellenistischen Mysterienreligionen*, Leipzig/Berlin, 1910 참조.
59 이 인용 부호는 내가 '형이상학적'이란 표현으로 아무것도 '설정하지' 않으며 그것을 원래의 뜻과 달리 심리학적으로 사용함으로써 꿈의 독자적 표현을 특징짓는다는 의미다.
60 Meister Eckhart는 다음과 같이 말한다. "외부가 아니라 내면이다. 전적으로 내면이다ez ist zemâle inne, niht ûze, sunder allez inne."(*Deutsche Mystiker des* 14. *Jahrhunderts* II, Leipzig, 1845/57, pp. 8, 37.)
61 꿈꾼 사람이 나를 '호칭'하지 않고 겨우 암시만 했기 때문에 무의식은 분명 나의 개인적 의미를 강조할 의도가 전혀 없었다.
62 『기본 저작집』 제1권, 「심리학적 유형에 관한 개설」 참조.
63 Paul Deussen, *Allgemeine Geschichte der Philosophie* I, Leipzig, 1906.
64 강조는 융에 의한 것임(영어 원문은 『전집』 참조). Charlotte Baynes, *A Coptic Gnostic Treatise contained in the Codex Brucianus*, Cambridge, 1933, p. 89.
65 연꽃 속에는 붓다, 시바 등이(그림 52 참조), 장미 속에, 마리아의 품속에 그리스도(이에 대한 풍부한 자료는 A. Salzer, *Die Sinnbilder und Beiworte Mariens*, Linz, 1893 참조), 황금 꽃 속에는 금강체의 태생지가 있다. 이에 대해서는 꿈 16, 정사각형 공간 내부에서 이루어지는 순환적 발전 참조.
66 Baynes, 앞의 책, p. 58. 이에 대해서는 바즈라만다라Vajra-Mandala(그림 43) 참조. 여기에는 그 중심에 열두 개의 더 작은 것들로 에워싸인 커다란 금강저金剛杵, Dorje가 있는데, 그것은 열두 모나드로 관 씌워진 하나의 모나스Monas와 같다. 그 외에도 네 개의 문마다 안에 하나의 금강저가 있다.
67 앞의 책, 94쪽(영어 원문은 『전집』 참조).
68 앞의 책, 70쪽.
69 Irenaeus, *Adversus haereses* III, XI; Clemens, *Stromata* V, VI. 교회의 승용乘用동물인 테트라모르프Tetramorph(그림 53)와 유사하다.
70 『장미원』(*Artis auriferae*, II, p. 240). 헤르메스 인용의 출처는 Tractatus aureus(*Ars chemica*, p. 23 이하와 *Bibliotheca chemica*, I, p. 427 이하. 라틴어 원문은 『전집』 참조)의 IV장이다.
71 Baynes, 앞의 책, p. 87.
72 『장미원』의 익명의 저자가 한 헤르메스 인용에는 의도적인 왜곡이 들어 있어 판독법의 착오 이상의 의미가 있다. 그것은 본래의 의미를 새롭게 창조한 것인

데, 저자는 헤르메스의 이름을 빌려 상당한 권위를 부여하였다. 나는 1566년과 1610년, 1692년에 나온 *Tractatus aureus*의 세 종류의 인쇄본을 비교한 결과 모두가 일치한다는 사실을 알아냈다. 23쪽 이하에서의 『장미원』의 인용은 다음과 같다. "왜냐하면 비너스Venus는 다음과 같이 말하기 때문이다. 나는 빛을 만들어낸다. 그런데 암흑은 나의 본성에 속하는 것이다. … 그렇기 때문에 나 자신이 내 형제와 합일되는 것보다 더 좋은 일, 더 존귀한 일은 아무것도 없다."(라틴어 원문은 『전집』 참조)

73 Mylius, *Philosophia reformata*, p. 19 참조.
74 *Artis auriferae*, II, p. 356 (라틴어 원문은 『전집』 참조).
75 앞의 책, p. 359.
76 앞의 책, p. 359 이하.
77 Jung, *Die Beziehungen zwischen dem Ich und dem Unbewußten*, Kap. Anima und Animus (『기본 저작집』 제3권, 「아니마와 아니무스」 참조).
78 영미판은 이 부분에서 다음의 각주를 제시하고 있다. "연금술에서 '호메로스적 사슬'은 하늘과 땅을 서로 결합시키는 헤르메스 트리스메기스토스Hermes Trismegistus와 함께 시작되는, 일련의 위대한 현자들을 말한다. 동시에 물질의 연결고리이며 또한 연금술 과정이 진행되는 가운데 나타나는 다양한 화학적 상태의 연결고리이기도 하다." *Aurea catena Homeri* 참조.
79 "Paracelsus als geistige Erscheinung" (『전집』 제13권, 209절 이하) 참조.
80 Meister Eckhart는 다음과 같이 말하고 있다. "내가 지상에 온 것은 평화를 이루기 위해서가 아니라 검劍을 갈기 위한 것이다. 너의 진정한 적인 형제와 아이, 어머니와 친구로부터 너를 갈라놓기 위해서다. 너와 가까운 것은 진정 너의 적인 것이다. 네 눈은 보게 되고 귀는 듣게 될 것이며 심장은 생각하게 될 것이다. 그 모든 것에 의해 너의 심혼이 파괴될 수밖에 없다는 것을." (*Deutsche Mystiker* II, pp. 14, 23 이하)
81 나의 글 Über Wiedergeburt (『전집』 제9권, 1장, 135절 이하) 참조.
82 Karl Vollers, *Chidher* II, in *Archiv für Religionswissenschaft* XII, Leipzig, 1909, p. 235 이하.
83 *Artis auriferae*, II, p. 239. *Tractatus aureus*에서 딴 이 인용은 1566년의 판(*Ars chemica*)에는 다음과 같이 나와 있다. "네가 나의 것을 나에게 준다면 내가 너를 도울 것이다." (라틴어 원문은 『전집』 참조)
84 『장미원』에서 아리스토텔레스 인용문(*Artis auriferae*, II, p. 317)은 다음과 같이 말하고 있다. "돌이 되기 위해 그것(불)을 선택하라. 왕관을 쓴 왕들이 그것을 통해 경배를 받게 될 것이다. … 그 '돌'은 불과 근접한 것이기 때문이다."(라

틴어 원문은 『전집』 참조)
85 이에 대해서는 클레오파트라가 물의 의미를 설명하고 있는 Komarios-Text 참조(Berthelot, *Alchimistes Grecs*, IV, xx, 8. f.).
86 『장미원』(*Artis auriferae*, II, p. 378): "우리의 이 돌은 불에서 불로 만들어지며 또한 불이 된다. 그리고 그것의 심혼은 불 속에 살고 있다." 이 부분의 원본은 다음과 같을 것이다. "마찬가지로 우리의 돌, 불의 병Feuerflasche은 불로 만들어졌으며 불로 되돌아간다."(*Allegoria Sapientum*, in *Bibliotheca chemica*, I, p. 468a. 라틴어 원문은 『전집』 참조)
87 '우리의 물aqua nostra'은 또한 그리스인들의 휘도르 테이온ΰδωρ θειον(신의 물神水)에 해당하는 '영구적인 물'이라고도 일컫는다. 그것은 *Turba philosophorum*(*Artis auriferae*, I, p. 13)에서 "우리의 가장 고귀한 돌에서 생겨나는 불변의 물"로 불리고 있다. "돌은 말하자면 불변의 물이다. 그리고 그것이 물인 한 그것은 돌이 아니다."(앞의 책, p. 16) '물'의 값의 저렴함은 다양하게 강조되는데, 앞의 책 28쪽에서는 다음과 같이 말하고 있다. "우리가 찾는 것은 분명 아주 낮은 가격으로 팔리고 있다. 사람들이 그것을 인식한다면 장사꾼들은 그것을 그렇게 값싸게 팔지 않을 것이다."
88 연금술사들은 이것을 대부분 어렴풋하게 암시한다. 예컨대 『장미원』(*Artis auriferae*, II, p. 318)에서의 아리스토텔레스 인용. "아들아, 너는 더 기름진 살을 취해야 한다." *Tractatus aureus*(제4장)에서는 다음과 같이 말하고 있다. "인간은 원래부터 자연에서 만들어졌다. 그래서 그의 내장은 살로 되어 있다."(라틴어 원문은 『전집』 참조)
89 이에 대해서는 Jung, "Paracelsus als geistige Erscheinung"(『전집』 제13권, 185절 이하) 참조.
90 Heinrich Khunrath, *Von hylealischen Chaos*, p. 204f.
91 "세상을 떠나 그리스도와 함께 있기를 원한다."(「빌립보서」 1장 23절)〔"나는 그 둘 사이에 끼어 있으나 마음 같아서는 이 세상을 떠나서 그리스도와 함께 살고 싶습니다." 참조.〕
92 연금술사들의 'Magnesia'는 마그네시아MgO와는 아무런 관계가 없다. 쿤라트Heinrich Khunrath(앞의 책, 161쪽)에게 그것은 '천상의 신령한 재료materia caelestis atque divina', 즉 '철학적 돌의 재료materia lapidis Philosophorum', 비약秘藥, 혹은 변환의 물질이다.
93 쿤라트, 앞의 책, 203쪽 이하.
94 앞의 책, 207쪽.
95 Maier는 이 모티프를 비유적으로 묘사하고 있다. *Scrutinium chymicum*:

Emblema xxi. Meier는 물론 셋의 수Ternarius를 다르게 해석하고 있다(그림 60 참조). 그는 다음과 같이 말한다(p. 63). "마찬가지로 철학자들은 사각형이 삼각형으로, 즉 몸Körper, 정신Geist, 심혼Seele으로 되어야 한다고 주장한다. 그런데 그 셋은 붉은색으로 되기에 앞서 세 가지 색으로 나타나는데, 즉 몸 혹은 지구는 토성의 검정, 정신은 달과 같은 흰색, 물·심혼 혹은 공기는 태양과 같이 노란색이라는 것이다. 그러고 나면 삼각형은 완성될 것이다. 그런데 그것은 거기에서 하나의 원으로, 즉 불변의 붉은색으로 변화되어야 한다."(라틴어 원문은 『전집』참조) 네 번째는 여기서 불인데 그것도 영속적인 불이다.

96 꿈 10에 대한 설명에서 '도시'와 '성' 참조(또한 그림 31, 50과 51 참조). 연금술사들도 사각형에서 생겨난 '둥근 것rotundum'을 '도시oppidum'로 이해하고 있다. Aegidius de Vadis, *Dialogus inter naturam et filium philosophiae*, in *Theatrum chemicum*(1602) II, p. 115 참조.

97 Pseudo-Aristoteles로 여겨지는 인용. 그것은 *Tractatus Aristoteles alchemistae ad Alexandrum Magnum*(*Theatrum chemicum*, V, p. 880 이하)에 있지만 입증되지는 않았다.

98 *Tractatus aureus*(*Hermetis Trismegisti tractatus vere aureus de lapidis philosophici secreto cum scholiis Dominici Gnosii*)에 대한 주석에서는 그것을 '현자賢者의 비밀 사각형'이라 일컫는다(p. 43). 사각형 중앙에는 발광發光하는 원이 있다. 그것에 대해 주석에서는 이렇게 설명하고 있다. "너의 돌을 네 요소로 나누어라. …그리고 그것을 하나로 결합하라. 그러면 너는 완전한 대가의 경지에 이르게 될 것이다."(Pseudo-Aristoteles에서 인용) 중앙의 원은 "적들이나 (네) 요소들 사이에 평화를 이루게 하는 중재자라 명명된다. 심지어 그것은 원의 사각형 만들기를 야기하는 것이기도 하다."(앞의 책, p. 44) 순환적 발전의 유례는 '정령들의 원, 혹은 선회하며 이루어지는 원' 속에 있다. "다시 말해 바깥은 안쪽으로, 안은 바깥쪽으로 도는 것이다. 또한 아래와 위가 하나의 같은 원 속으로 모이게 되면 마찬가지로 너는 바깥이나 안쪽에, 아래 혹은 위에 무엇이 있었는지를 더 이상 인식하지 못할 것이다. 즉, 모든 것은 단 하나의 원이나 그릇 속에서 하나가 될 것이다. 이 그릇은 말하자면 진실한 철학적 펠리컨이며, 전 세계를 통틀어도 그 이상의 것은 없다." 옆의 그림이 이러한 과정을 설명해준다. 넷으로 나누어진 것은 '밖으로exterius', 즉 내부의 '대양'으로 흘러 들어가고 흘러 나오는 네 개의 강이다(앞의 책, p. 262 이하).

99 Wilhelm und Jung, *Das Geheimnis der Goldenen Blüte*, 1939, p. 112.

100 [Jung, "Der Geist Mercurius", 『전집』 제13권.]
101 *Papyri Graecae magicae*, hg. von Karl Preisendanz, p. 195.
102 Bruchmann, *Epitheta Deorum, quae apud poetas Graecos leguntur*, Leipzig, 1893 참조.
103 Vincenzo Cartari, *Les Images des dieux anciens*, Lyon, 1581, p. 403.
104 Jung, "Paracelsus als geistige Erscheinung"(『전집』 제13권, 168절과 206절 이하).
105 Jung, *Erlösungsvorstellungen in der Alchemie*(『기본 저작집』 제6권) 참조.
106 E. A. Wallis Budge, *The Gods of the Egyptians* I, London, 1904, pp. 21, 404.
107 이 꿈은 내 강의록 *Psychologie und Religion*(『기본 저작집』 제4권)에서 특별하게 평가되었다.
108 트라미티아Tramithia의 오르페우스 모자이크(R. Eisler, *Orpheus the Fischer*, London, 1921, p. 271 이하). 이 제명은 그냥 익살스럽게 느껴지기 때문에 고대 비의秘儀의 정신에 대해 반감을 느끼지는 않을 것이다. 예컨대 폼페이에 있는 비의의 장Villa dei Misteri(A. Maiuri, *La Villa dei misteri*, Rom, 1931)과 비교해 보기 바란다. 거기에는 도취와 황홀경이 아주 가까이 있을 뿐만 아니라 똑같은 하나이기조차 하다. 그러나 예로부터 성년식은 치료의 의미도 있기 때문에 경우에 따라 조언은 물 마시는 일에 대한 경고로 이해할 수 있을 것이다. 남부 지역에 알려져 있다시피 물 마시는 일이 이질과 장티푸스의 근원이 된다.
109 Eisler, 앞의 책.
110 꿈꾼 사람의 견해도 대충 그러하다.
111 또한 『기본 저작집』 제6권의 그림 170, 171, 172, 174, 176, 177 참조.
112 Arnobius, *Adversus gentes*, V, 21. 그와 유사한 중세의 관습에 대해서는 Hammer-Purgstall, *Mémoire sur deux coffrets gnostiques du moyen âge*, Paris, 1832(그림 70 참조).
113 A. Avalon, *The Serpent Power*, London, 1919; J. G. Woodroffe, *Shakti and Shakta*, Madras, 1920.
114 연금술사들은 Lactantius, *Opera*, I, pp. 14, 20, "거칠고 정리되지 않은 재료의 혼잡한 더미인 카오스로부터"(라틴어 원문은 『전집』 참조)에 근거한다.
115 J. Dreyfus, *Adam und Eva nach Auffassung des Midrasch*; Reitzenstein, *Poimandres*, Leipzig, 1904, p. 258에서 인용.
116 문자 그대로는 'in den Sinnen'이 아니고 'im Sinn'이다.
117 17세기 초까지 영국에서 살았다. [본명은 조지 스타키George Starkey, 1628~1665로 식민지 미국의 연금술사이자 의사.] [필명은 '평화적인 진리의 애호가'를 뜻한다.]

118 *Erklärung der Hermetisch-Poetischen Werke Herrn Georgii Riplaei*, p. 133f.
119 (Jung, *Mysterium Coniunctionis* II, 『전집』 제14/II권, p. 34, 주 121 참조.)
120 이에 대해서는 꿈 10에 대한 설명 참조. 또한 "그리고 어머니의 팔과 가슴과 그 실체를 꼭 붙든 채 나는 나의 실체를 결집시켜 안정을 이룬다."(*Tractatus aureus*, IV [*Ars chemica*, p. 24. 라틴어 원문은 『전집』 참조])
121 내가 정의하는 '아니마'의 관념은 결코 어떤 새로운 것이 아니며 오히려 아주 다양한 장소에서 만날 수 있는 하나의 원형이다. 다음의 주석이 입증하듯 그것은 연금술에도 알려져 있었다. "태양 속에서 걷는 자에게 항상 그림자가 따르듯, … 아담과 같은 우리의 양성 인간은 그 형상은 남자로 보이지만 육체 속에 숨겨진 자신의 이브 혹은 여성을 지니고 다닌다."(*Tractatus aureus*, in *Bibliotheca chemica*, I, p. 417b. 라틴어 원문은 『전집』 참조)
122 Jung, *Psychologische Typen*(『전집』 제6권) 정의('열등 기능 minderwertige Funktion') 참조.
123 *Tractatus aureus*, in *Ars chemica*(p. 17). "남자는 말하자면 여자의 하늘이며 여자는 남자의 땅이다."(라틴어 원문은 『전집』 참조)
124 *Adversus Judaeos*, XIII (라틴어 원문은 『전집』 참조).
125 연금술에서는 이러한 합성이 가장 중요한 임무로 여겨졌다. "그러므로 붉은 노예의 아들을 그의 향기로운 아내와 결합시켜라, 그러면 그들은 합일되어 예술을 이룰 것이다."(Ruska, *Turba Philosophorum*, p. 62) 흔히 합성은 남매 근친상간으로 묘사되었는데 이런 견해는 아마 『아리슬레우스의 환상 *Visio Arislei*』(*Artis auriferae*, I)에 귀착될 것이다(그림 167 참조. 『기본 저작집』 제6권의 타브리티우스와 베야Beya, '바다의 왕' 아이들의 교접이 묘사된 곳을 보라).
126 'testudo(거북이)'는 화로 안의 주방 용기를 덮는 접시로서 연금술 기구다. Johannes Rhenanus, *Solis e puteo emergentis*, p. 40 참조.
127 Jung, *Symbole der Wandlung*(『기본 저작집』 제7권과 제8권)의 목차를 볼 것.
128 *Artis auriferae*, II, p. 220. 한 노장의 말을 인용한 것. '푸르름 viriditas'은 때때로 '아조트 Azoth'로 지칭되기도 하는데 그것은 '돌'의 많은 동의어 중 하나다.
129 Christianos라는 익명의 작자는 Berthelot(*Les Origines de l'alchimie*, p. 99 이하)에 따르면 Stephanus von Alexandria의 동시대인이며 따라서 7세기 초 무렵의 사람이다.
130 Berthelot, *Alchimistes Grecs*, VI, v, 6, 16행. 동물적이다시피 한 ἐκραύγαζεν (외침)은 황홀경을 말해준다.
131 *Practica Mariae Prophetissae in artem alchemicam*이라는 제목의, 그녀의 것으로 여겨지는 논문(출처가 아랍?), in *Artis auriferae*, I, p. 319 이하.

132 *Panarium*, XXVI. Mariamne와 *Pistis Sophia*의 Maria Magdalena의 관계에 대한 그 외의 가능성에 관해서는 Hans Leisegang, *Die Gnosis*, Leipzig, 1924, p. 113 이하와 Carl Schmidt(Hg.), *Gnostische Schriften in koptischer Sprache*, Leipzig, 1892, VIII, p. 596 이하 참조.
133 Aros = Horos. Ἶσις προφῆτις τῷ υἱῷ αὐτῆς(Berthelot, *Alchimistes Grecs*, I, XIII)는 마리아Maria의 대화의 기초가 된 원본일 것이다. 이시스Isis와 마리아는 쉽게 혼동될 수 있다.
134 "Matrimonifica gummi cum gummi vero matrimonio", in *Artis auriferae*, I, p. 320.
135 *Von hylealischen Chaos*, p. 239.
136 *Aphorismi Basiliani*, in *Theatrum chemicum*, IV(1613), p. 368.
137 *Ars chemica*, pp. 247, 255.
138 Arnaldus de Villanova(*Carmen*, in *Theatrum chemicum*, IV, 1613, p. 614f.)는 논문의 핵심 부분에서 다음의 시행을 매우 뛰어나게 요약하였다. "마리아는 짧게 놀라움을 표시한다. 그것은 그녀가 몹시 비난하는 것들이기에. / 그녀는 바닥으로 굴러가는 것을 이중으로 된 강력한 고무로 고정시킨다. / … 이 플라톤의 딸은 사랑으로 끌리는 힘을 결합시킨다. / 셋에 의해 씨 뿌려지고 익혀지고 모아지는 모든 것을 기뻐하면서."
139 이에 대해서는 "Paracelsus als geistige Erscheinung"(『전집』 제13권 168절과 233절 이하)에서의, Paracelsus의 'Adech'에 대한 나의 해설 참조.
140 I, 4, 3. *The Upanishads* II, Oxford, 1884, p. 85 이하.
141 *Allegoriae sapientum*(*Theatrum chemicum*, V, p. 86)의 XIV장에서는 약간 다른 표현을 찾아볼 수 있다: "하나와 그것은 둘이며, 둘과 그것은 셋이다. 셋과 그것은 넷이며, 넷과 그것은 셋이다. 셋과 그것은 둘이며, 둘과 그것은 하나다." 이로써 분명히 하나의 넷으로의 분할과 하나를 향한 넷의 합성이 표현되어 있다.
142 Goethe, *Dichtung und Wahrheit* 참조.
143 Sudhoff/Matthiesen(Hg.), 『선집』, XII.
144 Huser(Hg.), II, p. 451. 여기서 '메르쿠리우스의 물aqua mercurialis'은 '바쿠스 Bacchus의 밝은 빛을 내는 맑은 술(!)'로 특징지어져 있다. 조작 절차에서 왕과 아들은 합일되기 때문에 결국은 새로워진 왕과 다섯 종들만 남게 된다. '여섯 senarius'은 후기 연금술에서야 비로소 어느 정도의 역할을 하게 된다.
145 Huser(Hg.), I, p. 530.
146 이에 대해서는 『파우스트』 제2부 참조. 천사는 그 때문에 악마를 속인 후에 파

우스트의 '불멸의 것'을 천상으로 나른다. 이것은 초기 판에 의하면 'Faustens Entelechie'다.
147 이에 대해서는 Tabula smaragdina(*De alchemia*, p. 363)에서 변환의 물질의 움직임을 참조.
148 [*Sermo IV de ascensione Domini*, col. 312. 라틴어 원문은『전집』참조.]
149 Picinellus, *Mundus symbolicus*, 목차('rota'를 보시오).
150 Jakob Böhme, *Vom irdischen und himmlischen Mysterium*, Kp. V, 1f.
151 *Vom dreyfachen Leben*, Kp. IX, 58ff.
152 *De signatura rerum*, Kp. XIV, 11.
153 앞의 책, 제XIV장, 12.
154 앞의 책, 제XIV장, 13.
155 앞의 책, 제IV장, 25.
156 Jung und Kerényi, *Das göttliche Kind*(『전집』제9/I권) 참조.
157 Böhme, *De signatura rerum*, IV, 26.
158 Böhme, *Gespräche einer erleuchteten und unerleuchteten Seele*, pp. 11~24.
159 『장미원』(*Artis auriferae*, II, p. 214f.).
160 앞의 책, p. 213: "또한 그 자체에서 생겨난 것이 아닌 그 어떤 것도 그것(돌) 안으로 들어오지 않는다. 왜냐하면 어떤 낯선 것이 돌에 첨가되면 돌은 곧바로 부패해버릴 것이기 때문이다."(라틴어 원문은『전집』참조)
161 [*Satyricon*, 38절.]
162 "아들아, 광선光線에서 그림자를 끄집어내라. 따라서 그것의 네 번째 부분을, 다시 말해 효소의 한 부분과 불완전한 육체의 세 부분을 취하라는 것이다.": 돌의 준비를 위한 규정(『장미원』; *Artis auriferae*, II, p. 317에서의 헤르메스-인용문). '그림자umbra'에 대해서는 앞의 책, p. 233 참조. "예술의 토대는 태양과 그 그림자다."(그림 81) 위의 원문 인용은 *Tractatus aureus*의 의미와 일치할 뿐이며 원문 그대로는 아니다(라틴어 원문은『전집』참조).
163 꿈 58 참조. 연금술에서 독수리, 까마귀는 본질적으로 동의어다.
164 이 헤르메스의 인용 또한 임의적이다. 이 부분은 실제로 다음과 같다. "나는 검은 것의 흰색이며 노란 것의 붉은색, 또 붉은 것의 노란색이다. 나는 분명 진실을 말하는 것이다."(*Tractatus aureus*, p. 12) 이러한 방식으로 네 가지 색은 세 가지 의미를 담고 있다. 그것은 돌에 네 가지 성질과 세 가지 색을 부여하고 있는 Hortulanus의 공식과는 대조된다(*De Alchemia*, p. 372).
165 앞의 책, p. 207.
166 앞의 책, p. 208.

167 『장미원』, 앞의 책, p. 317 (라틴어 원문은 『전집』 참조).
168 "'돌'은 용해되거나 침투될 수 없으며 혼합될 수도 없다. 그것은 굳어진다." 등 (아데마루스Ademarus-인용문, 『장미원』; 앞의 책, p. 353. 라틴어 원문은 『전집』 참조).
169 이에 대해서는 매우 흥미로운 이상심리학적 비유들이 있는데 여기서 그것을 거론하기는 힘들다.
170 꿈 23에 대한 설명 참조.
171 211쪽과 236쪽 이하, Wilhelm und Jung, *Das Geheimnis der Goldenen Blüte*(『전집』 제11권)의 여러 곳 참조.
172 이에 대해서는 L. Valli, *Die Geheimsprache Dantes und der Fedeli d'Amore*, in *Europäische Revue*, VI/1, Berlin, 1930, pp. 92~112 참조.
173 *Rosarius minor*, in *De alchemia*, p. 309 이하 참조.
174 "검은 꼬리를 가진 것을 멀리하라, 그것은 지상의 신들에게 속하는 것이다."(*Symbola Pythagore phylosophi*, in Ficino, *Auctores platonici*, Fol. X, III. 라틴어 원문은 『전집』 참조)
175 이 논문의 주제가 꿈의 심리학에 대한 상세한 논의를 허용하지 않지만 여기서 어느 정도 해설을 하지 않을 수 없다. 탁자 앞에 함께 앉아 있는 것은 관계, 결합, '조합'을 의미하고 둥근 탁자는 여기서 전체성을 위한 조합을 의미하고 있다. 아니마 형상(즉, 인격화된 무의식)이 자아 의식과 분리되어 무의식적인 것으로 된다면, 그러한 사실은 자아와 아니마 사이에 자리 잡고 있는, 개인적 무의식의 고립된 층이 존재함을 의미한다. 개인적 무의식의 존재는 개인적인 것에 속하는 내용이 원래는 의식적이 될 수 있으나 부당하게 무의식적 상태로 있다는 것을 입증한다. 따라서 여기에서는 이른바 그림자에 대한 의식이 결핍되어 있거나 혹은 아예 존재하지 않는다는 사실이 문제된다. 그림자는 부정적인 자아 인격과 일치하는 데 따라서 그 존재가 고통스럽고 유감스러운 모든 특성을 포함한다. 이 경우에는 그림자와 아니마는 둘 다 무의식적인 것이기 때문에 서로 오염되어 있는데, 그것은 꿈에서 '결혼' 같은 것으로 표현된다. 이제 아니마(혹은 그림자)의 존재가 인정을 받고 통찰되면 우리의 경우에서 그러한 것처럼 두 형상의 분리가 생겨난다. 여기서 그림자는 자아에 속하게 된다. 아니마는 그러나 자아에 속하지 않는 것으로 알려져 있다.
176 이에 대해서는 나의 강연 「집단적 무의식의 원형에 대하여Über die Archetypen des kollektiven Unbewußten」(『기본 저작집』 제2권)에 언급된 바를 참조. 논문 *Hermes an die menschliche Seele*에서 그것은 (영원한 것에 대한) '최고의 통역가이며 가장 가까운 시종'으로 지칭되어 있는데, 그로써 의식과 무의식 사

이를 중재하는 기능의 특징이 탁월하게 표현된다.
177 『장미원』(*Artis auriferae*, II), p. 237.
178 앞의 책, p. 238.
179 앞의 책, p. 235 이하.
180 앞의 책, p. 231.
181 자궁은 중앙Mitte이다. 즉 생명을 부여하는 그릇이다(그림 87). 돌은 성배聖杯와 마찬가지로 창조적인 그릇 자체, 즉 '영약靈藥, elixir vitae'이다. 그것은 순환적으로 도는 간접적 접근인 나선으로 둘러싸여 있다.
182 만다라의 중심은 인도 연꽃의 꽃받침, 즉 신들의 중심지이며 탄생지와 같다. 그것은 '파드마padma'라고 부르는데 여성적 의미를 지닌다. 연금술적으로 볼 때 '그릇(단지)vas'은 흔히 그 속에서 아이가 생겨나는 자궁으로 이해된다. 성모 연송 호칭기도lauretanischen Litanei(Litaniæ lauretanæ) 속에서 마리아는 세 번이나 '그릇'으로 지칭된다('혼이 가득 찬 그릇vas spirituale', '영예로운honorabile', '헌신의 표시insigne devotionis'로, 중세의 시詩 속에서는 그리스도를 숨기고 있는 '바다꽃Meerblume'으로도 지칭된다)(꿈 36 참조). 성배(그림 88)는 연금술의hermetisch 그릇과 더 밀접한 관계에 있다. 즉, 볼프람 폰 에셴바흐Wolfram von Eschenbach는 성배의 돌을 'lapsit exillis'라고 명명하고 있다. 또한 아르날두스Arnaldus de Villanova(1313 사망)는 돌을 'lapis exilis', 즉 '보잘것없는 돌'로 명명하고 있는데(『장미원』, 앞의 책, p. 210), 그것은 볼프람의 명명을 해석하는 데 중요할 것이라고 생각된다.
183 A. Avalon, *The Serpent Power*, London, 1919(Shat-Chaktra-Nirupana).
184 '황금 꽃'과 동의어.
185 여기서 투사는 의도적으로 자리를 바꾸어 넣는 일이 아니라 자발적으로 이루어지는 현상이라고 생각한다. 투사란 의도적 현상이 아니다.
186 Philalethes, *Introitus apertus*, p. 655(라틴어 원문은 『전집』 참조).
187 "Paracelsus als geistige Erscheinung"(『전집』 제13권, 229절과 227절).
188 때때로 '흐트러진' 만다라가 나타난다. 원이나 사각형, 혹은 변의 길이가 같은 십자가에서 벗어난 모든 형태가 거기에 속한다. 또한 넷이 아닌, 셋이나 다섯을 기본 수로 하는 모든 것도 마찬가지다. 여섯의 수와 열둘의 수는 여기서 어느 정도 예외가 된다. 열둘은 넷과 셋에 관련될 수 있다. 열두 달과 십이궁은 마음대로 사용될 수 있는 적절한 원의 상징이다. 마찬가지로 여섯 또한 알려진 원의 상징이다. 셋은 이념과 의지(삼위Trinität)의 우월성을, 그리고 다섯은 육체적 인간(유물론)의 우월성을 암시한다.
189 Jung, *Psychologische Typen*(『기본 저작집』 제1권, 「심리학적 유형에 관한 개

설」)에서 '기능론Funktionslehre'을 참조.
190 『기본 저작집』제1권,「심리학적 유형에 관한 개설」.
191 "그러나 구원자가 스스로 말하고 있다. 나와 가까운 자는 불과 가깝다. 나와 멀리 있는 자는 왕국과도 멀리 있는 것이다."(Origenes, *Homiliae in Jeremiam*, XX, 3; Preuschen, *Antilegomena*, p. 44에서 인용. 라틴어 원문은『전집』참조)
192 Kautzsch(Hg.), *Die Apokryphen und Pseudoepigraphen des Alten Testaments* II, Tübingen, 1900, pp. 251 und 254.
193 이 꿈에 대한 자세한 설명은 Jung, *Psychologie und Religion*(『기본 저작집』제4권, 54쪽 이하)에 있다.
194 Jung, *Psychologie und Religion*(『기본 저작집』제4권, 89쪽 이하)에 상세히 다루었다.
195 Erich Bischoff, *Die Elemente der Kabbalah* I, Berlin, 1913, p. 63ff. '32'에 관해 더 많이 관련 사항이 언급되어 있다. 앞의 책, p. 175 이하.
196 *De occulta philosophia* II, Kp. XV, XXXII.
197 Adolphe Franck, *Die Kabbala*, Leipzig, 1844, p. 137f.
198 *Kabbala denudata* I, p. 601f.
199 *Le Symbolisme des nombres*, Paris, 1948, p. 378. 〔프랑스어 원문은 다음과 같다. C'est la différenciation apparaissant dans le monde organisé; ce n'est pas la génération créatrice, mais plutôt le plan, le schéma, des diverses formes de créatures modelées par le Créateur ··· comme produit de 8×4···.〕
200 Hippolytos, *Elenchos*, lib. V, Kp. X 참조.
201 Basrelief von Philae(E. A. Budge, *Osiris and the Egyptian Resurrection* I, London, 1911, p. 3; 그 외 *The Book of the Dead*, London, 1899〔Papyros of Hunefer〕, pl. 5). 때로는 Kerasher-Papyrus에서와 같이 셋은 동물의 머리를 지니고 있고 하나는 인간의 머리를 지닌다(Budge, 앞의 책). 7세기의 한 필사본에서는 다른 여러 로만어 기록에서와 같이 복음자들이 아예 동물 머리를 하고 있다.
202 Meliton von Sardes에 의해 그렇게 지칭된다. *Analecta sacra*; Cumont, *Textes et momuments relatifs aux mystéres de Mithra* I, Brüssel, 1896, p. 355 인용.
203 J. Delacotte, *Guillaume de Digulleville*, Paris, 1932.
204 수많은 더 작은 공을 내포한 공의 꿈과 일치하는 표상[III장의 꿈 21].
205 〔프랑스어 원문은 다음과 같다. Quand la sainte Eglise dans ses oraisons ajoute: in saecula saeculorum, il ne s'agit point du temps de là-bas, mais de l'éternité.〕

206 이에 대해서는 Origenes, *Contra Celsum*, VI, Kp. 38의 'circulus flavus et … alter caeruleus(하나의 커다란 원과 … 또 다른 바닷빛 푸른색meerblau)' 참조. (프랑스어 원문은 다음과 같다. En regardant vers le ciel d'or, le pèlerin aperçut un cercle merveilleux qui paraissait avoir trois pieds de large. Il sortait du ciel d'or en un point et y rentrait d'autre part et il en faisait tout le tour.)
207 p. 205.
208 p. 213.
209 이 개념에 대해서는 『자아와 무의식의 관계』(『기본 저작집』 제3권, 36쪽 이하)에서의 '팽창Inflation'에 관한 나의 상세한 해설 참조.
210 Wilhelm und Jung, *Das Geheimnis der Goldenen Blüte*와 『자아와 무의식의 관계』, "Über Mandalasymbolik"(『전집』 제9/I권) 참조.
211 바젤 성당의 회랑에 있음.
212 이러한 상황은 특히 남자들에게서 관찰된다. 그것이 우연인가 아닌가 하는 것은 나의 지식을 벗어나는 문제다.
213 주로 여성에게서 관찰된다. 그러나 관찰의 기회가 드문 관계로 그 이상의 결론을 내릴 수 없다.
214 이러한 유례들에 대해서 여기서는 극소수만 언급하였다.
215 우리의 자료 속에서 목표로 제공되는 이러한 상像은 역사적 재료의 입장에서 바라볼 때 흔히 근원의 상으로서도 기여한다. 예로 구약성서에 나타난 낙원의 표상과 특별히 슬라브의 「에녹Henoch」에 나타나는 아담의 창조를 들 수 있다. Max Förster, *Adams Erschaffung und Namengebung*, in *Archiv für Religionswissenschaft*, XI, Leipzig, 1908, p. 477ff.
216 400편의 꿈을 각각 50편씩 8개 그룹으로 나누어보면 다음과 같은 수의 만다라가 주어진다.

        I. 6개 만다라   V. 11개 만다라
        II. 4개 만다라   VI. 11개 만다라
        III. 2개 만다라   VII. 11개 만다라
        IV. 9개 만다라   VIII. 17개 만다라

그러므로 만다라 모티프가 근본적으로 증가하게 된 것이다.

그림 출처

각 그림의 문헌 서지사항은 한 번만 소개했다. 반복될 경우에는 해당 문헌 번호를 [ ] 안에 표시했다.

1   *Liber patris sapientiae* in: THEATRUM CHEMICUM BRITANNICUM collected with Annotations by Elias Ashmole, London, 1652, p. 210.
2   *Mutus liber in quo tamen tota philosophia hermetica, figuris hieroglyphicis depingitur*, p. 11(발췌), in: BIBLIOTHECA CHEMICA CURIOSA seu rerum ad alchemiam pertinentium thesaurus instructissimus. Hg. von Johannes Jacobus Mangetus, 2 Bde., Genf, 1702, I, 부록. (기술적인 이유로 이 저술의 그림 복사는 1677년 판 대신 1702년도 판을 사용했다.)
3   *Hermaphroditisches Sonn- und Mondskind. Das ist: Des Sohns deren Philosophen natürlich-übernatürliche Gebärung, Zerstörung und Regenerierung*, Mainz, 1752, p. 28.
4   Titelblatt des von Béroalde de Verville herausgegebenen *Le Tableau des riches inventions... qui sont repr ésent ées dans le Songe de Poliphile*, Paris, 1600.
5   변모되고 있는 일곱 처녀—*Le Songe de Poliphile*. [4]
6   Thenaud, J., *Traité de la cabale*. Ms. 5061(16. Jh.), Bibliothèque de l'Arsenal, Paris.
7   Horapollo, *Selecta hieroglyphica*(1597), p. 5.
8   Kupferstich von J. Th. de Bry aus: Fludd, R.: *Utriusque cosmi maioris scilicet et minoris metaphysica, physica atque technica historica*. Oppenheim, 1617, pp. 4 und 5.

9   *Tractatus qui dicitur Thomae Aquinatis de alchimia.* Ms. Voss. chem. F.29, Fol.53 und 87(1520), Universitätsbibliothek, Leiden.

10, 11, 12   Eleazar, A.: *Uraltes chymisches Werk* usw., 2.Aufl. Leipzig, 1760, I, pp.84, 85, 98.

13   *Pandora: Das ist die edlest Gab Gottes, oder der werde und heilsame Stein der Weysen,* hg. von H. Reusner, Basel, 1588, p.257.

14   Binyon, L.: *The Drawings and Engravings of W. Blake.* London, 1922, Pl.79.

15   *Emblematical Figures of the Philosophers'stone.* Ms. Sloane 1316(17. Jh.), British Museum, London.

16   Kelley, E.: *Tractatus duo egregii, de Lapide philosophorum.* Hamburg und Amsterdam, 1676, p.101.

17   *Tractatus... de alchimia,* Fol.86. [9]

18   Koemstedt, R.: *Vormittelalterliche Malerei.* Augsburg, 1929, Abb.50.

19   Binyon, L., Pl.102. [14]

20   *Tractatus... de alchimia,* Fol.94a. [9]

21   Mylius, Johann Daniel: *Philosophia reformata continens libros binos,* Frankfurt, 1622, p.167, Fig.18.

22   *Mutus liber,* p.11(부분 그림). [2]

23   *Figurarum aegyptiorum secretarum.* Ms. C. G. Jung-Bibliothek Küsnacht, (18.Jh.), p.13.

24   Ms. (ca. 1400), Universitätsbibliothek, Tübingen.

25   *Rosarium Philosophorum*(1550), in: ARTIS AURIFERAE quam chemiam vocant... II, Basel, 1593.

26   Prinz, H.: *Altorientalische Symbolik.* Berlin, 1915, p.6.

27   Carbonelli, G.: *Sulle Fonti storiche della chimica e dell'alchimia in Italia.* Rom, 1925, Fig.X.

28   Beissel, St.: *Die Geschichte der Verehrung Marias in Deutschland während des Mittelalters.* Freiburg i. Br. 1909, p.105.

29   Fludd, R.: *Summum bonum*(1629). Bibliothèque Nationale, Paris, Réserve td/30, 87.

30 *Ripley-Scrowle. Four Rolls drawn in Lübeck*(1588). Ms. Sloane 5025, British Museum, London, Nr. 1(부분).
31 Maier, M.: *Viatorium, hoc est, de montibus planetarum septem, seu metallorum*, Rouen, 1651, p. 57.
32 Trismosin, S.: Splendor Solis, in *Aureum Vellus* oder der Güldin Schatz- und Kunst- kammer, 1600.
33 *Le Songe de Poliphile*, p. 9. [4]
34 Mylius, J. D., p. 117, Fig. 9. [21]
35 Codex Urbanus Latinus 899, Fol. 85 (15. Jh.), Biblioteca Vaticana, Rom.
36 Aus den Illustrationen zu *Faust*, 1. Teil, von Eugène Delacroix.
37 Boschius, J.: *Symbolographia sive de arte symbolica sermones septem*. Augsburg, 1702, Symbol DCCXXIII, Class. I, Tab. XXI.
38 *Tractatus... de alchimia*. Fol. 95a. [9]
39 Zimmer, H.: *Kunstform und Yoga im indischen Kultbild*, Berlin, 1926, Abb. 36.
40 개인 소장.
41 Spence, L.: *The Gods of Mexico*. London, 1923, p. 38.
42 Cornell, H.: *The Iconography of the Nativity of Christ*. Uppsala, 1924, p. 53.
43 Wilhelm, R., und C. G. Jung: *Das Geheimnis der Goldenen Blüte*, Titelbild, Olten, 1971.
44 Herrliberger, D.: *Heilige Ceremonien oder Religionsübungen der abögttischen Völker der Welt*. Zürich, 1748, Pl. XC, Nr. 1.
45 King, C. W.: *The Gnostics and their Remains*. London, 1864, Fig. 14.
46, 47 Eleazar, A., Nrn. 4 und 3. [10]
48 Stolcius de Stolcenberg, D.: *Viridarium chymicum*. Frankfurt, 1624, Fig. VIII.
49 Jacobi, J.: *Die Psychologie von C. G. Jung*, Olten, 1971, p. 14.
50 Fludd, R., td/30, 87. [29]
51 Van Vreeswyk, G.: *De Groene Leeuw*. Amsterdam, 1672, p. 123.

52 King, G. W., Fig. 6. [45]
53 Keller, G., und A. Straub: *Herrad von Landsberg*: *Hortus deliciarum*. Straßburg, 1879~1899, Tafel XXXVIII.
54 *Rosarium philosophorum*, p. 359. [25]
55 Albertina, Wien.
56 Carbonelli, G., Fig. IX. [27]
57 Carbonelli, G., Fig. XI. [27]
58 스위스 Königsfelden 수도원 본 제단 유리창(14. Jh.). [색유리: Königsfelden, Olten, 1970, 1983, p. 67.]
59 Jamsthaler, H.: *Viatorium spagyricum. Das ist: Ein gebenedeyter Spagyrischer Wegweiser*. Frankfurt, 1625, p. 272.
60 Maier, M.: *Secretioris naturae secretorum scrutinium chymicum*, Frankfurt a. M., 1687, Emblema XXI, p. 61.
61 Laignel-Lavastine, M.: *Histoire générale de la médecine*. 3 Bde., Paris, 1936~1949, I, p. 543.
62 Loeffler, K.: *Schwäbische Buchmalerei in romanischer Zeit*. Augsburg, 1928, Tafel 20.
63 Lenormant, Ch., et J. J. Witte: *Elite des monuments céramographiques*. 8 Bde., Paris, 1844~1861, III Pl. LXXVIII.
64 Glanville, B. de.: *Le Propriétaire des choses*. (J. Corbichon: *Liber de proprietatibus rerum*에서 번역됨) Lyon, 1482.
65 Gillen, O.: *Iconographische Studien zumf《Hortus Deliciarum》 der Herrad von Landsberg*. Berlin, 1931, p. 15.
66 Champollion, J. F.: *Panthéon égyptien*. Paris, 1825. Bilder-Archiv der Ciba Zeitschrift, Basel.
67 *Speculum humanae salvationis*. Ms. 511(14. Jh.), Bibliothèque Nationale, Paris.
68 Sammlung Hahnloser, Bern.
69 Codex Urbanus Latinus 365 (15. Jh.), Biblioteca Vaticana, Rom.
70 Hammer, J. de: *Mémoire sur deux coffrets gnostiques du moyen âge*, Paris, 1832, Tab. K.
71 Schedel, H.: *Das Buch der Chroniken und Geschichten*, Nürnberg,

1493, p. V.
72 Müller, N.: *Glauben, Wissen und Kunst der alten Hindus*. Mainz, 1822, Tab. II, Fig. 17.
73 Codex Palatinus Latinus 412 (15. Jh.), Biblioteca Vaticana, Rom.
74 Thenaud, J. [6]
75 Müller, N., Tab. II, Fig. 40. [72]
76 Porta, G. della: *De distillationibus libri IX*. Straßburg, 1609.
77a, 77b Roscher, W. H. (Hg.): *Ausführliches Lexikon der griechischen und römischen Mythologie*, Leipzig, 1884~1890, p. 316.
78 Maier, M.: *Symbola aureae mensae, duodecim nationum*, Frankfurt a. M., 1617, II, p. 57, 표제 그림.
79 Bonus, P.: *Pretiosa margarita novella de thesauro ac pretiosissimo philosophorum lapide*. (Hg. von Janus Lacinius.)
80 *Speculum veritatis*. Codex Vaticanus Latinus 7286(17. Jh.), Biblioteca Vaticana, Rom.
81 Maier, M., p. 133. [60]
82 18세기 러시아 필사본에서 나온 것(개인 소장).
83 [69]
84 Boschius, J., Symbol CCLI, Class. I, Tab. XVI. [37]
85 *Recueil de figures astrologiques*. Ms. 14770(18. Jh.), Bibliothèque Nationale, Paris.
86 Kelley, E., p. 109. [16]
87 Inman, Th.: *Ancient Pagan and Modern Christian Symbolism Exposed and Explained*. New York, 1879.
88 *Le Roman de Lancelot du Lac*. Ms. 116, Fol. 610^v(15. Jh.), Bibliothèque Nationale, Paris.
89 Boschius, J., Symbol LXX, Class. I, Tab. IV. [37]
90 Fol. 82. [9]
91 Thurneisser zum Thurn, L.: *Quinta essentia, das ist die höchste subtilitet, krafft und wirckung, beyder der fürtrefflichsten und menschlichem geschlecht am nützlichsten Künsten der Medicin und Alchemy*. Leipzig, 1574, p. 92.

92	*Ripley Scrowle.* [30]
93	Michelspacher, St.: *Cabala, speculum artis et naturae, in alchymia.* Augsburg, 1654.
94	Boschius, J., Symbol XXX, Class. II, Tab II. [37]
95	(어린이 또는 사내아이 놀이). —Trismosin, S., Pl. XX. [32]
96	I, p. 104. [61]
97	Maier, M., p. 183. [31]
98	Codex Palatinus Latinus 412(15. Jh.), Biblioteca Vaticana, Rom.
99	Fol. 74. [9]
100	Strauss, H. A.: *Der astrologische Gedanke in der deutschen Vergangenheit.* München, 1926, p. 54.
101	Clemen, P.: *Die romanische Monumentalmalerei in den Rheinlanden.* 2 Bde. Düsseldorf, 1916, Fig. 195, p. 260.
102	Budge, E. A. W.: *Osiris and the Egyptian Resurrection.* London, 1909. 표제 그림(부분).
103	(신랑과 신부). —Accademia, Venedig.
104	Petrus Lombardus, *De sacramentis.* Codex Vaticanus Latinus 681(14. Jh.), Biblioteca Vaticana, Rom.
105	*Speculum humanae salvationis.* Codex Palatinus Latinus 413(15. Jh.), Biblioteca Vaticana, Rom.
106	Carbonelli, G., p. 155, Fig. 189 (부분). [27]
107	*Speculum humanae salvationis.* [105]
108	Müller, N., Tab. I, Fig. 91. [72]
109	Molsdorf, W.: *Christliche Symbolik der mittelalterlichen Kunst.* (Hiersemanns Handbücher X) Leipzig, 1926, Tafel VI.
110	Stevenson, J.: 《Ceremonial of Hasjelti Dailjis and Mythical Sand Painting of the Navajo Indians》. In: *Eighth Annual Report of the Bureau of Ethnology to the Secretary of the Smithonian Institution 1886/87*, Washington, 1891, pp. 229~285, Pl. CXXI.
111	(공작 꼬리) —Boschius, J., Symbol LXXXIV, Class. I, Tab. V. [37]

C. G. 융 연보

1875. 7. 26.
칼 구스타프 융Carl Gustav Jung이 스위스 동북부 투르가우Thurgau주 보덴호수 가의 케스빌Keßwil 마을에서 목사인 아버지 요한 파울 아킬레스 융 Johann Paul Achilles Jung(1842~1896)과 어머니 에밀리에 프라이스베르크 Emilie Preiswerk(1848~1923) 사이에서 출생.

1876(생후 6개월)
가족이 라인폭포Rheinfall 상류의 라우펜Laufen으로 이사.

1879(4세)
바젤Basel 근처의 클라인휴닝겐Kleinhüningen으로 이사.

1884(9세)
여동생 게르트루트 융Gertrud Jung(1884~1935) 출생.

1886(11세)
바젤에서 김나지움(대학예비교)에 입학.

1895~1900(20~25세)
바젤대학에서 자연과학 수학 후 의학 전공.

1896(21세)
아버지 사망.

1898년(23세)
학위 예비연구 시작.

1900(25세)
의사 국가시험에 합격하고, 정신의학을 전공하기로 결심. 12월 10일 "부르크휠츨리Burghölzli"라고 불리는 현 취리히 주립정신병원 및 취리히대학 의학부 정신과의 오이겐 블로일러Eugen Bleuler 주임교수 밑에 차석 조수로 들어감.

1902(27세)
부르크휠츨리에서 수석 조수가 되고, 학위논문 "소위 심령 현상의 심리와 병리에 대하여Zur Psychologie und Pathologie sogenannter okkulter Phänomene" 발표. (전집 1)

1902~1903(27~28세)
겨울 학기에 파리Paris 살페트리에르Salpêtrière 정신병원의 피에르 자네 Pierre Janet와 이론 정신병리학을 연구.

1903(28세)
스위스 북부 샤프하우젠Schaffhausen의 기업인의 딸 엠마 라우셴바흐 Emma Rauschenbach(1882~1955)와 결혼. 슬하에 다섯 자녀: 아가테 니후스Agathe Niehus, 그레트 바우만Gret Baumann, 프란츠 융Franz Jung, 마리안네 니후스Marianne Niehus, 헬레네 회르니Helene Hoerni를 둠.

1903~1905(28~30세)
취리히대학 의학부 정신과에서 견습의사Volontärarzt로 근무.
"진단적(정상 및 병적) 단어연상에 관한 실험적 연구Diagnostische Assoziationsstudien" (1906, 1909) (Studies in Word-Association, 1918)를 함. (전집 2)
이미 1900년에 접했던 프로이트Freud의 "꿈의 해석Traumdeutung"을 다시 읽고, 자신이 수행한 단어 연상실험의 결과와 프로이트의 이론에 관련이 있음을 발견함.

1905~1909(30~34세)
   취리히대학 의학부의 정신과 강사Dozent, 취리히대학 정신과 상급의사 Oberarzt로 1913년까지 전임교수직(사강사Privatdozent) 유지. 정신신경증과 심리학 강의. 외래의 최면요법 담당.
   조발성 치매Dementia Praecox(정신분열증/조현병)에 관한 연구를 시작.

1906(31세)
   논문 "진단적 연상실험에 관한 연구Diagnostische Assoziationsstudien"를 프로이트에게 보냄으로써 4월 그와 서신 왕래가 시작되고, 프로이트를 개인적으로 알지 못했으나 뮌헨München의 한 학회에서 그의 이론을 옹호함.

1907(32세)
   3월 비엔나Vienna에서 프로이트를 처음으로 만남.
   "조발성치매의 심리에 관한 연구Über die Psychologie der Dementia Praecox" 발표. (전집 3)

1908(33세)
   잘츠부르크에서 개최된 제1회 국제정신분석학대회에 참석.
   취리히 근교 퀴스나흐트Küsnacht시에 자택 신축.

1909(34세)
   신화를 심층적으로 연구하기 시작.
   퀴스나흐트에서의 개업에 따른 격무로 인해 대학병원 진료를 그만둠.
   미국 클라크대학Clark University, Worcester의 초청을 받아 단어연상 연구에 관한 강의를 하고, 명예 법학박사 학위를 받음. 함께 초청을 받은 프로이트와 동행함.

1909~1913(34~38세)
   블로일러와 프로이트가 발행한 "정신분석 및 정신병리학 연구 연감 Jahrbuch für psychoanalytische und psychopathologische Forschungen"(Leibzig/Wien)의 편집인이 되어 1913년까지 계속함.

1910(35세)
　뉘른베르크Nürnberg에서 개최된 제2차 국제정신분석학대회에 참석.
　새로 결성된 국제정신분석협회의 회장직 수행(1914년, 39세까지).

1911(36세)
　바이마르Weimar에서 개최된 제3차 국제정신분석학대회에 참석.

1911~1913(36~38세)
　프로이트와 점차 거리를 둠.

1912(37세)
　뉴욕의 포덤대학Fordham University에서 "정신분석학 이론The Theory of Psychoanalysis" 강의. (전집 4)
　"심리학의 새로운 길Neue Bahnen der Psychologie(New Paths in Psychology)" 발표. 후에 개정증보하여 "무의식의 심리학On the Psychology of the Unconscious". (전집 7)
　"리비도의 변환과 상징Wandlungen und Symbole der Libido" 발간. 후에 "변환의 상징Symbole der Wandlungen"이라는 이름으로 개정하여 1952년 출간. (전집 5, 기본 저작집 7, 8)

1913(38세)
　뮌헨에서 개최된 제4차 국제정신분석학대회에 참석.
　프로이트와의 정신분석학 운동을 결별하고, 자신의 심리학을 '분석심리학Analytische Psychologie'이라 명명함(한때 '콤플렉스 심리학'이라고도 함).
　취리히대학 교수직 사임.

1913~1919(38~44세)
　'철저한 내향기'에 자기 자신의 무의식과 그 자신의 신화적 체험을 관조.
　이탈리아 라벤나Ravenna 여행.

1914(39세)
　7월 스코트랜드 아버딘Aberdeen시 영국협회British Association에서 강연.

국제정신분석협회의 회장직 사임.

1916(41세)

"죽음에 관한 일곱 가지 설법Septem Sermones ad Mortuos" 발표(자전적 체험기 "C. G. 융의 회상, 꿈, 그리고 사상Erinnerungen, Träume, Gedanken von C. G. Jung"에 수록).

"초월적 기능Die transzendente Funktion"이라는 논문에서 '적극적 명상aktive Imagination'에 대해 처음 기술.(전집 8, 기본 저작집 2)

'개인적 무의식', '집단적 무의식', '아니마Anima', '아니무스Animus', '자기Selbst', '개성화Individuation' 등의 개념을 그의 논문 "무의식의 구조Die Struktur des Unbewußten"에서 처음 사용(전집 7의 부록에 수록). 후에 "자아와 무의식의 관계Die Beziehungen zwischen dem Ich und dem Unbewußten"라는 제목의 논문으로 수정 보충됨.(전집 7, 기본 저작집 3)

파리에서 자아와 무의식의 관계에 관한 강연을 함.

취리히 심리학클럽Psychologischer Club, Zürich 설립.

1917(42세)

"무의식의 과정에 관한 심리학Die Psychologie der unbewußten Prozesse" 발표. 후에 수정 보충하여 "무의식의 심리학에 관하여Über die Psyhcologie des Unbewußten"로 출간.(전집 7)

1918~1919(43~44세)

대위로서 샤토-데Château-d'OEX의 영국군 수용소 의무실장으로 군 복무.

"본능과 무의식Instinkt und Unbewußtes"(전집 8)에서 '원형Archetypus'이라는 용어를 전까지 사용하던 '집단적 무의식의 지배적인 것(주상主想)Dominanten des kollektiven Unbewußten'과 부르크하르트Jakob Burckhardt의 '원상原像, Urbilder' 개념 대신에 처음으로 사용.

만다라 연구.

1918~1926(43~51세)

신지학Gnosis의 문헌을 연구하기 시작.

1920(45세)

북아프리카 튀니지와 알제리를 여행.

1921(46세)

"심리학적 유형Psychologische Typen" 발표. (전집 6, 기본 저작집 1)

1922(47세)

장크트갈렌Sankt Gallen주 볼링겐Bollingen에 취리히 호수를 끼고 있는 토지를 구입하여 '탑Turm'으로 불리는 별장을 짓기 시작.

1923(48세)

볼링겐에 첫 번째 탑을 세움.
모친 사망.
리하르트 빌헬름Richard Wilhelm이 취리히 심리학클럽에서 "역경" 강독.

1924~1926(49~51세)

미국 애리조나Arizona와 뉴멕시코New Mexico의 푸에블로Pueblo 인디언족 답사.

1925~1926(50~51세)

케냐Kenya와 우간다Uganda를 탐사함. 영국령 동아프리카 원주민, 특히 엘곤Elgon산의 마사이족을 탐사.

1925(50세)

런던에서 열린 웸블리Wembley 세계 박람회 방문.
취리히 심리학클럽에서 처음으로 영어 세미나를 주재함.

1928(53세)

"자아와 무의식의 관계Die Beziehungen zwischen dem Ich und dem Unbewußten"(전집 7, 기본 저작집 3), "심혼의 에너지론Über die Energetik der Seele"(전집 8) 발표.
빌헬름과 중국의 도교경전 "태을금화종지太乙金華宗旨, Das Geheimnis der

Goldenen Blüte"를 공동으로 연구하기 시작했고, 1929년 같은 제목으로 출간(융의 저술 부분은 "유럽 평론Europäischer Kommentar"으로 전집 13에 수록). 이 연구를 통하여 처음으로 연금술을 접함.

1928~1930(53~55세)
취리히 심리학클럽에서 영어 세미나 "꿈의 해석Interpretation of Dreams" 주재.

1930(55세)
크레츠머Ernst Kretschmer 교수가 회장직을 맡고 있던 '정신치료 범 의학회Allgemeine Ärztliche Gesellschaft für Psychotherapie' 부회장에 선출.

1930~1934(55~59세)
취리히 심리학클럽에서 영어 세미나 "환영幻影의 해석Interpretation of Visions" 주재.

1931(56세)
"현대의 심혼적 문제Seelenproblem der Gegenwart"(전집 4, 6, 8, 10, 15, 16, 17에 에세이로 수록).

1932(57세)
신문에 발표한 "피카소론"으로 취리히시로부터 문학상 수상.

1933(58세)
취리히 스위스 연방공과대학에서 처음으로 "현대심리학" 강의.
스위스 남부 아스코나Ascona시에서 열린 제1회 에라노스 학술회의에 참가(1933~1952)하고, 그의 첫 강연으로 "개성화 과정의 경험에 관하여Zur Empirie des Individuationsprozesses"를 발표. (전집 8)
이집트Egypt와 팔레스타인Palestine 크루즈 여행.

1934(59세)
국제 정신치료 범 의학회Internationale Allgemeine Ärztliche Gesellschaft für

Psychotherapie(International General Medical Society for Psychotherapy)를 창설하고 회장에 피선.

에라노스 학술회의에서 두 번째 강연으로 "집단적 무의식의 원형Die Archetypen des kollektiven Unbewußten"을 발표. (전집 9/1, 기본 저작집 2) 연금술을 체계적으로 연구하기 시작.

"심혼의 실재Wirklichkeit der Seele"(전집 8, 10, 15, 16에 에세이로 수록).

1934~1939(59~64세)

취리히 심리학클럽에서 영어 세미나 "니체의 차라투스트라의 심리학적 측면Psychological Aspects of Nietzsche's Zarathustra" 주재.

"정신치료 및 인접분야 중앙학술지Zentralblatt für Psychotherapie und ihre Grenzgebiete"(Leipzig) 발행인에 취임하여 1939년까지 역임.

1935(60세)

국제 정신치료 범 의학회의 회장에 피선.

스위스 연방공과대학의 명예교수로 위촉되고, "현대심리학Moderne Psychologie"을 강의.

에라노스 학술회의에서 "꿈에 나타난 개성화 과정의 상징Traumsymbole des Individuationsprozesses" 강연. 후에 보완되어 전집 12 "심리학과 연금술Psychologie und Alchemie"의 제2장으로 수록. (기본 저작집 5)

런던의 의학심리학 연구소Institute of Medical Psychology에서 "분석심리학의 기초 개념들에 관한 강의(타비스톡 강좌Tavistock Lectures)"를 행함. 1968년에 비로소 "분석심리학: 이론과 실제Analytical Psychology: Its Theory and Practice"로 출간. (전집 18)

"티베트 사자의 서書"에 대한 심리학적 논평.

1936(61세)

미국 하버드대학에서 "인간행동의 심리적 결정인자" 강의. 명예박사학위를 받음.

에라노스 학술회의에서 "연금술에서 본 구원의 관념Erlösungsvorstellungen in der Alchemie" 강연. 후에 전집 12 "심리학과 연금술"의 제3장에 수록.

"보탄Wotan" 발표. (전집 10, 기본 저작집 6)

1937(62세)
미국 예일대학에서 "심리학과 종교Psychology and Religion"를 강의(테리 Terry 강좌)하고, 1940년 독일어로 발표. (전집 11)
에라노스 학술회의에서 "초시모스의 환영The Visions of Zosimos" 발표. (전집 13)

1938(63세)
인도 주재 영국 총독부 초청으로 콜카타대학 25주년 축하 행사에 참석.
콜카타대학, 알라하바드Allahabad와 바라나시Varanasi의 힌두대학에서 명예박사학위를 받음.
그 밖에 우스터Worcester 소재 클라크대학, 뉴욕의 포덤대학, 옥스퍼드대학, 스위스 연방공과대학 ETH에서 명예박사학위 받음.
에라노스 학술회의에서 "모성원형의 심리학적 측면Psychologische Aspekte des Mutter-Archetypus" 강연. (전집 9/1, 기본 저작집 2)
영국 옥스퍼드에서 열린 국제 정신치료 의학대회International Medical Congress for Psychotherapy에 참석.
런던 왕립의학원Royal Society of Medicine의 명예회원으로 위촉됨.

1939(64세)
에라노스 학술회의에서 "재탄생에 관하여Über Wiedergeburt" 강연. (전집 9/1)

1940(65세)
에라노스 학술회의에서 "삼위일체 도그마의 심리학적 해석 시론Versuch einer psychologischen Deutung des Trinitätsdogmas" 발표. (전집 11)

1941(66세)
케레니Karl Kerényi 교수와 공저로 "신화학 입문Einführung in das Wesen der Mythologie(Essays on a Science of Mythology)" 출간(융의 저술 부분은 전집 9/1에 수록, 기본 저작집 2)
에라노스 학술회의에서 "미사에 나타난 변환의 상징Das Wandlungssymbol in der Messe" 강연. (전집 11, 기본 저작집 4)

1942(67세)

"파라켈수스Paracelsus" 발표. (전집 13과 15에 나뉘어 수록, 기본 저작집 9)
스위스 연방공과대학 교수직 사임.
에라노스 학술회의에서 "메르쿠리우스 영Der Geist Mercurius" 강연. (전집 13)

1943(68세)

"무의식의 심리학에 관하여Über die Psychologie des Unbewußten" 발표. (전집 7)
스위스 학술원Schweizerische Akademie der Wissenschaften 명예회원이 됨.

1944(69세)

바젤대학의 의학심리학과(정신과) 주임교수로 부임했으나, 건강상의 이유로 같은 해에 사임.
"심리학과 연금술" 발표. (전집 12, 기본 저작집 6)

1945(70세)

제네바대학에서 70회 생일 기념으로 명예박사학위 수여.
에라노스 학술회의에서 "정신의 심리학에 관하여Zur Psychologie des Geistes" 강연. (전집 9/1에 "민담에 나타난 정신의 현상에 관하여Zur Phänomenologie des Geistes im Märchen"라는 제목으로 수록, 기본 저작집 2)
스위스 임상심리학회Schweizerische Gesellschaft fur praktische Psychologie 설립, 회장 취임.

1946(71세)

"심리학과 교육Psychologie und Erziehung"(전집 17에 나뉘어 수록), "시대적 사건에 관한 논술Aufsätze zur Zeitgeschichte"(전집 10과 16에 나뉘어 수록), "전이의 심리학Die Psychologie der Übertragung"(전집 16 수록) 발표. (기본 저작집 3)
에라노스 학술회의에서 "심리학의 정신Der Geist der Psychologie" 강연. 이를 보충하여 "정신의 본질에 관한 이론적 고찰Theoretische Überlegungen zum Wesen des Psychischen"로 발표. (전집 8, 기본 저작집 2)

1948(73세)

취리히 C. G. 융 연구소C. G. Jung-Institut, Zürich 설립.
"정신의 상징론Symbolik des Geistes" 발표. (전집 9/1, 11, 13에 나뉘어 수록)

1950(75세)

"무의식의 형상들Gestaltungen des Unbewußten" 발표. (전집 9/1, 15에 나뉘어 수록)

1951(76세)

"아이온Aion" 발표. (전집 9/2)
에라노스 학술회의에서 "동시성에 관하여Über Synchronizität" 강연. (기본 저작집 2)

1952(77세)

파울리Wolfgang Pauli와의 공저인 "자연 해석과 정신Naturerklärung und Psyche"에 "비인과론적 관련 원리로서의 동시성Synchronizität als ein Prinzip akausaler Zusammenhänge"이라는 제목으로 발표. (전집 8)
"변환의 상징Symbole der Wandlung(Symbols of Transformation)" 출간. (전집 5, 기본 저작집 7, 8)
"욥에의 응답Antwort auf Hiob" 발표. (전집 11, 기본 저작집 4)
중병에서 회복.

1953(78세)

영문판 "전집"(R. F. C. Hull 번역)이 뉴욕에서 볼링겐 시리즈Bollingen Series로 간행되기 시작.

1954(79세)

"의식의 뿌리Von den Wurzeln des Bewußtseins" 발표. (전집 8, 9/1, 11, 13에 나뉘어 수록).

1955(80세)

스위스 연방공과대학으로부터 80세 생일 축하로 명예 자연과학 박사학위 수여받음.
11월 27일 부인 사망.

1955~1956(80~81세)
"융합의 비의Mysterium Coniunctionis"를 2권으로 발표. 연금술의 심리학적 의의에 관한 최종 저술. (전집 14)

1957(82세)
"현재와 미래Gegenwart und Zukunft(The Undiscovered Self [Present and Future])" 발표. (전집 10)
자전적 체험기 "칼 융, 회상, 꿈, 그리고 사상Erinnerungen, Träume, Gedanken von C.G. Jung"을 편자인 야페A. Jaffé 여사에게 구술하기 시작. 융 서거 후 1962년에 출판됨.
프리먼John Freeman과 BBC TV 인터뷰.

1958(83세)
"현대의 신화Ein moderner Mythus(Flying Saucers: A Modern Myth)" 발표. (전집 10)

1960(85세)
독일어판 "전집"이 제16권 "정신치료의 실제Praxis der Psychotherapie" (기본 저작집 1 참조)를 필두로 출판되기 시작함.
85회 생일 기념으로 퀴스나흐트시로부터 명예시민권을 받음.

1961(86세)
사망 10일 전 그의 마지막 저술 "무의식에의 접근Approaching the Unconscious" 탈고. 1964년에 "인간과 상징Man and His Symbols"에 수록.

1961년 6월 6일(86세)
퀴스나흐트시의 자택에서 짧은 와병 후에 영면.
6월 9일 퀴스나흐트에서 영결식 및 장례.

참고 문헌

이부영(2011), 분석심리학: C. G. Jung의 인간심성론, 제3판, 일조각, 서울, pp. 16~40.
이철(1986), 심성연구 1: Carl Gustav Jung 연보, 서울, pp. 91~99.
Jaffé, A. (1977), C. G. Jung: Bild und Wort, Princeton University Press.
Jaffé, A. (1979), C. G. Jung: Word and Image, Princeton University Press.
Jaffé, A. (hrsg.)(1962), Erinnerungen, Träume, Gedanken von C. G. Jung, Rascher Verlag, Zürich.
Jaffé, A. (hrsg.), C. G. Jung Briefe, Bd. 1, Zeittafel, Walter-Verlag, Olten u. Freiburg im Breisgau: 15~18.
Von Franz, M.-L. (2007), Sein Mythos in unserer Zeit, Verlag Stiftung für Jung'sche Psychologie, pp. 265~267. [이부영 번역(2007), C. G. 융: 우리 시대 그의 신화, 한국융연구원, pp. 309~311.]

역편자 : 이 철李哲

찾아보기(인명)

곰헨Gomchen, Lingdam 125
괴테Goethe, Johann Wolfgang von 92
기욤 드 디귈빌Guillaume de
　　Digulleville 265
니체Nietzsche, F. 108
다윈Darwin, C. 190
라시니우스Lacinius, Janus 205
루스카Ruska, J. 114
마르키온Markion 133
마리아 프로페티사Maria Prophetissa
　　36, 40, 203
마스페로Maspero, H. 90
마이링크Meyrink, G. 67
바울Paulus 160
베르누이Bernoulli, Rudolf 275
뵈메Böhme, Jakob 209
빌헬름Wilhelm, Richard 59, 130
슈피텔러Spitteler, C. 108
실러Schiller, Friedrich 196
아그립파Agrippa, Cornelius 260
아우구스티누스Augustin 66
아이레나에우스 필랄레테스
　　Eirenaeus Philalethes 185
아풀레이우스Apuleius 77
안토니우스Antonius 71
알랑디Allendy, René 262
에크하르트Eckhart, Meister 19

에피파니우스Epiphanius 204
이그나티우스 폰 로욜라Ignatius von
　　Loyola 162
자네Janet, Pierre 117
질버러Silberer, H. 95
초시모스Zosimos von Panopolis 77
칸트Kant, I. 229
쿤라트Khunrath, Heinrich 160
크리스티아노스Christianos 203
탈레스Thales 202
테르툴리아누스Tertullian 26
파라켈수스Paracelsus 52, 92
페트로니우스Petronius 212
폰 로젠로트von Rosenroth, Knorr 261
폰 클레텐베르크von Klettenberg,
　　Susanne 92
프로이트Freud, S. 86
플로베르Flaubert, G. 71
헤라클레이토스Heraklit 181
헤로도토스Herodot 109
히폴리토스Hippolytos 262

찾아보기(주제어)

ㄱ

가톨릭 교도 26
가톨릭적 19
　―보편성 46
갈등 34, 35
개성화 과정Individuationsprozess 11, 59
개연론 33~35, 45, 46
개인의 삶 21, 46
개인적 무의식 48, 87, 89
개종 12, 13, 29, 104
객체적 정신 61, 62, 66, 272, 279, 281
거울 147, 149, 153, 216, 217
건乾 165
건乾-습濕 192
결정結晶 과정 277
경험 가능한 내용 25
경험과학인 심리학 25
고대 그리스 12, 50, 114, 115, 119, 145, 167, 250
고대 중국 철학 191
고독의 환상 70
고무 204
고통 34, 35
곰 236, 237
공[球] 194

공기 169, 224, 259
　―의 정령 120
공상phantasia 212
공의 형태 111, 116
공작 꼬리 237, 282
과학 31
과학적 심리학 30
교부 신학 29
교회 21
구원자 38, 43, 52, 165, 233
균열 35, 42
그노시스 신화 38
그렇게 있는 것Sosein 29
그리스 48
　―의 혼합주의Synkretismus 114
그리스도 16, 30
　비교秘敎적― 157
　'비非기독교적'― 233
　'전前기독교적'― 233
　―상 29
　―라는 본보기 18
　―와 라피스Lapis(돌) 49
　―의 '모방' 16, 17
　―의 양성兩性적인 면 32
　―의 진정한 후계자 47
그림자 48
근원적 어머니Urmutter 38

근원적 지혜 48
근친상간 167
금화 142
급전急轉, Peripetien 86, 273
기독교
　—교육 22
　—교회 32
　—도그마 37
　—드라마의 원형적 형상 52
　—선교 22
　—윤리 22
　—의 상징 35
　—적 인내와 온유 35
　—적인 유럽인 22
　—적인 주요 미덕 35
　비—적인 상 30
　초기—도들 265
길 83, 180
꽃 104
꿈 59
　고립된— 62, 65
　—내용의 심리학적 맥락 62
　—과 의식의 관계 36
　—에 나타난 만다라 134
　—에 대한 해석 65
　—에 이미 나타나는 중심 43
　—은 중심 43
　—의 목표 180

ㄴ

나선형Spirale 43, 233, 275, 277

　—의 과정 43
난쟁이 194
남근Linga 37, 169, 226
남南-북北 192
남성적
　—원리 38
　—인 삼위성 259
네(4)
　—가지 다양한 색깔 208
　—명의 어린이 251
　—복음자 상징 264, 276
　—잎으로 된 푸른 꽃 208
넷 10, 149
　—은 여성적인 것, 모성적인 것, 육체적인 것 41
　—의 이념 278
　—이 하나 36
　통합을 향한 —의 합성 205
노란 빛 240
노란색 208, 238, 240, 244, 251
노현자/마나인격Manapersönlichkeit
　123, 158, 242
녹로 242
녹색 202, 208
　—모태 194
　—뱀 211
녹청綠靑 202
누멘noumena 106, 229
니그레도nigredo 53, 237
님프(요정) 116, 117, 119

ㄷ

다이아몬드 215, 235, 236, 240, 241, 277, 278
단일성Einheit 40, 111, 261, 262
달빛 180
달아남 185
대극 15, 32~36, 39, 40, 54, 111, 191, 193
　—문제 32
　—성 32
　—의 완벽한 합일 259
　—의 일치coincidentia oppositorum 235
　—의 체험 32
대승大乘 225
　—불교 128, 129
대우주의 구원자salvator macrocosmi 38
대지 36, 39, 70, 102, 109, 165, 272
대칭 219, 246, 251, 277
데메테르Demeter-페르세포네 Persephone 신화 37
도교道敎 227
도그마 28
　—의 공식 30
도덕 41
　—률道德律 46
　—적 개연론 33
　—적 열등 상태의 투사 223
　—적인 난관 48
독수리 213, 257

검은— 255
동굴 194, 235
동물 184
　—이 된 신 119
동양 29, 128, 161, 162
　—인 17
　—적 태도(특히 인도의) 18
동정녀 26, 38, 228, 270, 271, 274
동쪽으로 가는 길 236
두 세계의 교차점 216
'둥근 것'의 모티프 149
둥근 형태 116, 215
들판 140, 141
디오니소스 119, 178
　—적 동기 181
　—적 체험 121

ㄹ

라마교 125, 126, 165
　—의 만다라 131, 142, 161
라피스lapis(돌) 49, 102, 143
루베도rubedo(붉어짐Rötung, 적화赤化) 238, 240

ㅁ

마나인격Manapersönlichkeit 123
마르두크 신화Mardukmythus 37
마법의 원 75, 125, 157, 187, 212
마술적인 동반자 모티프 155
만다라 41, 126, 128, 129, 133, 138, 161, 165, 166, 196, 221, 226,

227, 246
'흐트러진'— 245
—상징 130, 134, 231
—의 꿈 125
—의 상징성 211, 281
말 22
매달리는 것 14, 15
맥락 49, 62, 64
메피스토 94, 121, 139, 206
멜랑콜리아melancholia 53
명明-암暗 192
모나드Monade 140~142, 160
모노게네스Monogenēs 140~143, 156
모세 155, 157, 203
모자 280
목소리 71, 247
목표 12
　—를 향한 길 43
무의식 37
　'지하계적인'— 38
　—과의 대면 13
　—성[無明] 128
　—에 대한 의식의 저항 73
　—에 의한 보상 39
　—의 바다 155
　—의 본능적 성질 198
　—의 심리학 28, 29, 41
　—의 원형 29
　—의 원형적 내용과 동일시 52
　—의 체험 74

　—적 심리 175
　—적 인간 30
　—적인 '보조' 기능 192
무지개 81
무형의 덩어리massa informis 225
물 259
물과 불 10, 186
미국 94
미신 48
미지
　—의 남성('그림자') 123
　—의 남자 195, 244
　—의 여성(아니마)상 123
　—의 여자 77, 82, 111, 113, 135, 138, 139, 147, 149, 159, 195, 208, 213, 221, 225, 237, 244, 251
믿음 47

ㅂ

바다 68
　—처녀 198
바퀴 207~211
반전反轉 113
밤 216
배사교도拜蛇教徒 264
뱀 41, 75, 109, 128, 134, 135, 146, 173, 182, 183, 187, 189, 196, 198, 211, 224, 226, 227, 280
벌레 211
변신 182, 184, 206, 240

변신이나 통합의 과정 187
변증법적 대화 44
변환
   —의 물질 167, 170, 173, 185, 204
   —의 비의Wandlungsmysterium 109
별 216
병귀病鬼 141
보물 113, 153, 155, 158, 206, 236
보살 165
보상적인kompensierend 38
보석 155
보완적인komplementär 37
보조 기능 139, 140, 192, 194, 248
부족한 체험의 대체물 47
부패putrefactio 137
분별 있는 의식 122
분석 12
   —과정 12, 13
   —작업의 종결 14
불-바퀴 211
불교 32, 128, 255
불사不死의 영약 130
불사조 58, 249, 257
불타는 산 250
붉은 공 111, 113, 134
붉은 빛 160
붉은색 208, 236, 238, 244, 251, 270
붓다 29, 30, 129, 165, 272

—의 이미지 31
—의 진리 33
비의秘儀 109
비非자아Non-Ego 86
비정경非正經적인 주님의 말씀 250
비행기 147, 153
빛 23
   —과 어둠 86
   —은 밤 35
   —의 순환 219, 235

ㅅ

사다리 77, 79, 86, 87, 245
사실 자체 44
사원寺院 수면Inkubation 167
사위四位, Quaternität 40, 143
사자 92, 237, 241
삶 34, 94
   —의 도피 14
   —의 의미 15
   —의 충만함 247
삼위三位 40
   —의 성격 104
상像 22, 212, 213
상대적 무無시간성 138
상상imaginatio 212
상승ascensus 208
상징 51
샘 157
   —의 산酸 102
생리학적 조건 175

생명
　—력 21
　—샘 157, 158, 167
　—수 97, 100, 155, 158, 244
　—의 빛 31
　—의 씨앗 225
　—의 진정한 원천 173
샤크티Shakti 129
서양인 17~19
　—의 심리적 상황 42
선善 19
선善-악惡 191
선과 악 34, 35, 46, 235
　—의 근원 211
섬광spinthēr 140, 142
성기 노출 109
성령聖靈 270
성모 36
성배聖杯 237
　—의 환상 230
성부聖父 270
성서 22
성자聖子 270
세 가지 리듬 259
세계
　—대극성 33
　—륜世界輪, sidpe-korlo 127, 128
　—혼anima mundi 69, 116, 238, 239, 257
셋 10
　—과 넷의 딜레마 128

　—은 남성적인 것, 부성적인 것, 정신적인 것 41
　—의 수Ternarius 161
　—이 하나 35
소년 194
소승小乘 255
수은水銀의 영靈 91
순환
　—과정circulatio 208
　—적 발전circumambulatio 163, 184, 187, 219, 226, 240
　—하는 별의 형상 242
스콜라 철학 114
스핑크스의 질문 107
승화Sublimation 77
시바Shiva 129, 165, 192
신神 19, 24, 47, 104
　—과 심혼 19, 20
　—의 존재 가능성 25
　—이 보낸 꿈somnia a Deo missa 20
신격神格 19
　—의 단일성 40
신뢰 47, 186
신상神像 25
　—의 원형Archetypus des Gottesbildes 20
신성numinos 229, → 누멘
신성혼神聖婚, Hierosgamos 54
신지학神智學 130
신플라톤주의 철학 111

신학 31
　—자 22, 23, 28, 42, 229, 260, 262
신화소神話素, Mythologem 39
신화학 50
실용적 생활철학 12
심리만능주의(심리주의) 18, 23
심적 변환 과정 86
심혼 11, 13, 14, 16, 18~25, 28, 34, 111, 211
　—과 신체 278
　—과 육체 210
　—에 관한 학문인 심리학 24
　—의 삶 248
　—의 상태 21
　—의 의사 45
　—이 '본성적으로 종교적' 23
십자 102
십자가 34, 48, 52, 103, 104, 129, 144, 166, 189, 208, 213, 261
　—에 매달리는 것 34

ㅇ

아니마 34, 77, 80, 83, 97, 100, 111, 113, 114, 116, 123, 135, 136, 139, 147, 298
　—문디anima mundi 116
　—상像 97
　—는 생명을 부여하는 요인 97
아들인 융 124
아버지 37~39, 71, 86, 87, 89, 97, 98, 142, 145, 151, 157~159, 192, 264
　—의 원형적 형상 158
아스클레피오스Asklepios 167, 199, 226
아이들 놀이 253
아즈텍 인디언 227
아트만Atman 18, 25, 29, 140, 205
악惡 19
　—자체 37
　—의 실재성 34
악마 28, 32, 70, 90, 92, 95, 121, 171~173, 181, 191, 241
악몽 48, 244
악의惡意의 신비mysterium iniquitatis 211
악인 47
안트로포스Anthropos 80, 140, 142, 169, 170, 205, 214, 233, 257
　—이념 205
알 255, 257
암흑의 체험 53
애벌레 211
야수들 241
양 81
　—과 목자 82
　—의 나라 81
양성兩性 205
어둠 32, 51, 53, 86, 106, 153, 181, 189, 191~195, 198, 200, 201, 210, 223, 228, 233, 272

어린아이 12, 85, 86
　―상태 83
　―의 상태 83, 87, 220, 240
어린이 나라 83, 85
어머니 26, 38, 86, 87, 97, 100, 121,
　141, 145, 151, 167, 209, 210,
　240
　―도시 143
　―세계 38, 39
　―와 딸 37, 192
에난치오드로미Enantiodromie 111,
　→ 반전
엘레우시스의 비의 109
여덟 201
　―갈래의 꽃 219, 221, 222
　―개의 살이 달린 바퀴 208
　―번째 92, 205
　―번째 것 206
여섯은 주체 205
여성성 99, 191, 193
여성적 74, 142
　―원리 38
　―인 것 36~38, 41, 54
　―인 사위성 259
역설성 27, 28, 32, 187, 189
연금술
　―과 기독교의 관계 36
　―에서 나무 44
　―에서 넷의 하나됨 52
　―의 그릇 116, 226
　―의 심리학적 의미 36

　―의 종교 심리학적 문제 11
　―적 혼인 204
연꽃 142, 143, 191, 192, 265
연속된 꿈 65
열등한 기능 40, 139, 140, 147, 191,
　248
영신 수련Exercitia spiritualia 162
영약靈藥 216, 272
영웅 25, 148, 196, 201
'영웅'의 원형 25
영원성 138, 269
'영원한' 현존 280
영혼의 인도자 72, 83, 92, 93, 133
예감 능력 148
예수 34, 53, 103, 176
오른쪽 162, 216, 217, 220, 244,
　245, 249
　―과 왼쪽에 대한 논쟁 219
오시리스Osiris 264
온溫-냉冷 191
온전성Vollständigkeit 202
온전한 인간homo totus 15
완전무결함Vollkommenheit 202
외적 인간과 내적 인간 16
왼쪽 159, 162, 163, 165, 179, 181,
　207, 211, 213, 216, 217, 219,
　220, 235, 238, 241, 244, 245,
　249, 251, 262
요정 74, 115, 116, 118, 197, 280
우로보로스Ouroboros 64, 76, 88,
　161, 275

우리의 물 100, 102, 157, 158, 216,
    221, 244
우주 시계 257, 258, 260, 272
우주적 에너지의 원천 165
우파니샤드 205
    —철학 140
원 75
    —운동 135, 138
    —의 사각형 만들기quadratura
    circuli 126, 161, 163, 212
    —의 상징 136, 243
    —의 중심점 136, 140, 242
원숭이 160, 165, 167, 171~173,
    175, 181, 190, 191, 226
원시 심리학 49, 50
원시림 117, 225, 226
원죄 33, 45
원질료原質料, prima materia 92, 225,
    237, 257
원초적 인간Urmensch 149
원형 20, 23~25, 29, 280
    —의 내용이 지닌 자발성 28
    —의 불확정성Unbestimmtheit 30
유럽
    —인 16, 22, 73
    —의 과도한 지적 교양 94
유물론적인 해석 278
유형 29
융합coniunctio 32, 101, 112, 185,
    186, 203, 204, 214, 253, 257,
    258, 278, 282

음陰 191
음악 247
음양陰陽 54
의사의 진료실 33
의사인 나의 임무 42
의식과 무의식 59, 73, 139, 187
    —간의 변증법적 대면 12
    —의 완전한 대칭 246
의식상황의 대극성 41
의식인간意識人間,
    Bewußtseinsmenschen 20
이교異敎 50
이교도적 정신 21, 22
이성理性 27, 28, 33
    —의 입장 43
이슬람교 32
이시스 축제 109
이집트인들 175
인간 11, 14~17, 21, 22, 25, 30, 34,
    35, 37, 45, 52, 68, 81
    —본성 32, 38
    —심혼Seele 11, 20
    —의 전체성 41
    —의 현세성現世性 148
인격 280
    —의 신생 189
인내와 용기 47
인도 요가 130
인형 138, 139
일곱 89
    —계단 104

—잎 122
—행성 신 90
—번째 87~89
—과 여덟의 문제 203

ㅈ

자가수정授精 Selbst-befruchtung 204
자기自己, Selbst 30, 34, 40, 42, 59, 108, 278
　—의 상징 30, 123
　—의 심리적 원형 35
　—의 의미 18
자기화自己化, Selbstwerdung 109
자아 130, 136, 138, 140, 173, 175
자연 50
　—그대로의 인간 108
작업opus 213
장미 76, 104, 107, 142, 218, 219, 235
장미십자회 104
장미원Rosarium 105, 143, 145, 155, 163, 187, 202, 213, 214, 221
재생욕再生浴 167
재체험Wiedererleben 87
전체성Ganzheit 15~17, 30, 33, 40, 41, 45, 59, 113, 140, 149, 151, 153, 159, 163, 182, 192, 194, 196, 197, 202, 205, 211, 223, 228, 229, 248, 249, 253, 254, 259, 272, 282
점성술 206, 262

점성학 50
정사각형 159~161, 163, 165, 167, 182, 208, 217, 240, 241, 245, 246, 248, 271
정신Geist 39
　—수준의 저하abaissement du niveau mental 117
　—치료 과정 41, 44
　—현상의 시공時空성 138
　—의 엄격한 비물질성 100
정신병Psychose 48, 187
정신요법 49, 53
　—과정 12
정신이상 70
정신적
　—장애 33
　—직관 148
　—파국 274
　—인 것Psychisches 66
　—인 인격의 중심 130
정신질환자들 70
제식祭式 81, 125, 129, 162, 167, 181, 182
조로아스터교 26
조명illuminatio 80
조상의 영靈 167
조종사 147, 153
존재entia 229
종결 12~14, 89
종교 27, 247
　—사적 현상학의 심층 49

종교적
　—교육 45
　—기능 23
　—도그마 29
　—삶 19, 44
　—진리 24
　—형상 31
　—인 것 18, 24
죄 18
　—의 문제 47
죄악 48
　—성 33
죄인 47
주상主想, Dominanten 52, 53, 86, 95
주지주의적主知主義的 비판 162
죽음 81, 109, 160, 167, 181
중국 36, 54, 142, 164, 165
　—연금술 104
　—의 만다라 165
중세 자연철학 50
중심 43, 110, 129, 130, 138, 149, 187, 238
　—점 43, 59, 128, 136, 137, 140, 215, 216, 221, 226, 239, 242, 257
　—표상 41, 49, 52
　—의 의식화 187
　인식될 수 없는 —의 자석 275
중앙 259
　—의 본질 277
　—의 표상 211

　—으로의 완전한 집중 184
　—을 나선형으로 묘사한 그림 277
지구 113
지구의 상像 113
지레네들Sirenen 197, 199, 200
지성주의 71, 278
지하 세계 36
직사각형 166, 244~246, 271
진실 26, 34, 44
집 247, 248
집단적 무의식의 영역 50
집중
　—의 장소 248
　—의 집 247
짝수 36, 37

ㅊ

창조 40, 133, 183, 184, 209, 210, 212, 226, 268
　—행위 40
　—적 변환 184
　—적 점點인 알 277
　—적 활력 223
천문학 50
체험 11~13, 17, 21~26, 28
　—그 자체 71
　—의 '우주적' 성격 219
초록빛 270, → 녹색
최고의 인간homo maximus 173
최초의 꿈Initialträume 61, 134

치유
　—의 의미 44
　—하며, 전체를 만드는 효과가
　　있는 상 279
치트리니타스citrinitas(황화黃化) 240

ㅋ

카비렌 197, 199~201, 255, 258
칸막이 심리학Kompartiment
　psychologie 15
코끼리 117
코란 155, 157, 177
콤플렉스 심리학 11
쿤달리니Kundalini 226
키벨레Kybele-아티스Attis 37

ㅌ

탄소 278
탄트라의 요가 125
탑돌이 162
태양Sol 80, 91, 104
　—숭배자 113, 116
태양화solificatio 80, 81, 83, 87, 104, 106, 113
테메노스Temenos(성역) 75, 109, 110, 139, 141, 155, 157, 165, 167, 178, 213, 235, 240
퇴행
　고태적 단계로의— 21
투사 44, 50, 51, 55, 140, 151, 186, 187, 223, 231, 260

　—의 상像 21
특수한 물 158
티아마트Tiâmat 37, 40

ㅍ

파드마Padma(연꽃) 142, 191
파우스트 53, 55, 92, 94, 95, 111, 121, 150, 197~202, 206, 224, 271, 272
파충류 182
푸루샤Purusha 25, 29
푸른 꽃 104, 106, 107, 134, 208, 211
푸른색 208, 236, 245, 251, 257, 258, 267, 269, 271, 272
푸에블로 인디언 167, 227
프로테스탄트 17
프리마 마테리아prima materia 37, →원질료
플레로마Pleroma 140

ㅎ

하강descensus 208
하데스 37, 90, 181, 182
학문 14, 24, 25
합리주의 71
　—자 48
항법 계기 147, 149
해골 111, 116, 192
해(태양)와 달의 결합(융합) 76, 101, 112, 257

헤르메스-메르쿠리우스Hermes-
　　Mercurius 91
헤름아프로디트Hermaphrodit 106,
　　145, 146 → 양성
현대인 52, 73, 233, 234
　　―의 의식 73
현실 15, 46, 70, 73, 85, 148, 159,
　　189, 243
현자의 금 52, 214, 216
형이상학적
　　―속성 138
　　―해명 25
호두 245, 246, 251
호문쿨루스들homunculi 255
혼돈 37, 40, 58, 94, 102, 180, 183,
　　257
홀수 36
화학작용 51
화학적 물체 51, 55
확정 불가능성 30
확충Amplifikation 29, 43
환각적 요소 71
환상 상像 49
환영幻影 111, 116
활기찬 수은 100, 102
황금 꽃 104, 106, 107, 142, 165
황금빛 270
황소와 암소 180
회전rotatio 208
흙 40, 169, 200, 207, 242, 259
히라냐가르바Hiranyagarbha 29

융 기본 저작집 총 목차

제1권 정신 요법의 기본 문제

실제 정신치료의 기본 원칙
정신치료의 목표
정신치료와 세계관
정신치료의 현재
정신치료의 기본 문제
제반응의 치료적 가치
꿈 분석의 실용성
꿈의 심리학에 관한 일반적 관점
꿈의 특성에 관하여
콤플렉스 학설의 개요
심리학적 유형에 관한 개설
정신분열증

―

제2권 원형과 무의식

정신의 본질에 관한 이론적 고찰
집단적 무의식의 원형에 관하여
집단적 무의식의 개념
아니마 개념을 중심으로 본 원형에 대하여
모성 원형의 심리학적 측면
어린이 원형의 심리학에 대하여
민담에 나타난 정신 현상에 관하여
초월적 기능
동시성에 관하여

제3권 인격과 전이

자아와 무의식의 관계
제1부 의식에 대한 무의식의 작용
개인적 무의식과 집단적 무의식
무의식의 동화에 뒤따르는 현상들
집단정신의 한 단면으로서의 페르조나
집단정신으로부터 개성을 해방하기 위한 여러 가지 시도
제2부 개성화
무의식의 기능
아니마와 아니무스
자아와 무의식의 형상들 사이를 구분하는 기법
마나-인격
전이의 심리학
연금술서 『현자의 장미원』의 일련의 그림들

―

제4권 인간의 상과 신의 상

심리학과 종교
무의식의 자율성
도그마와 자연적 상징
자연적 상징의 역사와 심리학
미사에서의 변환의 상징
서론
변환의식의 개별 단계
변환 신비의 유례
미사의 심리학
욥에의 응답

제5권 꿈에 나타난 개성화 과정의 상징

연금술의 종교 심리학적 문제 서론
꿈에 나타난 개성화 과정의 상징
서론
최초의 꿈
만다라의 상징성

제6권 연금술에서 본 구원의 관념

연금술의 기본 개념
연금술 작업의 정신적 특성
작업
원질료
라피스-그리스도-유례
종교사적 틀에서 본 연금술의 상징

제7권 상징과 리비도

사고의 두 가지 양식에 관하여
과거사
창조주의 찬가
나방의 노래
리비도의 개념에 대하여
리비도의 변환
부록: 프랭크 밀러의 원문

제8권 영웅과 어머니 원형

영웅의 기원
어머니와 재탄생의 상징들
어머니로부터 해방되기 위한 투쟁
이중의 어머니
희생
부록: 프랭크 밀러의 원문

―

제9권 인간과 문화

인격의 형성
유럽의 여성
심리학적 관계로서의 결혼
생의 전환기
심혼과 죽음
심리학적 관점에서 본 양심
분석심리학에서의 선과 악
심리학과 시문학
꿈꾸는 세계 인도
인도가 우리에게 가르쳐줄 수 있는 것
동양적 명상의 심리학에 관하여
『역경』 서문
초시모스의 환상
의사로서의 파라켈수스
지그문트 프로이트

번역위원 소개

번역: 김현진 金炫辰

연세대학교 독어독문학과를 졸업하고 동 대학원에서 문학박사 학위를 취득했다. 독일 뒤셀도르프 대학에서 수학했으며, 서울대학교에서 박사 후 연수과정을 수료했다. 연세대학교, 홍익대학교 등에서 강의했으며, 현재 연세대학교 인문학연구원 전문연구원으로 재직 중이다. 「서술상황으로 본 이야기의 이해」, 「토마스 만 소설의 정신분석적 연구」 등의 논문과, 『융』(게르하르트 베어), 『그림의 혁명』(빌렘 플루서), 『창조신화』(마리 루이제 폰프란츠) 등의 역서가 있다.

감수(라틴어, 그리스어): 변규용 卞圭龍

연세대학교 상경대학 경제학과를 졸업(1951)하고 서울대학교 대학원에서 철학연구(1960), 프랑스 툴루즈Toulouse 대학, 파리Paris 가톨릭대학, 파리 제10대학에서 각각 철학박사(1970), 신학박사(1973), 파리 제1대학 법과대학 경제학 박사과정 수료(1974), 문학박사(1980) 학위를 취득했고 파리 제10대학 비교사상연구소 촉탁교수(1971~78), CNRS(프랑스 국립과학연구소) 연구원(1973~77)을 역임했다. 귀국 후 한국교원대학교 인문학부 교수(1984~97), 서강대학교 국제대학원 교수(1997~2000)를 지냈다. 저서 및 역서로는 TAO ET LOGOS(전 3권, 1970, Toulouse) PERE ET FILS(전 3권, 1973, Paris)등이 있고, Hermeneutique du Tao(전 2권, Paris), Les cent fleurs du Tao(1991, Paris)등이 있고, 주요 역서로서는 『Herakleitos 단편집』(희랍어), 『希拉立德之海光鱗片』(중국어역, Paris, 1973), 『孝經』(불어역 UNESCO, 1976), 『道德經』(불어역, Paris, 1980), C. Lévi-Strauss의 『강의록』(정신문화연구원, 1984), J. Mesnard의 『파스칼』(한국학술진흥연구원, 1997) 등이 있다.

프랑스학술원 학술공로 훈장 (1984), 대한민국 국가유공자 서훈 (2008).

감수(전체): 이부영 李符永

서울대 의대 및 동 대학원을 졸업했다. 의학박사, 신경정신과 전문의, 융학파 분석가, 국제분석심리학회(IAAP) 정회원, 서울대 의대 명예교수이다. 스위스 취리히 C.G. 융 연구소를 수료하고(1966), 동 연구소 강사를 역임했다(1966~1967, 1972). 독일, 스위스의 여러 정신병원에서 근무했다. 서울대 의대 교수(1969~1997), 미국 하와이 동서센터 연구원(1971~1972, '문화와 정신건강' 연구), 서울대 의대 정신과 주임교수 및 서울대병원 신경정신과 과장 등을 역임했다. 뉴욕 유니온 신학대학원 '종교와 정신의학' 강좌 석좌교수(1996)를 지냈고, 한국분석심리학회, 한국융분석가협회(KAJA) 창립회장 및 각종 국내외 학회 회장 및 임원을 역임했다. 서울대 정년퇴임(1997) 뒤 한국융연구원을 설립, 현재 동 연구원 원장으로 후진을 양성하고 있다. 한국융연구원 C. G. 융 저작 번역위원회 대표로 이 기본 저작집의 일부 번역과 전체 감수를 맡고 있다.

주요 저서로는 『분석심리학 — C. G. Jung의 인간심성론』(1978), 개정증보판(1998), 제3판(2011), 『한국민담의 심층분석』(1995), 분석심리학의 탐구 3부작: ① 그림자(1999); ② 아니마와 아니무스(2001); ③ 자기와 자기실현(2002), 『한국의 샤머니즘과 분석심리학』(2012), 『노자와 융』(2012); 『괴테와 융, 파우스트의 분석심리학적 이해』(2020), 『동양의학 연구』(2021), 역서로는 융의 『현대의 신화』(1981), 『인간과 상징』(공역, 1995), 야훼(엮음)의 『C. G. 융의 회상, 꿈, 그리고 사상』(1989), 마리 루이제 폰 프란츠, 『C. G. 융 우리시대 그의 신화』(2016)를 위시해 폰 프란츠의 『민담의 심리학적 해석』(2018), 『민담 속의 그림자와 악』(공역, 2021) 등이 있다.

분석심리학, 문화정신의학, 정신병리학, 정신의학사 관련 논문 220여 편이 있다.

연보 편자: 이철 李哲

서울의대 및 서울대 대학원 졸업, 의학박사(1967~1982). 서울의대부속병원 신경정신과 수련(1974~1978), 신경정신과 전문의(1978). 스위스 취리히 C. G. 융연구소 수학(1982~1985). 울산의대 정신의학 교수, 명예교수(1989~). 한국분석심리학회장(1995~1997), 한국융연구원 평의원, 감사 역임. 서울아산병원 교육부원장(1996~2002), 울산대학교 총장(2011~2015),

국립정신건강센터장(2016~2019). 논문 「한국 대학생에 대한 연상검사의 예비적 연구」(1976) 등, 정신의학분야 논문 다수. 번역서로 이부영, 우종인, 이철 공역, 『WHO(1992) ICD-10 정신 및 행태장애 — 임상기술과 진단지침』(1994)이 있다.

융 기본 저작집 5
꿈에 나타난 개성화 과정의 상징

1판 1쇄 인쇄	2001년 7월 10일
개정판 1쇄 발행	2024년 9월 20일

지은이	C. G. 융
옮긴이	한국융연구원 C. G. 융 저작 번역위원회
펴낸이	임양묵
펴낸곳	솔출판사

편집	윤정빈 임윤영
경영관리	박현주

주소	서울시 마포구 와우산로29가길 80(서교동)
전화	02-332-1526
팩스	02-332-1529
블로그	blog.naver.com/sol_book
이메일	solbook@solbook.co.kr
출판등록	1990년 9월 15일 제10-420호

ⓒ 솔출판사, 2002

ISBN 979-11-6020-197-0 (94180)
ISBN 979-11-6020-192-5 (세트)

· 잘못된 책은 구입한 곳에서 바꿔드립니다.
· 책값은 뒤표지에 표시되어 있습니다.